中国帝陵文化价值挖掘及旅游利用模式

——以关中三陵为例

张建忠◎著

中国旅游出版社

序言1

中国人“视死如生”的文化观，形成了厚葬“逝者”的传统。活人居住的院落和房子被称为“阳宅”，逝者被埋葬的地方被称为“阴宅”，对于逝去的重要人物，常圈起一块地形成陵墓。中国历史悠久，厚葬逝者形成众多陵墓。其中，帝陵是众多陵墓中的“极品”，是不同时代丧葬文化的代表。因此，帝陵成为认识帝王文化的窗口和了解中国历史的文化载体。

中国帝陵文化遗产，蕴含着中华民族特有的精神价值，体现了中华民族的创造力，是各朝各代、各民族智慧的结晶，更是人类文明的瑰宝，蕴含着深厚的历史文化价值和科学艺术价值。同时，帝陵大都处在风景秀美的“形胜之地”，能够欣赏到神道的雕刻、祭祀的宫殿、高大的城楼以及帝陵园林中的碑廊古树，能够体验帝陵“风水”文化，能够触摸历史、感悟过去的文明和文化变迁的历史轨迹。因此，帝陵遗产具有重要的旅游利用价值，成为重要的旅游资源和吸引物。如北京十三陵，河北清东陵，南京明孝陵、中山陵，宁夏西夏王陵等，有的成为世界文化遗产，有的成为5A级景区。所以，研究中国帝陵的历史文化价值、探索其旅游利用模式，具有重要的理论价值和现实意义。

张建忠同志本科学习历史，研究生阶段钟情于遗产旅游，2010年成为我的博士研究生后，他十分刻苦认真，通过广泛查阅相关文献和认真研读，发现关于帝陵文化遗产的旅游研究较少，而且这种研究更多局限于单纯的介绍和解说。他确定了以帝陵文化价值挖掘及旅游利用模式为突破点，开展自己的博士研究及博士学位论文。该研究能够补充前人研究的不足，能够将帝陵文化遗产价值挖掘与历史文化旅游体验结合起来做进一步深化，在理论层面探讨了不同帝陵遗产赋存状态的完善和旅游利用。

张建忠同志以帝陵文化遗产价值挖掘及旅游利用模式为切入点，选取西安黄帝陵、秦始皇陵、乾陵为案例，通过文献梳理、田野调查和问卷调查等方法，开展了从理论到实践的系统研究。在深入挖掘帝陵文化价值的基础上，将其文化内涵外显化，将“静态”的陵墓“活化”成旅游产品，凸显了帝陵文化遗产的特色，使帝陵文化遗产能够“有声有形，有神有韵”，告诉人们过往的历史和辉煌的文化，能够让人们走进历史、了解社会、了解古代帝王。他先后在《地理研究》《人文地理》《经济地理》等国家级刊物发表多篇论文，并被《人大报刊复印资料》全文转载。

帝陵选址凝结了中国独特的风水文化，帝陵建筑彰显了不同时代的建筑智慧，陵园布局展示了不同时代的规划风格。无论建筑物本身还是人的原始心理，以及其外部和内部环境，都与“人文生态”密不可分，尤其帝陵建筑的内在特征更是“天人合一”世界观的体现。

作者通过研究，提出了几个重要的观点。例如，陵墓遗产具有重要的文化价值，是重要的文化资源和旅游资源，应该深入挖掘陵墓文化内涵，厘清陵墓遗产文化价值图谱；陵墓旅游资源是文化遗产旅游的重要部分，具有重要的旅游价值，是认识历史的窗口；陵墓旅游只能采取保护性旅游利用的模式才能可持续发展；不同的陵墓资源，其旅游利用的模式是不同的；陵墓旅游产品需要活化和文化展示才能体现其内在的文化内涵，遗产活化途径是必然的选择。

在博士论文答辩过程中，外审专家认为文章具有一定的创新性。

第一，研究视角新颖。帝陵遗产旅游是国内外利用较多，但深入研究较少的问题，人们更多从消极保护的视角入手，尚未构建全国性的帝陵遗产图谱。论文通过文献考证，分析了陵墓遗产的时空分布，绘出了陵墓历史文化价值图谱，阐述了中国帝陵遗产的分布在地域格局和省域分布以及沿“腾冲－黑河线”分布等方面的表现特征。

第二，理论观点的创新。论文在借鉴罗哲文、喻学才等前辈学者思想的基础上，提出了遗产“活化”的层次理论，并通过典型地区案例分析，为帝陵遗产旅游利用提供了一种新思路：遗产“活化”要突出文化信息的“可视性”这个核心要素，并认为这是遗产旅游的价值之源；遗产活化要突出“无形文化”（非物质）和“有形文化”（实物）要素的结合，让人们在旅游参观中认识文化，提高历史文化遗产的可观赏性。

第三，提出了帝陵旅游的利用模式。利用模式是解决文化遗产在旅游利用过程中如何实现有效保护和合理利用关系的经验总结，也是阐述文化遗产如何活化和如何增强可体验性的一种理论思考。帝陵遗产地的旅游利用模式也是不同的。形象导向模式是黄帝陵遗产旅游利用的重要方式，构建“人文初祖、祖陵圣地”旅游是黄帝陵旅游利用的一种重要途径。遗址公园导向模式是秦始皇陵遗产地旅游利用模式，“秦风、秦韵、秦始皇”的文化遗产主题是秦始皇陵的核心文化层。园林公园导向模式是乾陵遗产的旅游利用的方向，以乾陵遗址森林公园模式来展示乾陵的文化内涵是重要途径。“珍稀乾陵、唐陵之冠”是兼具意、象两个向度的高度结合和统一。

博士论文答辩之后3年的时光，张建忠同志又到中国科学院地理研究所做博士后研究，主持完成多项山西省科技厅软科学项目、山西省教育厅项目，在文化遗产旅游方面有更深入的研究。为了本书能够顺利出版，他对论文做了修改，并在陕西做补充调查。现在本书即将付样，他请我写个序言，我欣然接受。

本书的正式出版，填补了我国帝陵遗产旅游的某些空白。我认为，其将推动我国帝陵遗产旅游利用模式研究，为探索帝陵遗产旅游新业态提供参考。

教育部旅游管理教学指导委员会委员

中共陕西省委理论讲师团特聘教授

第九届陕西省高等学校省级教学名师

陕西师范大学教授、博士生导师

孙根年

2016.7.10

序言 2

法国作家雨果曾说："建筑是石头的史书。"历史长河中，西方的石材建筑得以保存，而我国的土木结构建筑则不易保存。但我国的一种遗存—帝陵，却得以保存。帝陵地面建筑虽留下不多，但地上之冢与地下之留物却成为遗产，并深受关注。中国陵墓众多，其展示的丧葬文化、帝王文化、建筑文化、宫廷文化、民俗文化等，成为认识中国历史的文化载体，具有深厚的历史文化价值、艺术价值和科学价值。帝陵神道的雕刻、祭祀的宫殿、高大的城楼、精巧的园林、常有的碑廊古树、深邃的"风水"等，往往令观者能触摸历史、寻古探幽、感悟文化，体验我华夏之文明，使帝陵遗产地成为旅游重要吸引物，提高了帝陵遗产的利用价值。帝陵建筑凝结了人类社会发展至今的风水文化的智慧。帝陵建筑无论从建筑物本身还是人的原始心理，以及其外部和内部环境，都与"生态"密不可分，尤其是帝陵建筑的内在本质，就是"天人合一"的一种体现。故挖掘帝陵文化价值，探寻旅游利用模式，具有重要的理论意义和现实价值。

张建忠博士一直钟情于中国帝陵文化遗产旅游。他大量查阅相关书籍和以往成果，发现介绍陵墓文化遗产的很多，研究旅游利用的极少。开展此项研究，一则在帝陵遗产旅游方面做进一步深入探索，能够弥补前人研究之不足；二则在理论层面做进一步探讨，以理论为指导，能够把不同的帝陵遗产赋存激活，通过"活化"途径，促进旅游利用。

本书以中国帝陵文化与旅游利用模式为研究对象，在旅游体验理论、遗产理论、旅游利用理论的指导下，以文化价值和利用路径为切入点，选取西安黄帝陵、秦始皇陵和乾陵为实证案例，利用理论文献分析、田野调查、比较分析等研究方法，较好地研究了帝陵文化遗产的历史文化价值及其旅游利用模式。

作者认为，陵墓旅游资源是文化遗产旅游的重要部分，具有重要的旅游价值，是人们认识历史的窗口；应该深入挖掘陵墓文化内涵，厘清陵墓遗产文化价值图谱；陵墓旅游只能采取保护性旅游利用的模式才能实现可持续发展；不同类型的陵墓资源，可采用多样化旅游利用模式。

帝陵遗产旅游是国内学者鲜有涉足的领域。本书通过文献考证，绘出陵墓遗产的时空分布，全面分析了陵墓历史文化价值图谱，研究了帝陵遗产的总体格局，并发现地域格局、省域分布、沿“腾冲－黑河线”等的空间分布特征。

本书提出了遗产活化分层理论，并通过典型地区的案例分析，为帝陵遗产旅游提供了一种新思路、新方法。遗产“活化”要突出“文化信息”核心要素——这是文化遗产的价值源，突出“无形文化载体”要素，突出“有形文化载体”要素。

本书提出了不同的帝陵旅游利用模式。如形象导向的帝陵旅游利用模式、园林公园导向模式、遗址公园导向模式等，为帝陵旅游利用模式拓展了思路。

该书创新提出了帝陵旅游的思路。即帝陵旅游应挖掘文化价值，外显文化内涵，“活化”旅游产品，凸显遗产特色，构建“有声有形，有神有韵，有故事”的产品形态，使游客能感悟历史、走进历史、了解帝王、了解社会，从而达到增加知识宽度、提高文化素养、陶冶人格情操的目的。

帝陵文化旅游是一种深度的文化体验。在体验与旅游互动的基础上，其利用模式的最终目标是要求人与自然、文化与环境的和谐共生，其具体设计方向是让旅游者在差异化体验和活动中追求身心的享受，获得难以忘怀的经历和回忆。

本书的出版，对帝陵文化的挖掘和帝陵旅游利用，无疑是一种深化和拓展。可供旅游、文物、文化、地理、生态等教学科研工作者和管理者借鉴参考，并可为文物管理、旅游开发等提供指导。

中国旅游改革发展咨询委员会委员

中国旅游研究院学术委员

陕西师范大学教授/博导

马耀峰

2016.7-6.

摘 要

体验时代，遗产旅游开发的精髓就是创造和设计遗产文化体验，以独特文化内涵和足够的体验吸引旅游者。中国陵墓众多，帝陵是丧葬文化的集中代表，帝陵遗产成为认识帝王文化的窗口，认识中国历史的文化载体。我国帝陵文化遗产蕴含着中华民族特有的精神价值，体现着中华民族的生命力和创造力，是各朝各代、各民族智慧的结晶，更是全人类文明的瑰宝，蕴含着深厚的历史文化价值。同时，帝陵大都处在风景秀美的“形胜之地”，形成各具特色的旅游资源，具有重要的旅游利用价值。

本文在界定相关概念、分析国内外相关文献的基础上，辨析旅游与文化的辩证关系，梳理风水理论与帝陵建造、遗产旅游体验理论、遗产活化理论等，提出帝陵文化遗产分层活化思想。依据遗产旅游体验理论、遗产活化理论和风水文化理论等相关理论，运用文献考证、田野调查、体验研究以及因子分析等方法，以关中三陵（黄帝陵、秦始皇陵和乾陵）为典型案例，对中国帝陵的文化价值与旅游利用模式进行了从理论到实证的系统研究。

第一，从历史发展和空间分布两大维度，分析中国丧葬制度的起源与帝陵遗产的时空分布。中国帝陵发展演变历经商、周、秦、汉、唐、宋、元、明、清等朝代，呈现出不同特色；中国帝陵遗产从空间分布上来讲，总体分布不均衡，呈现带状、组团状分布，与历史时期都城的分布有着密切的关系；省域范围层面，帝陵分布与传统农业社会密切相关；大部分分布于腾冲－黑河线东南侧。中国帝陵具有重要的历史文化价值、风水文化价值以及建筑文化价值。

第二，关中自古帝王都，西安帝都对关中帝陵形成有至关重要的影响。

关中有“十三朝古都”之称，但帝陵遗存主要是周秦汉唐等帝陵。关中帝陵文化遗产主要分布在陕西省关中盆地相对富裕的平原地，其地理分布呈片状、带状、线状及点状结合，相对集中，是中国帝陵密集分布的富集区，帝陵文化遗产旅游资源丰富。关中帝陵遗存数量之多，全国罕见，具有重要的历史遗存价值，具有较高的建筑文化价值以及风水文化价值。关中帝陵，墓主和帝陵的知名度都较高，能够形成名人效应，环境优美自然成为遗产旅游发展的首选地。

第三，通过田野调查、问卷分析、深度访谈等方式，运用相关理论深入分析关中三陵旅游绩效以及政策应对，提出了三种帝陵旅游利用模式：形象导向的帝陵旅游利用模式是黄帝陵遗产旅游利用的重要方式；遗址公园导向模式是秦始皇陵遗产地旅游利用模式；园林公园导向模式是乾陵遗产旅游利用的模式。

文章试图在以下几个方面有所创新：

一是研究视角的创新。帝陵遗产旅游是国内专家学者并未过多涉足的领域，专家学者更多从消极保护的视角入手分析，尚未构建全国性的帝陵遗产图谱。文章通过文献考证，绘出陵墓遗产的时空分布，全面分析了陵墓历史文化价值图谱。帝陵遗产的总体分布特征表现在地域格局和省域分布以及沿“腾冲-黑河线”分布差异等方面。

二是研究理论创新。提出了遗产活化分层理论，并通过典型地区案例分析，为帝陵遗产旅游提供了一种新思路、新方法。遗产“活化”要突出“文化信息”这个核心要素——这是文化遗产的价值源，要突出“无形文化载体”（非物质）和“有形文化载体”（实物）要素。

三是提出了帝陵旅游的应时模式。旅游利用模式是解决文化遗产在旅游利用过程中如何实现有效保护和合理利用关系的经验总结，是阐述文化遗产如何活化和如何增强旅游可体验性的一种理论思考。帝陵遗产地的旅游利用模式也是不同的。形象导向的帝陵旅游利用模式是黄帝陵遗产旅游利用的重要方式，构建“人文初祖、祖陵圣地”旅游是黄帝陵旅游利用的一种重要途径。遗址公园导向模式是秦始皇陵遗产地旅游利用模式，“秦风、秦韵、秦始皇”的文化遗产主题是秦始皇陵的核心文化层。园林公园导向模式是乾陵遗产旅游利用的方向，以乾陵遗址森林公园模式来展示乾陵的文化内涵是重要途径。“珍稀乾陵、唐陵之冠”就是兼具意、象两个向度的高度结合和统一。

对陕西省帝陵文化遗产旅游的研究涉及历史文化、风水文化、社会文化、旅游开发、文化创意等多个领域的内容，因此对帝陵文化遗产驾驭起来有相当的难度，本文的研究还存在局限与不足：对中国帝陵历史文化的研究深度不够，可能影响对帝陵文化精神、文化内涵的准确把握；鉴于样本地仅仅局限于陕西省三大帝陵旅游地，研究结论有待完善；对文化遗产体验的研究还需进一步深入。

关键词： 帝陵；历史文化价值；遗产活化；旅游利用模式

Abstract

The essence of the development of heritage tourism in the experiencing epoch is to create and design heritage cultural experience and to attract tourists through unique cultural connotation and adequate experience. There are numerous mausoleums all over china, among which the emperors' mausoleums are the best and most typical representative of the funeral culture and they are regarded as a window to the knowledge of the emperor culture and the cultural carrier of Chinese history. A unique Chinese spiritual value is imbedded in the Chinese emperor mausoleum cultural heritage, embodying the Chinese national vitality and creativity; the Chinese emperor mausoleum cultural heritage is an accumulation of various Crystallization of the wisdom of peoples and epochs and it could be even described as a Treasure of all mankind civilization that contains huge historical and cultural values. Further more, due to the fact that most emperors' mausoleums are located in beautiful Advantageous terrain, they create spectacular tourist resources and are of great tourist utilization values.

On the basis of defining relevant concepts and analyzing the pertinent Domestic and foreign literature, this dissertation differentiates and analyzes the dialectical relationship between tourism and culture, Carding geomancy theory and the construction of the emperors' mausoleums, the Heritage tourism experience theory and the Heritage activation theory; thus the concept of the classified activation of the emperor's mausoleum cultural heritage is advanced. According to the theories such as the Heritage tourism experience theory, the Heritage activation theory and the geomancy theory, by using the methods of field survey, experience study and factorial analysis, the dissertation carries out the theoretical and practical research systematically in the typical case of the three emperors' mausoleums on the central Shaanxi Plain (Huangdi mausoleum, Emperor Qin's Mausoleum and Qianling Mausoleum).

Firstly, the dissertation analyzed the origin of Chinese funeral system and the space and time distribution of the emperors' mausoleums in the dimensions of historical development and space distribution. The evolution of Chinese emperor mausoleums have gone through the Shang, Zhou, Qin, Han, Tang, song, Yuan, Ming and Qing dynasties, showing various characteristics. in the spatial distribution of the Chinese emperors' mausoleum heritage they are not distribute evenly, demonstrating a distribution of zone and cluster, this state is closely related to the capitals' geographical positions in history. On the provincial level, there has always been a close connection between the spatial distribution of the Chinese emperors' mausoleum and the traditional agricultural society.

Mostly the Chinese emperors' mausoleums are to the South-east along the Tengchong-Heihe Zone. The Chinese emperors' mausoleums are of great historical and cultural values, the geomantic cultural values and cultural value of architecture

Secondly, Central Shaanxi Plain used to be the locations of ancient capitals, therefore the ancient capital Xi An has always been playing a vital role in the development of the cluster of ancient emperors' mausoleums. Central Shaanxi Plain is entitled as the capital of thirteen ancient dynasties, but the emperors' mausoleums are mainly the mausoleums of the Zhou, Qin, Han and Tang dynasties. The emperors' mausoleum heritage of Central Shaanxi Plain is chiefly located in the comparatively wealthier areas of level land in the Central Shaanxi

Basin, showing the geographic shape of a combination in sheets, zones and spots.

Over the Central Shaanxi Basin scattered a lot of Chinese emperors' mausoleums which is a rich tourist resource of the emperors' mausoleum heritage. The quantity of Chinese emperors' mausoleums in the Central Shaanxi Basin are so huge that it ranks the first nationwide. The Chinese emperors' mausoleums possess enormous Value of historical relics, higher architectural culture value and geomantic culture value. For the emperors' mausoleums in the Central Shaanxi Plain, the tomb owners and the mausoleums are well-known, thus celebrity effect could be easily formed; owing to the beautiful advantageous terrain, the location naturally falls into the top alternative of Heritage tourism development.

By way of field investigation, questionnaires, depth interview, the tourist performance and policies of the above-mentioned three mausoleum area are discussed according to relevant theories. Three tourism utilization patterns are suggested: The image orientation of the emperors' mausoleum heritage tourism utilization pattern is a major approach to Huang Di Mausoleum tourism; the forest park orientation pattern is applied to Qianling heritage tourism utilization pattern and the relic park orientation pattern is adopted in Emperor Qin's mausoleum heritage tourism utilization pattern.

Original ideas in the dissertation:

1. New perspective in research. The emperors' mausoleum heritage research is a field domestic scholar seldom implored, usually most researchers are more interested in the perspective of passive protection of them and the national mapping of the emperors' mausoleum heritage has not been constructed yet. This thesis gives out the time and space distribution of the emperors' mausoleum heritage by way of documentation. It analyzes the whole mapping of historical and cultural values of the emperors' mausoleum heritage. The general distribution

characteristics of the emperors' mausoleum heritage lie in the regional pattern and provincial distribution; they have a distribution difference along the "Tenchong-Heihe line".

2. New ideas in the research theory. The thesis advances the heritage activation hierarchy theory and creates a new concept and way for the emperors' mausoleum heritage tourism through typical area case analysis. The activation of heritage emphasizes the central factor of the cultural message, which is the value origination of the cultural heritage. The initial carrier element of the intangible cultural carrier (non-material) should be stressed, as well the multi-carrier elements of tangible cultural carriers. The subject is consisted of cultural message and both intangible and tangible cultural carriers (media or subject).

3. The idea of the seasonal pattern of the emperors' mausoleum heritage tourism. The tourism utilization pattern is the experience summery of solving the problem of achieving the goal of effective protection and reasonable utilization of the cultural heritage in the course of tourism utilization. It is also a theoretical explore in account of the activation of cultural heritage and enhancing the tourist experience. The tourism utilization pattern of different emperors' mausoleum locations vary. The image orientation of the emperors' mausoleum heritage tourism is a major approach to Huang Di Mausoleum tourism. The concept of "Early human progenitor, ancestral tomb shrines" applies to Huang Di Mausoleum tourism; the forest park orientation pattern is applied to Qianling heritage, Qianling relics forest park pattern is an important way to display the cultural connotation of Qianling; the statement of "Rare Qianling, the top of Tang emperors' mausoleums" is a perfect combination of meaning and image. The relic park orientation pattern is adopted in Emperor Qin's mausoleum, the cultural heritage theme of "Qin style, Qin Music and Emperor Qin" accounts for the cultural core of Emperor Qin's mausoleum.

The research of the Emperors' mausoleums cultural heritage in Shaanxi province involves the subjects of history culture, geomancy culture, social culture, tourist development and cultural creativity; therefore, it is quite difficult to deal with. This thesis is sure to have its limits and disadvantages, such as; it has not explored deep enough the Chinese emperors' mausoleums history and culture, which could be an impediment to the precise understanding of the Chinese emperors' mausoleums ethos and its cultural connotation. Due to the restriction of research area (the three emperors' mausoleums tourist locations in Shaanxi Province), the research conclusions are to be updated and the research on cultural heritage experience is to be continued.

Keywords: emperors' mausoleum historical cultural value heritage activation Tourism utilization pattern

目 录

第1章　绪论

很多优秀的人都是没有天赋的，他们之所以成就斐然，是因为他们的兴趣。

——李开复语录

1.1　研究背景

1.1.1　帝陵遗产旅游成为“新高地”

陵墓是历史的倒影。在中国几千年的皇权社会里，共出现了600多位皇帝，无论在哪个朝代，皇帝都有着共同的“事死如事生”的帝王丧葬观，在这个期间出现的所有帝王都希望将自己的阴宅挑选在“好风水”的环境中，将地宫建造得坚固些，为阴间生活的物资与财富准备得丰富一些。甚至向阴间转移自己在阳间所控制的军队。古代帝王将陵墓营造视为福及自身、荫及子孙的大事。因此，帝陵建筑成为地上地下都精美无比的建筑艺术品，是融雕刻、绘画、自然景观为一体的综合性艺术。中国的陵墓众多，帝陵是丧葬文化的集中代表，是认识历史文化的载体，通过帝陵能够认识社会文化和不同朝代的历史，认识中国古代文明，帝陵蕴含着深厚的历史文化价值、艺术价值和科学价值。同时，帝陵大都处在风景秀美的“形胜之地”，旅游者来到帝陵遗产地，能够欣赏到神道的雕刻、祭祀的宫殿、高大的城楼以及帝陵园林中的碑廊古树，能够体验帝陵“风水”文化体现出的文化生态观，能够触摸历史、感悟过去的文明，还能够感悟到人类文明进步的历史轨迹，因此帝陵遗产地成为体验旅游时代的重要旅游资源和吸引物，具有重要的旅游利用价值。所以，研究帝陵的历史文化价值挖掘和旅游利用模式具有重要的理论意义和现实意义。通过大量阅读相关书籍和查阅以往的研究成果，笔者发现有关文化遗产的研究很多，但是关于陵墓文化遗产尤其是帝陵文化遗产旅游研究的寥寥无几，而且这种研究更多局限于单纯的介绍和解说。自己能否深入研究下去，能否在这方面有所突破和创新？导师的鼓励给了我勇气和自信，中国文化遗存众多，形成了“唯我独有”的特色旅游资源，帝王陵寝规模宏大、形制独特、环境完整壮观，是我国保存较好的古文化遗址，具有重要的历史文化价值和独特的人文景观价值[1]，是子孙后代了解中国文化的最鲜活的遗产，研究陵墓历史文化价值和旅游利用模式有着非常重要的意义。本研究具有持续性，可以持续做大做强，最重要的是，通过研究，能够补充前人研究的空白和不足，能够将旅游体验理论在帝陵遗产旅游方面做进一步深入的实践性研究，能够在理论层面进一步探讨不同的帝陵遗产赋存状态的活化和旅游利用。于是，我下决心去做这个题目并且努力做好。本书以中国帝陵的历史文化价值和旅游利用模式研究为切入点，选取西安黄帝陵、秦始皇陵、乾陵为案例，研究帝王陵墓这类文化遗产的历史文化价值及其旅游利用模式，深入挖掘帝陵历史文化价值，将其内涵文化外显化，将“静态”的陵墓开发成“活态”的旅游产品，凸显帝陵遗产的特色，使中国帝陵遗产能够“有声有形，有神有韵”，呈现曾经的过往和辉煌的历史，能够让旅游者走进历史，了解社会，了解古代帝王。

1.1.2 文化遗产研究引人关注

中国是世界上唯一一个拥有5000年文明长河而不曾中断的国家，悠久的历史赋予了中华民族博大而丰富的文化遗产，甲骨文、青铜器、长城、故宫、十三陵、秦始皇陵……以及极具特色的各种民族、民间文化，构成了中华民族独特而灿烂的文明景观，它们是传承中的载体，更是发展的依托，它们不仅是我们国家和民族的骄傲，也是全人类的共同财富。文化遗产，在概念上分为“有形文化遗产”和“无形文化遗产”，即物质文化遗产和非物质文化遗产两大类[2]。“有形文化遗产”即传统意义上的“文化遗产”，根据《保护世界文化和自然遗产公约》，物质文化遗产是具有历史、艺术和科学价值的文物，

[1] 李晓玲 . 帝王陵墓类旅游产品开发研究：西夏陵旅游规划开发初探 [D]. 西安：西安建筑科技大学 ,2007:26.

[2] 国务院确定我国文化遗产日 [EB/OL].(2006-04-11)[2016-08-23]. http://www.cctv.com/history/special/C15515/20060411/1017 02.shtml

包括古遗址、古墓葬、古建筑、石窟寺、石刻、壁画、近代现代重要史迹及代表性建筑等不可移动文物，历史上各时代的重要实物、艺术品、文献、手稿、图书资料等可移动文物，以及在建筑式样、分布均匀或与环境景色结合方面具有突出普遍价值的历史文化名城（街区、村镇）[1]。无形文化遗产又称非物质文化遗产，主要指人类以口头或动作方式相传，具有民族历史积淀和广泛、突出代表性的民间文化遗产，它曾被誉为历史文化的“活化石”“民族记忆的背影”[2]，它包括民间传说、习俗、语言、音乐、舞蹈、礼仪、庆典、烹调以及传统医药等。根据联合国教科文组织《保护非物质文化遗产公约》（*Convention for the Safeguarding of the Intangible Cultural Heritage*）的定义，“非物质文化遗产”指被各群体、团体或有时为个人视为其文化遗产的各种实践、表演、表现形式、知识和技能及有关的工具、实物、工艺品和文化场所。包括：口头传说和表述，以及作为非物质文化遗产媒介的语言；表演艺术；社会风俗、礼仪、节庆；有关自然界和宇宙的知识及实践；传统的手工艺技能。非物质文化遗产指各族人民世代相承的、与群众生活密切相关的各种传统文化表现形式（如民间文学、民俗活动、表演艺术、传统知识和技能，以及与之相关的器具、实物、手工制品等）和文化空间（即定期举行传统文化活动或集中展现传统文化表现形式的场所，如歌圩、庙会、传统节日庆典等）[3]。

我国文化遗产蕴含着中华民族特有的精神价值、思维方式、想象力，体现着中华民族的生命力和创造力，是各民族智慧的结晶，也是全人类文明的瑰宝[4]。非物质文化遗产的最大特点是不脱离民族特殊的生活生产方式，是民族个性、民族审美习惯的“活”的显现，即非物质文化遗产的依托物是物质文化遗产本身，文化遗产的保护和传承关键在于物质文化遗产的保护以及非物质文化遗产的“活化”。它依托于人本身而存在，以声音、形象和技艺为表现手段，并以身、口相传作为文化链而得以延续，是“活”的文化及其传统中最脆弱的部

[1] 中国文化遗产日 [EB/OL].[2016-09-05]. http://www.baike.com/wiki/ 中国文化遗产日 .
[2] 文化遗产 [EB/OL].[2016-09-05]. http://www.baike.com/wiki/ 文化遗产 .
[3] 文化遗产 [EB/OL].[2016-09-05]. http://www.baike.com/wiki/ 文化遗产 .
[4] 田青 . 非物质文化遗产保护三议 [J]. 文艺研究，2006,5:30-36.

分[1]。保护文化遗产，保持民族文化的传承，是联结民族情感纽带、增进民族团结和维护国家统一及社会稳定的重要文化基础，也是维护世界文化多样性和创造性，促进人类共同发展的前提。

中华民族祖先给我们这一代人留下的文化遗产，成为当代巨大的精神财富和物质财富，鼓舞着人们在实用性开发、利用文化遗产方面掀起一浪高过一浪的热情。社会实用需求的攀升，拉动了文化遗产的研究。这对文化遗产资源的重新复活和文化遗产的研究来说是个机遇。

在文化遗产问题研究引人注目之际，更应该关注文化遗产旅游利用的研究。如何构建“保护为主、抢救第一、合理利用、加强管理”的旅游利用模式成为研究的热点和难点。通过中国知网以“文化遗产”为关键词进行检索，查到相关文献60104篇，以“文化遗产”和“文化遗产保护”为关键词进行检索，查到相关文献共计16167篇，而以“文化遗产保护和文化遗产旅游”为关键词进行检索，共找到188篇相关文献。从以上专家学者对文化遗产研究的成果来看，多为具体个案研究，而这些个案研究又没有多少关于文化遗产的规范性价值标准，止步于事实性描述和经验性价值评判[2]，缺少对文化遗产的内在魂魄的归纳和提炼，没有真正地体现文化遗产如何才能“有声有形，有神有韵”。对文化遗产具体个案的研究始终不能替代对文化遗产的普遍规则的学理研究，理论应该联系实际，但首先要有科学的理论。理论的科学性在于寻找应该研究的事实性经验现象构成的规则。因此文化遗产的研究对象不仅仅是具体的文化遗迹，而是这些历史遗迹成为文化遗产的学术规则[3]，这些遗迹如何“活化”的措施，这些遗迹旅游利用模式的思考。作为文化遗产的核心属性，可以说，文化遗产就是能够永远保存人民的集体记忆的文化特性的历史遗留下来的物品、习俗和艺术，文化遗产研究的重点应该是能够永远保存人民的集体记忆的文化特性这一核心属性。离开了这一核心属性，就偏离了文化遗产这一对象的

[1] 热贡艺术成功入选人类非遗代表作名录 [EB/OL].[2016-09-05].http://www.ccnh.cn/zhqywh/cygywh/cywhkx/732 1234303.htm

[2] 冯宪光 . 文化遗产的意义 [J]. 绵阳师范学院学报，2011,30（4）:2.

[3] 冯宪光 . 文化遗产的意义 [J]. 绵阳师范学院学报，2011,30（4）:2.

学术性、科学性[1]。

帝王陵寝，是丧葬文化的代表和集中体现，是中国传统社会政治、经济和文化艺术成就的重要组成部分。陵寝类文化遗产在中国传统文化遗产中占有重要的位置。帝陵历史遗存蕴含着深厚的历史文化价值和旅游利用价值，成为重要的旅游资源和吸引物，如秦始皇陵、乾陵、明十三陵等。对于陵寝文化遗产的研究成为未来研究的重要领域和大力开发的“处女地”。

1.1.3 文化遗产助推旅游业发展

通过对文化遗产的利用（主要是旅游发展）来满足人们日益增长的文化需求、促进地方经济的发展已成为我国不少地方普遍的做法。在这种开发的过程中，由于文化遗产深厚的文化内涵和独有的历史魅力使不少文化遗产地成为颇具吸引力的旅游目的地，满足了人们日益增长的文化需求和旅游需要。文化遗产保护及其旅游发展已越来越引起人们的关注，欧美国家的成功案例告诉我们，文化遗产旅游的适度开发是解决文化遗产保护的诸多问题和旅游发展所需资源要素的有效方法[2]。

文化遗产丰富了旅游的内涵。在旅游业不断蓬勃发展的过程中，一个沉湎于过去的价值取向逐渐显现，遗产资源成为旅游吸引物的核心位置。人们喜好前往遗产旅游目的地，宗教旅游、修学旅游，甚至度假旅游也会选择遗产目的地。与此同时，遗产所在地的居民、政府、旅游组织也在不遗余力地推介遗产资源。在遗产地“拉力”和旅游市场“推力”的双重作用下，遗产旅游获得了前所未有的空间市场，成为一类重要的旅游资源，并形成了一个重要的研究领域——遗产旅游研究。

文化遗产推动了旅游业的迅速发展。拥有深厚历史分量的遗产对于旅游者内心世界的冲击和洗涤是非常强大的。随着社会步入后工业化阶段，休闲生活成为人们的不二选择，高端市场的休闲旅游也就成为旅游的主要形式。旅游作为面对生活压力的一种释放方式，人们更多地选择走进自然，走进历史，触摸

[1] 冯宪光．文化遗产的意义 [J]. 绵阳师范学院学报，2011,30（4）:2.

[2] 刘香丽．文化遗产旅游开发与保护研究：以曲阜为例 [D]. 大连：辽宁师范大学，2008.

异域高深的遗产。这样一种“放纵”自我，会让人们忘却所处时代，用超时代的感悟平衡常态生活的“失衡”，可以说，遗产在丰富旅游的基础上又推动了旅游新方向的形成——文化遗产旅游。发展旅游经济，可以调动地区一部分人的积极性，而着重于遗产的旅游，是拿先祖的遗产做资源，它牵动遗产地全体居民的心，这样的心情经过岁月的洗礼，会衍生出制度方面的建设，遗产旅游将会推动遗产地的社会进步。

我国文化遗产的延续、保护和旅游业的可持续发展需要旅游学者对文化遗产旅游的关注与重视，文化遗产旅游的研究也将拥有广泛的社会意义和应用价值。

1.2 研究目标和内容

1.2.1 研究目标

陵墓文化遗产的历史价值和旅游利用模式研究具有重要的理论和实践意义。陵墓遗产地文化的挖掘深度和展现内容直接影响着旅游者的旅游体验。本书主要研究基于陵墓历史价值和旅游利用模式的陵墓文化遗产旅游深度开发的问题。

理论目标：厘清陵墓文化遗产旅游的基础概念，建构陵墓文化遗产体验旅游的基本模式，解决陵墓文化遗产旅游的活化路径和内容。

实践目标：为政府保护和管理陵墓文化遗产提供理论支持和具体操作指导，解决旅游企业和旅游者对陵墓文化遗产的活化与可视化的需求。

1.2.2 研究内容

1.2.2.1 研究的主要内容

（1）中国的丧葬文化与帝陵建造。通过查询文献以及前往帝陵遗产地实地调研，厘清中国葬制起源、演化过程，帝陵的建筑特色以及帝陵划分的不同类型、等级，风水观念对帝陵建造的影响。

（2）帝陵遗址的时空分布特性。通过对中国古代专门史的研究，从时间维度厘清帝陵在历史发展过程中，在不同的发展阶段其存在特点；从地理学的视角，探索帝陵空间分布呈现的特性和规律性，厘清帝陵时空分布，构建帝陵时空分布图谱。

(3) 帝陵历史文化价值挖掘及旅游利用模式研究。陵墓遗产发展，就是充分展示遗产价值并且被人类合理地利用。展示价值的过程是遗产被人类认识和接受的过程，利用是将遗产价值转换为功能，利用的方式必须是可持续的。研究陵墓遗址类旅游产品的活化和文化内涵的挖掘以及遗产文化意象塑造尤为重要，保护性旅游开发成为必然的一种选择。帝陵具有重要的历史文化价值，通过文献考证、实地调研，挖掘帝陵的风水文化价值、建筑文化价值、文物价值、艺术价值和生态文化价值；在此基础上，分析帝陵具有的旅游价值，思考如何将潜在的内在文化"活化"和外显化，提出不同的旅游利用模式。

(4) 帝陵旅游产品的特性。陵墓类的旅游产品是旅游产品中一个大的子项，因其是文化遗址类旅游资源的一种，所以在开发中要特别注意其文化性和被保护性，注意协调好旅游开发与文化遗产保护的关系。帝陵旅游产品的核心是帝陵文化遗产体验。通过赴黄帝陵、秦始皇陵、乾陵等帝陵遗产地发放调查问卷、深度访谈等方式，了解旅游者的感知、文化差异、重游率、推荐率等测评指标，提出帝陵旅游产品营销策略。

(5) 帝陵旅游利用模式与文化传播。在充分挖掘帝陵文化价值的基础上，结合样本地（黄帝陵、秦始皇陵、乾陵）的问卷、访谈情况以及旅游效应等情况，进行旅游效应分析，测定旅游利用模式给帝陵带来的经济效应，以及这种经济效应对帝陵保护起到何种作用，探索帝陵遗产地旅游利用模式对文化传播的作用、机制。

1.2.2.2 研究的重点和难点

(1) 重点。一是陵墓历史文化价值的挖掘。陵墓文化遗产作为人类过去的见证，有着极其重要的价值，体现了风水观念、建筑思想、环境感知等天人合一的理念。

二是陵墓空间分布特性及旅游价值。中国的陵墓资源丰富，是我国重要的旅游资源，研究陵墓的空间分布特征具有重要意义。陵墓的选址、排列、分布及建筑格局方面都比较充分地体现了传统的"事死如事生""厚葬以明孝"

封建伦理崇尚孝道的思想。陵墓大多选址于形胜壮观、环境优美的“风水宝地”，这些地方往往也是人们感受美的佳地。陵墓历史遗存是一种集建筑、雕刻、绘画和自然环境于一身的综合性艺术，蕴含着深厚的文化价值和旅游价值。分析陵墓遗址的空间结构特征，揭示其空间分布规律，这对发展我国陵墓遗址旅游经济具有重要的指导意义。

（2）难点。陵墓资源转化为旅游资源的途径、合理活化利用的方式。

1.2.2.3 研究的主要观点

（1）陵墓遗产具有重要的历史文化价值，是重要的文化资源和旅游资源。应该深入挖掘陵墓文化内涵，厘清陵墓遗产历史文化价值图谱；陵墓用它丰富的地宫世界、遍布的地面遗存、记录了时代的发展，具有重要的历史文化价值、科考价值等。

（2）陵墓旅游资源是历史文化遗产旅游的重要部分，具有重要的旅游价值，是认识历史的窗口。中国古代的陵墓，由于占有空间大，山水形胜，地面及地下建筑辉煌和文物众多成为纪念性景观的一个重要类型，是集建筑、雕刻、绘画、自然环境于一身的综合性艺术体，是遗产旅游的重要部分。

（3）陵墓旅游只能采取保护性旅游利用模式才能可持续发展。陵墓文物古迹与旅游的发展有着非常悠久的历史和十分密切的关系，旅游离不开文物古迹，文物古迹借旅游发挥其作用，流传其历史，传播其信息。旅游事业的发展要靠文物古迹，如果资源被破坏，旅游事业就无法继续发展。旅游是发挥文物古迹作用的一种非常好的形式，采取保护性旅游利用模式才能实现可持续发展。

（4）不同的陵墓资源，其旅游利用模式是不同的。陵墓旅游产品需要活化和文化展示才能体现其内在的文化内涵。走遗产活化途径是必然的选择。陵墓旅游类产品需要活化和文化展示才能体现其内在的文化。黄帝陵宜采用旅游景区的模式；秦始皇陵宜采用遗址主题公园的模式进行；乾陵宜采用森林公园的模式，建立城景联动的旅游利用模式。

1.3 研究思路、技术路线及方法

1.3.1 研究思路及技术路线

本书遵循分析帝陵时空分布—历史文化价值—旅游利用模式研究的总体思路进行展开论述（图1－1）。

首先，深入分析陵墓制度的发展历程，清晰勾勒出陵墓的历史发展轮廓，时空分布特点，即厘清帝陵的历史发展脉络。

其次，综合各个历史时期帝陵的特点，论述帝陵修建过程中不同的风水观念和不同的陵墓建筑形制，厘清帝陵文化脉络及其历史文化价值。

最后，通过全面审视帝陵的文化价值、旅游价值，系统、客观地总结现代社会对帝陵遗产的旅游利用模式。保护性旅游利用模式成为新的历史时期帝陵旅游可持续发展的重要诉求，帝陵类文化遗产的活化和文化展示成为帝陵旅游发展的新业态。

1.3.2 研究方法

鉴于陵墓类文化遗产保护和旅游利用模式涵盖内容的广泛，本文将陵墓文化遗产研究置于一种开放的、动态变化的环境中，以可持续发展理论和科学发展观为指导，拟采用以下研究方法：

1.3.2.1 文献考证和田野调查方法

本书通过分析陵墓相关资料，总结出陵墓的历史文化价值，对现代社会陵墓遗产的保护性旅游提出了建设性意见。同时，在黄帝陵、秦始皇陵、乾陵等地进行实地调查，了解陵寝建筑现状、文化内涵及其旅游绩效和发展状况等。

考证方法既是一种方法论，亦是一个科学思维过程。我们进行考证时，需要采用具体的方法，遵循科学思维的过程，形成一个具有个性的、合理的、内在诸多因素统一的逻辑结构，体现出细密的、窄而深的研究精神。“我们的研究主旨在于用了科学方法去驾驭中国历史的材料”，科学的考证方法在我们研究陵墓历史价值和旅游利用模式时具有方法论的意义，即它在方法上有着普遍的指导作用。在研究过程中收集、查找中国礼制史、中国通史、断代史、专门史、中国古代陵寝制度史研究、人界与灵界——中国陵墓文化、风水——中国人的环境

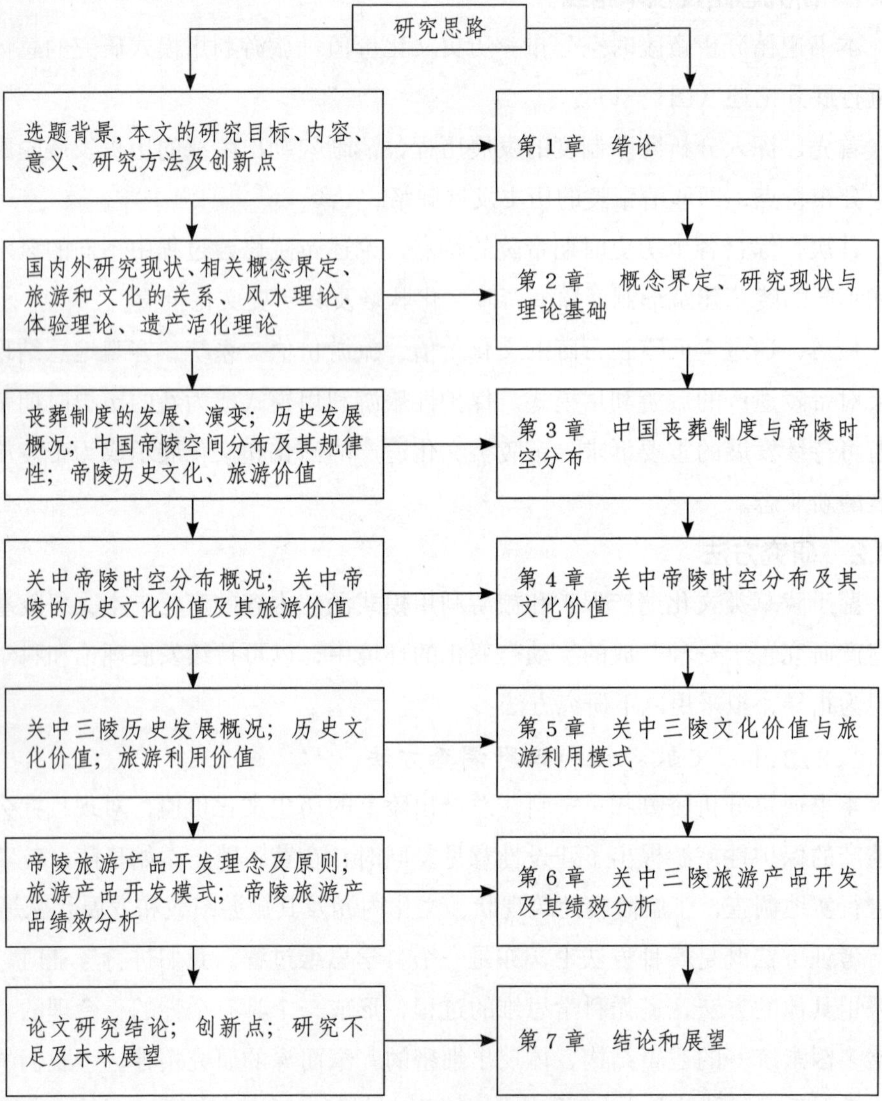

图1－1 研究思路及技术路线

Figure 1－1 research ideas and technology roadmap

观、风水理论研究、中国名陵、中国十大帝陵等文献进行陵墓资源考证分析。

田野调查方法，也就是除了文献之外的实地考察方法。它是人类文化学、考古学等学科经常使用的一种资料收集，进行考证材料的研究方法。目的是采用采访、访谈等形式获得第一手材料。田野调查方法一般是在自然的过程中进行的，通过访问、座谈、问卷、测验和查阅书面材料等方式去搜集反映研究对象的材料。

(1) 准备阶段。选定在乾陵、秦陵、黄帝陵等地的旅游者为调查对象，确定调查范围，了解调查对象的基本情况，研究有关理论和资料，拟订调查计划、表格、问卷、谈话提纲等，规划调查的程序和方法。

(2) 进行阶段。按预定调查计划开展调查活动，对旅游者提出的问卷结构中所存在问题进行调整。在乾陵、秦陵、黄帝陵等地进行专业问卷调查，从而收集了准确的“一手数据”，保证采集数据的准确性、可靠性、真实性、有效性。

(3) 结束阶段。整理三个旅游区收集的数据材料，包括分类、统计、分析、综合等。

1.3.2.2 考古比较研究方法

历史上各个朝代的陵墓文化既有深厚的历史传承也有鲜明的时代发展，比较研究能够很好解决这一问题。

按《牛津高级英汉双解辞典》的解释，比较研究法就是对物与物之间和人与人之间的相似性或相异程度的研究与判断的方法。比较研究是根据一定的标准，对两个或两个以上有联系的事物进行考察，寻找其异同，探求其普遍规律与特殊规律的方法。本文从时间维度进行比较，对不同时期的帝王陵墓建筑形制、文化内涵、历史价值进行逐一比较，从而认识帝王陵墓这一文化遗产的发展变化过程，揭示其内在文化的发展演变规律。

1.3.2.3 评价比较法以及体验研究法

对研究中涉及的关中地区旅游资源采取专家问卷和旅游者体验问卷的形式，从而获得一手数据。问卷内容分为三个部分：旅游者的人口特征、旅游者满意度和旅游者重游率。调查采取现场发放问卷、现场回收的方式，共收到有效问卷961份。通过比对、分析、探讨旅游者对三个陵墓遗产旅游地的旅游动机、旅游感知、旅游收获、旅游总体评价、重游意愿等进行有效分析，以便能够揭示不同的陵墓遗产旅游地的历史价值不同，旅游利用模式不同，其最终的体验效果也是不同的。

1.3.2.4 系统论方法

系统是由相互联系、相互制约、相互作用的若干要素组成的，具有特定功能的有机整体。系统论是关于研究一切综合系统或子系统的一般模式、原则和规律的理论体系。它包括系统概念、一般系统理论分析及系统方法的应用。

文化遗产旅游的研究对象是以文化遗产作为资源基础的旅游所引发的现象和关系的集合。在文化遗产旅游的研究系统中，文化遗产资源及其特性研究是研究系统的基础，文化遗产旅游产品研究及文化遗产的保护研究是研究系统的核心，文化遗产的历史价值如何，文化遗产的旅游利用模式如何都是必不可少的有机联系的整体。以遗产历史文化价值和旅游利用模式为基点，可扩散到旅游开发体系、行业管理体系、社区参与体系等子系统的研究。本书仅仅研究该系统中核心的因素，即文化遗产历史价值和旅游利用模式分析。

1.3.2.5 定量分析法——因子分析法

在因子分析之前，先对31项感兴趣属性进行了可信度分析，得$\propto$=0.8823，说明它们之间存在较强的内部一致性，同时对样本进行了kmo测度和巴特利特球体检验以判断观测数据是否适合做因子分析。kmo值为0.810，根据凯撒（Kaiser）的解释，如果kmo值大于0.8，表示“适合”做因子分析[1]。另外，参与因子分析的19个变量的巴特利特球体检验（Bartlett test of Sphericity）值是1389.280，其对应的相伴概率值为0.000。这两种检验的检验数据表明适合做因子分析。最后，采用了主成分分析法（Principal Component Analysis），并进行方差最大化旋转(Varimax with Kaiser Normalization)。在确定公因子的个数时，瑞恩

[1] 薛薇．统计分析方法与应用 [M]. 北京：电子工业出版社，2004:146-147;330-331.

（Ryan）指出提取出的公因子最好能解释所有方差的66%～70%[1]。“购买旅游纪念品”这个指标因变量共同度仅为0.399，小于0.5，因此被删除，其余18个指标经过因子分析，归纳为5个主要因子，累计方差贡献率为67.51%，这表明提取的结果还是比较理想的。

1.4 选题的意义和价值

1.4.1 选题的意义

陵墓是基于丧葬习俗形成的载体，本身并不具备旅游价值。但在我国，基于“事死如事生”“厚葬以明孝”封建伦理崇尚孝道的思想，陵墓大多选址于形胜壮观、环境优美的“风水宝地”，这些地方往往也是人们感受美的佳地。由于陵墓历史遗存蕴含着深厚的文化价值和旅游价值，是一种集建筑、雕刻、绘画、自然环境于一体的综合性艺术，许多国家和地区将陵墓资源开发成重要的旅游项目，如埃及的金字塔、我国的秦始皇陵、乾陵、明孝陵等。在我国的世界遗产名录中，陵墓遗址类的文物古迹有3处——明清皇家陵寝，西安秦始皇陵及兵马俑，高句丽王城、王陵及贵族墓葬，占世界遗产总数的7.32%。国家级重点文物保护单位中，陵墓类204处，占总数的8.7%。文物古迹与旅游的发展有着非常悠久的历史和十分密切的关系，旅游离不开文物古迹，文物古迹借旅游发挥其作用，流传其历史，传播其信息。在全国5A级景区中，陵墓遗址有6个；4A级景区中，陵墓遗址有12个；3A级景区中，陵墓遗址有9个；2A级景区中，陵墓遗址有8个。

研究陵墓遗产旅游利用成为研究文化遗产的一个重要课题。该课题引起了专家学者的广泛重视，并做了大量的研究，主要体现在陵墓历史文脉与旅游资源保护和利用的理论研究上。帝王陵墓是丧葬文化的代表和集中体现，是中国传统社会政治、经济和文化艺术成就的重要组成部分。陵寝类文化遗产在中国传统文化遗产中占有重要的位置。目前对陵墓遗址的历史文化价值、分布状况、等级、类型划分以及陵墓保护和旅游利用的关系不清楚。因此，厘清陵墓

[1] 张宏梅．国外旅游问卷调查及数据分析的有关问题[J]. 安徽师范大学学报,2006，29（1）:88-93.

遗址的分布、挖掘历史文化内涵，建立对应的旅游利用模式非常必要。

第一，研究陵墓遗产的历史文化价值有助于保护文化遗产。帝陵遗址反映了不同时代的特有文化、风水观以及建筑文化、礼制文化，是人类文明发展过程中的结晶，具有重要的科学价值、历史价值和艺术价值。它是认识历史的窗口，也是文献研究的窗口。厘清帝陵文化遗产的历史文化价值有助于我们认识中国传统文化内涵，清晰认识历史文化的演化过程，使之成为展示中国传统文化的窗口；同时，也有利于保护文化遗产。

第二，研究陵墓产品的旅游利用模式有利于文化传播，推动旅游业可持续发展。陵墓遗产众多，大部分处于博物馆静态开发的状态，陵墓遗产活化和文化内涵的挖掘以及文化意象塑造尤为重要。通过遗产活化，营造可持续旅游利用模式，成为真正意义上的文化旅游，旅游的内涵会更丰富，遗产旅游“可看，可见，有声有形”。

1.4.2 选题的价值

一是理论层面具有重大价值。探索帝陵历史文化价值挖掘和旅游利用模式创新，围绕帝陵时空分布、历史文化价值、旅游利用、遗产保护等展开研究，具有重要的理论意义。帝陵文化遗产的历史文化价值挖掘有助于我们认识中国传统文化内涵，有利于保护文化遗产。同时，对于帝陵遗产文化内涵的挖掘，有利于文化传播。研究帝陵产品的旅游利用模式，能够推动旅游业可持续发展。帝陵遗产活化和文化内涵的挖掘是旅游利用的重要途径。通过遗产活化，营造可持续旅游利用模式，从而能够更好地保护帝陵遗产。同时，该研究能够拓宽文化遗产旅游研究内涵，把陵墓文化遗产旅游研究纳入研究体系。

二是实践层面的指导价值。中国帝陵遗产丰富，探讨帝陵遗产历史文化价值挖掘能够有效保护遗产；探讨旅游利用模式能够为文化遗产地的建设提供实践指导意义和具体案例，指导帝陵遗产地旅游向文化体验的深层次方向发展，丰富文化遗产学相关研究内容；从实践上，为陵墓文化遗产地的建设提供实践指导意义和实践案例。

第2章　概念界定、研究现状与理论基础

人的天职在勇于探索真理

——哥白尼（波兰）

2.1　概念界定

2.1.1　帝王陵墓

由于“灵魂不死”观念的产生，在对灵魂敬畏和对阴间生活幻想的基础上，人们产生了对死者的崇拜，由此产生了墓葬制度。“葬”是指处理死者遗体的方式，“墓”则指埋棺之处[1]。《中国大百科全书·考古学》认为：“人类将死者的尸体或尸体的残余按一定的方式放置在特定的场所，称为‘葬’。用以放置尸体或其残余的固定设施，称为‘墓’。在中国考古学上，两者常合称为‘墓葬’。”[2]简单地说，“葬”是处理尸骸的方式，“墓”是葬地的标识形式。原始社会初期，人类并不掩埋同类尸体，反而弃之于荒野；到原始氏族社会的中期，开始埋葬死者，产生了灵魂的观念。当时人们认为思维和感觉并不是身体活动的一部分，而是一种寄托于人身，并在人死亡后游离人身的灵魂的活动。因此，人们对于已故祖宗不仅有情感上的怀念，还希望他们在阴间生活美好，并能护佑子孙。随着社会文化发展，这种纪念和祈福的心理，逐渐发展出一整套祭祀礼仪制度，同时产生了相应的墓葬制度。在皇室中更发展出一种集地下安葬和地上祭礼于一体的陵寝建筑。墓室不仅作为安葬死者的地穴，还是死者灵魂生活起居的所在，因而地穴形制或可比拟人间殿堂。“陵墓”或“陵寝”成为对中国古代帝王墓葬的一种特殊称谓。“陵墓”是指帝王或诸侯的坟墓或者指代

[1] 马耀峰，宋保平，赵振斌．旅游资源开发 [M]. 北京：科学出版社，2005:199.

[2] 王仲殊．中国古代墓葬制度 [M]// 中国大百科全书：考古学．北京：中国大百科全书出版社，1986:665.

现当代杰出人物的坟墓[1]。有专家也把帝王陵定义为古代埋葬帝王、皇后和妃嫔等皇族的坟墓[2]。但是，帝王陵寝的封土不是一开始就这样，它经历了由“不封不树”到“宝城宝顶”的漫长的演变过程。

中国古代帝王陵墓制度的基本内涵可以分解为“陵”“寝”“庙”三个概念来理解。

“陵”字的本意是指高大突兀的山丘。东汉应劭考证说：“《诗》云：‘如山如陵。’《易》曰：‘伏戎于莽，升其高陵。’又，‘天险不可升，地险山川丘陵’。”北魏郦道元引《三秦记》考证云：“秦名天子冢曰‘山’，汉曰‘陵’，故通曰‘山陵’矣。”[3]事实上，“陵”字派生出“墓地高大封土”之义已见于先秦，而不是始于汉代。清初顾炎武在《日知录》中认为：“古王者之葬，称墓而已……及春秋以降，乃有称‘丘’者，楚明王墓谓之‘昭丘’，赵武灵王墓谓之‘灵丘’，而吴王阖闾之墓亦名‘虎丘’，盖必因其山而高大者，故二三君外无闻焉。《史记·赵世家》：‘肃侯十五年起寿陵。’《秦本纪》：‘惠文王葬公陵，悼武王葬永陵，孝文王葬寿陵。’姑有称‘陵’者，至汉则无帝不称陵矣。”[4]从汉代起，“陵”开始成为帝王墓葬的特定称谓，如高祖墓称“长陵”，文帝墓称“霸陵”等，陵字从单纯的封土象山之义扩充为指代帝王墓葬之全部及其附属设施。

“寝”字的本义是指古人正规的或最主要的起卧处所。“寝”在“堂”之后，正规的堂、寝之间还应该以门相隔。帝王则专门辟有寝宫，以与受朝办事之“殿”“朝”相对应，古人认为“事死如事生，礼也”[5]。因而也在宗庙中、陵园内为先人设置了“寝”和“便殿”。

“庙”字的本义是指宗庙。秦以后，古礼不尽传于世，西汉列帝各自在陵旁立庙，东汉明帝把“西都旧有上陵”之礼制度化，“孝子事亲尽礼，敬爱之心也”。从此，陵园中的主体祭祀建筑——“寝殿”开始具有部分宗庙的功

[1] 李行建．现代汉语规范词典 [M]. 北京：外语教学与研究出版社，2004: 834.
[2] 肖星，严江平．旅游资源与开发 [M]. 北京：中国旅游出版社，2000.
[3] 郦道元．水经注 [M]. 北京：中华书局，2007:460.
[4] 顾炎武．日知录 [M]. 上海：上海古籍出版社，1985:1155.
[5] 十三经注疏本 [M]. 阮元，辑刻．北京：中华书局，1980: 2174.

能。“陵上之庙”的地位越来越重要，成为某种政治象征意义。

因此，本书认为，“陵墓”是一个特称名词，它专指中国古代帝王的墓葬，包括地下宫殿、地上建筑和陪葬墓三个部分及物质和精神两个层面的内容。其中，陵园地面建筑、地下椁室或玄宫建筑，以及附属的石像生、碑刻等属于凸显于表层的物质层面；而墓地卜选规则、墓主葬式、陵园布局和玄宫结构特点所映射出的思想观念等，则属于更深层次的精神层面[1]。一座帝王陵墓就是一个时代历史活动的缩影，因此，从不同的角度对帝王陵墓历史文化价值进行研究是解读历史的最好方式[2]。解读历史才能展示历史，挖掘文化内涵，为旅游所利用，达到深层文化体验。

现在虽然能见到一些上古传说时期的陵墓，但基本是后世为追怀圣王功德而兴建的纪念性建筑。这些所谓的“圣王”陵墓，并不能全部用来作为研究中国古代陵墓制度的信史资料。但是，有些作为中华民族象征意义的陵墓更多是作为一种民族象征和精神的追忆，借此开展文化旅游有它非同寻常的作用。

2.1.2 遗产、文化遗产

“世界遗产”属于“遗产”的范畴。英文“heritage”一词源于拉丁语，初指“父亲留下的财产”，主要指私有的物质财富。在遗产传承过程中，对“遗产”所含精神层面的价值，古人也开始注意到了[3]。19世纪中期以后，开始有人把祖先留下的具有重要历史文化价值的公共财物视作遗产，这就是文化遗产。它是一种公共的、精神性质的财富，要求人们共同热爱，世代传承。这就是遗产的文化传承价值，是遗产的最重要的价值[4]。在我国，“遗产”最早出自《后汉书》卷二十七，原文为“(郭)丹出典州郡，入为三公，而家无遗产，子孙困匮”。其中，“遗产”一词是指死者留下的财产，即物质方面的遗产，这构成了当代遗产概念的基本内涵之一。同时，“遗产”也指代精神文化

[1] 刘毅．中国古代陵墓 [M]. 天津：南开大学出版社，2010:3.

[2] 和西芳．陕西帝王陵墓旅游资源评价研究 [D]. 长沙：中南林业科技大学，2008:10.

[3] 顾军，苑利．文化遗产报告：世界文化遗产保护运动的理论与实践 [M]. 北京：社会科学文献出版社，2005:1-5.

[4] 王镜．基于遗产生态和旅游体验的西安遗产旅游开发模式研究 [D]. 西安：陕西师范大学，2008:11-12.

层面，称为“文化遗产”，它是“人类历史上遗留下来的精神财富的总称”。“遗产”的内涵决定了“世界遗产”的基本含义。联合国教科文组织关于世界遗产的定义与各种阐述为我们提供了研究范本。一般地说，“世界遗产”被认为根据《保护世界文化和自然遗产公约》的规定被纳入《世界遗产名录》的遗产地，是一个专有名词。也就是说，遗产一词最早由指父辈留下的私有的物质财产，发展到祖先留下的物质和精神财富，但其内涵仍然指私有的财富。而文化遗产指产生和使用于过去，经过历史汰洗留存到现在并且应该被传诸未来的一种人类的共同财产，包括有形的文物和无形的，但是可以通过口传心授、参与感受等方式传承的工艺、民俗等[1]。它们是独一无二的历史文化载体和人类历史发展的见证，具有符号和象征的作用[2]。“世界遗产”的概念今天已涵盖到自然和人文的，对于人类的生存、传承和发展具有突出意义和普遍价值的各种遗产类型，包括遗产地、口头传说和文献记录等。系统地认识和深刻地领悟世界遗产，对实现个人与社会、人文与自然、历史与现实的和谐发展具有难以估量的作用。

中华大地不仅拥有数量众多、分布广泛、极具美感的历史文化遗产和自然景观，并且受古代“天人合一”哲学观的影响，我国的世界遗产具有鲜明的个性，是展示中华文明、民族文化的重要窗口。了解中国的世界遗产，对于解析和保护中华文化与传统具有非常重要的意义。

中国于1985年加入《保护世界文化和自然遗产公约》，成为缔约方。1999年10月29日，中国当选为世界自然与文化遗产委员会成员。2003年10月，中国作为第28届世界遗产大会主席国，提出了“保护世界遗产，促进共同发展”的主题。2004～2005年，中国的世界遗产事业迎来发展的一个高峰。其代表性事件有：第28届世界遗产大会于2004年6月28日～7月7日在苏州召开，这是我国1972年恢复在联合国教科文组织的合法地位后首次承办世界遗产大会，也是当时规模最大、会期最长、具有重要影响力的一次国际会议，表明中国保护与发

[1] 徐红罡．文化遗产旅游商业化的路径依赖理论模型 [J]. 旅游科学，2005, 19（3）:74-78.
[2] 徐红罡．文化遗产旅游商业化的路径依赖理论模型 [J]. 旅游科学，2005 ,19（3）:74-78.

展世界遗产的工作得到国际社会的充分肯定。国际古迹遗址理事会第15次大会于2005年10月在西安举行，其间发表了《西安宣言——保护历史建筑、古遗址和历史地区的环境》[1]。该宣言提出，在保护文化遗产本体的同时，强调了环境对于遗产价值及其保护的重要意义。该宣言是促进今后各国文化遗产保护和可持续性发展的纲领性文件。

世界遗产包括物质遗产和非物质遗产两大类。物质遗产分为文化遗产、自然遗产、文化与自然双遗产和文化景观四种。非物质类即是《保护非物质文化遗产公约》确定的非物质文化遗产。

《保护世界文化和自然遗产公约（1972）》关于文化遗产的定义是直接将文化遗产划分三类而定义。包括文物、建筑群和遗址等三种形式[2]。

文物指从历史、艺术或科学角度看具有突出的普遍价值的建筑物、碑雕和碑画、具有考古性质的部件或结构、铭文以及联合体。

建筑群指从历史、艺术和科学角度看，在建筑式样、分布均匀或与环境景色结合方面，具有突出的普遍价值的单立或连接的建筑群。

遗址指从历史、审美、人种学或人类学角度看具有突出的普遍价值的人类工程或自然与人类联合工程以及考古地址等地方。文物、建筑群、遗址直接提示着遗产的自身、物质载体和场所。

为贯彻《保护世界文化和自然遗产公约》，联合国公布了六项标准。

第一，代表一种创造性的天才杰作。“代表一种人类的创造性天才杰作”强调的是突出价值。创造性天才杰作意味着其由人类所制作是不可思议的，虽为人类创造但让人不能相信，这个标准也表明一种稀缺性，在历史发展的过程中，确实存在着一旦出现此后绝不会再有第二种的情形，那就是创造性的天才。

第二，能在一定时期内或世界某一文化区域内，对建筑艺术、纪念物艺术、城镇化和景观设计方面的发展产生过巨大影响。第二项标准的普遍性，体现在一定时期或者是一定领域，那是贯穿时空的拥有，最后还是要落实在艺术

[1] 杨志刚．中国世界遗产事业发展历程回眸：关于三个阶段的划分及其特点 [EB/OL]. [2016-07-26]. http://blog.sina.com.cn/s/blog_51f09b8601009zqy.html.

[2] 王艳平．遗产旅游管理 [M]. 武汉：武汉大学出版社，2008:69.

价值上。无论哪种形式都要代表一个时期或者代表一个地域，即其代表意义要有面上的效应。

第三，能为一种已消逝的文明或文化传统提供一种独特的，至少是特殊的见证。在人类历史上任何一个时代，世界都不可能全域保持古时的文明，全体停滞不前，在大部分被摧毁而再建的形势下，一定会有个别小规模地域在文化上落伍，或者说是有意地自主地留下来，那就是濒危文化的见证，应该将之保护起来。

第四，可作为一种建筑或建筑群或景观的杰出范例，展示出人类历史上一个(或几个)重要阶段。明清皇家陵园并不分布在同一地点，它们却可以作为延伸项目来共享作为世界遗产的明清皇家陵寝的称号。

第五，可作为传统的人类居住地或使用地的杰出范例，代表一种(或几种)文化，其易受不可逆变化的影响而损坏。该项标准意在生产和生活空间里寻找具有突出的普遍价值的存在，这种存在显然与人类的聚集空间有关。人类最经常集中的就是居住地，有了生活才要考虑生产，生产是为了生活，故此想到居住地后会联想到生产地。由于这类地段很多，为此需要以稀缺性做进一步的甄别，那么就有了要求是“不可逆转”的大背景和本身“易损性”的限制。

第六，与具有突出普遍意义的事件或现行传统或思想或宗教信仰、文学艺术作品直接或实质的联系[1]。

在世界文化遗产的范围界定中，强调的是“具有突出普遍价值”。所谓“突出价值”，是指遗产具有杰出影响；所谓“普遍价值”，是指遗产具有全球性影响。本文所指的文化遗产既包括了世界文化遗产，也包括了一般文化遗产。由于世界遗产委员会规定，每个国家每年只能提出1次申请，一次2项。但我们国家准备申请世界遗产项目达到200多个。为了适应世界遗产委员会的这一要求，最大限度地保护我国具有全球性重要意义的遗产地，由建设部牵头，各部委参与，我国设立了《中国国家自然遗产、国家自然与文化双遗产预备名录》，旨在通过这一举措将我国世界遗产申报、保护和管理工作建立在中国国家

[1] 王艳平 . 遗产旅游管理 [M]. 武汉：武汉大学出版社 , 2008:70-74.

遗产预备名录、世界遗产预备名单、世界遗产名录的三级管理制度上。

目前，国内所理解的文化遗产的概念则是由“文物”一词延伸而来，近几年来已逐渐使用“文化遗产”一词，但指涉范围有所扩大，除了文物保护法的保护对象外，还包含非物质文化遗产。在国外相关法律文件与论述中也经常提到，如文化景观、考古遗址、历史城区和遗产群落等。这些名词的产生可以说是从1931年《雅典宪章》制定以来，学界对于文化遗产内涵的认知不断扩充与提炼，以及实务经验的累积之下而产生的。在这个逐渐加深认识的过程中，文化意义始终是遗产概念得以成立的核心所在[1]。

“中国国家遗产”是一个全新的概念，它是世界遗产评选制度改革后的产物，从这个意义上理解，中国国家遗产[2]主要是指被列入《中国国家自然遗产、国家自然与文化双遗产预备名录》的遗产地，这是保护中华民族优秀遗产资源、完善我国遗产保护机制、实现我国遗产资源可持续利用的重要举措。到目前为止，全国共有30处遗产地被列入《中国国家自然遗产、国家自然与文化双遗产预备名录》。可见，我国国家遗产直接与“申遗”关联，是我国申报世界自然遗产、世界文化、文化与自然混合遗产项目过程中遵循世界遗产委员会“申遗”条件的必然选择，它关系着国家遗产保护的可持续发展战略的实施。

文化遗产的产生和发展与其所在的自然环境密不可分。它是人类历史发展的见证，可以再现昨天、前朝甚至远古的风貌，是历史的活化石。对于文化遗产的保护，经历了从单一要素的保护到多元要素保护的过程，也经历了从重视“静态遗产”保护向“动态遗产”保护和“活态遗产”保护等多态保护并举的过程。“近年来一些正在被使用的古城（平遥、丽江等）被列为世界遗产，恰恰表明世界遗产的范围和内涵正在向活的遗产、向生活空间不断扩大和渗透的趋势”[3]，只有生命和生活存在，才能延续“动态遗产”和“活态遗产”，也只有重视“物质”要素和“非物质”要素结合，将文化遗产的内容由物质的、

[1] 黄明玉．文化遗产的价值评估及记录建档 [D]. 上海：复旦大学，2009:12-13.

[2] 周耀林，王三水，倪婉．世界遗产与中国国家遗产 [M]. 武汉：武汉大学出版社，2010:78.

[3] 张天新，山村高淑．从“世界遗产”走向“世间遗产”[J]. 理想空间，2006,15:13.

有形的、静态的，伸延到非物质的、无形的、动态的，才能真正起到保护文化遗产传承的作用。

2.1.3 文化价值

文化价值是一个民族文化中所包含的价值系统，或者一种文化体系所体现的价值取向。本尼迪克特认为每一种文化模式都存在特定的价值系统，即社会价值和价值观念，它是一种文化的主导特质，决定着文化模式的差异[1]。文化价值兼有功能、意义和意向(布伦塔诺语)之意，但又不归结为其中的某一个概念。作为一种功能，文化价值对人的优化、规范化有益、有好处、有意义，能产生让人美善、文雅和文明的功效；作为一种意义，文化价值是我们生活中的理想性和超越性的内涵，这种内涵为人类提供高于和优于流行的、世俗的和既定的生活品位与境界；作为一种意向，文化价值表现为引导人、驱使人朝“文明”“文化”的方向发展的张力或特点[2]。

文化遗产是人类在历史活动中的遗留物，它的存在必然有着历史的烙印，因而其基本特征就是历史性，其首要价值也是反映历史、证实历史、补全历史和传承历史的历史价值[3]。文化遗产是人类历史活动的产物，不同时代、不同地域、不同国家、不同民族的文化遗产都或多或少地反映了当时的地域、国家或民族的社会生活及其发展状况。文化遗产是真实的人类遗存，因而也是确凿的历史资料，既可真切地反映人类历史，亦可确凿地证实人类历史，可以其真实具体的存在和客观形象的记录补全历史记述的缺失和纠正历史认识的错误。文化遗产的历史文化价值就在于它是历史的记忆，文化象征和文明标志。陈来生认为世界文化遗产的价值就在于它的历史文化，它是历史的遗存和载体[4]。郑孝燮认为文化和自然遗产的最大价值在于它们本身的存在[5]。托物寄史、托物寄美、托物寄意等，必须是遗产的真实物体，物境的存在才能够依托。重点

[1] 本尼迪克特 . 文化模式 [M]. 北京 : 华夏出版社 , 1987:190-194.
[2] 孙美堂 . 从价值到文化价值 : 文化价值的学科意义与现实意义 [J]. 学术研究 ,2005,7:44-49.
[3] 蔡靖泉 . 文化遗产价值论析 [J]. 三峡大学学报 : 人文社会科学版 ,2010,32(1):76-86.
[4] 陈来生 . 苏州世界文化遗产可持续发展研究 [J]. 苏南科技开发 ,2004，6:24-26.
[5] 郑孝燮 . 世界遗产的不可再生价值 [J]. 现代城市研究 ,2004,6:27-29.

遗产必须具有的历史价值、艺术价值和科学价值无一不是通过保护文化的或自然的遗存实体而体现的，尤其是不论文化或自然遗产都是不可能再生或再造的，只有保护才可以使它们“延年益寿”。

2.1.4 旅游利用模式

模式是一种认识论意义上的确定思维方式，是人们在生产、生活和实践中经过积累的经验的抽象和升华。简单地说，就是从不断重复出现的事件中发现和抽象出的规律，是解决问题并形成经验的高度归纳总结。Alexander给出的经典定义是：每个模式都描述了一个在我们的环境中不断出现的问题，然后描述了该问题的解决方案的核心。通过这种方式，你可以无数次地使用那些已有的解决方案，无须重复相同的工作。旅游利用模式就是解决文化遗产在旅游利用过程中如何实现有效保护和合理利用关系的经验总结，是阐述文化遗产如何活化的问题和如何增强旅游可体验性的一种理论思考。至于遗产保护与遗产旅游的关系，保护无疑是前提，遗产是旅游赖以实施的平台。没有遗产保护，则旅游无资源；没有保护的约束，则旅游管理无正确指南，经营无正确标准。同样，遗产保护不能排斥而应充分利用旅游。只有通过旅游，才能有效展示和传播遗产的文化价值，实现遗产保护理应承担的文化、社会、政治和经济使命，更有助于遗产保护[1]。如何合理实现旅游利用模式成为人们关注的焦点。目前，我国多数遗产地对遗产旅游价值采取的都是硬开发，而忽视或脱离了对遗产资源真实价值的软开发[2]，主要是建设各种服务设施来开发遗产旅游的商业项目建设，而对于探索科学、美学遗产资源历史和文化价值的软开发则很少问津。不断提高和深化科学和教育以及改善遗产地文化、道德、习俗，为遗产旅游和景观文化管理创新水平，研究资源开发利用价值如何通过审美实践来实现的研究是其重点。遗产价值的核心是它的广义文化价值和知识价值，经济价值由此而派生出来，而作为旅游开发也只是一种附属价值。对于这类遗产资源的旅游利用，关键是关注本真的文

[1] 徐嵩龄 . 我国遗产旅游的文化政治意义 [J]. 旅游学刊，2007,22（6）:48-52.

[2] 梁学成 . 对世界遗产的旅游价值分析与开发模式研究 [J]. 旅游学刊，2006，21（6）:16-22.

化价值开发，注重对于相关历史故事、事件的深入发掘[1]，并且注重保护原址、原物的“本真性”。只有发掘好、利用好本真遗产文化，才能使之转化为动态性、参与性的旅游产品[2]，从而更多地增进旅游者对遗产价值的理解。

帝王陵墓包括地下宫殿、地上建筑和陪葬墓三个部分，物质和精神两个层面的内容。帝陵的旅游利用模式就是思考如何将物态化建筑和意态化的精神“活化”的过程，如何体现帝陵文化内涵的过程，如何能够让旅游者走进“遗产”的过程。但不同的帝陵遗产地，其具体旅游利用的模式是有差异的。

2.2 国内外研究现状

与悠久的人类文明史相比，真正意义的文化遗产保护历史只是短暂的一瞬。但是人们可以欣喜地发现：随着时代的发展，社会的进步，遗产保护内涵越来越扩展，范围越来越广泛，保护行动与社会生活的关联度越来越高，遗产保护理念也在不断发展和完善。科学的进步促使人们保护文物的观念发生形态变化，“从过去把文物视为古董，发展到把文物作为人类社会历史发展的见证，这种新观念的形成把文物保护真正建立在科学的基础上，进入了崭新的历史发展阶段”[3]，将保护文物与保护自然有机地联系在一起，文化与自然是互补的，遗产往往和周围的环境密不可分。遗产保护更多在于保护遗产文化生态，“文化遗产是历史信息的载体，离开了环境，就将成为孤零零的标本，遗产文化生态环境同样重要。保护文化遗产还应注重其背景环境的妥善保护”[4]。遗产不但要传承文化、延续传统还要发挥其使用价值[5]，遗产具有生态、文化、科研、审美、经济等价值，遗产只有在利用过程中才能可持续发展。遗产“活化”研究成为遗产保护的一个重要领域。陵墓遗产作为文化遗产重要的一个分支，不仅具有较高的历史文化价值而且作为一种旅游资源日益彰

[1] 梁学成 . 对世界遗产的旅游价值分析与开发模式研究 [J]. 旅游学刊，2006，21（6）:16-22.
[2] 梁学成 . 对世界遗产的旅游价值分析与开发模式研究 [J]. 旅游学刊，2006，21（6）:16-22.
[3] 谢辰生 . 中国大百科全书 : 文物 ; 博物馆 [M]. 北京：中国大百科全书出版社 ,1993.
[4] 西安宣言 [EB/OL].(2005-12-02)[2016-09-05]. http://www.gmv.cn/content/2005-12/02/content.
[5] 喻学才 . 遗产保护新思维：信息性保护和经济性保护 [J]. 建筑与文化，2009,6:9-11.

显其重要性。对陵墓文化遗产的研究成为学界研究的一个新领域和新视角。目前，国内外专家学者研究主要在以下几个方面进行。

2.2.1 陵墓时空分布、历史文化价值的研究

帝陵时空分布、历史文化价值成为研究热点。文化遗产是人类在历史活动中的遗留物，因而其基本特征就是历史性，其首要价值也是反映历史、证实历史、补全历史、传承历史的历史价值[1]。因此，对于遗产历史价值的研究应该成为研究遗产的核心。陵墓文化遗产研究的重点也在于揭示陵墓遗产的历史文化价值，通过陵墓遗产解读历史，还原历史，认识历史。中华人民共和国成立后涌现出一大批研究历史的专家学者，试图“从历史的故纸堆里还原历史”：杨宽[2] (1985)，陈前云、韩秀君[3] (2006)等分析了帝王帝陵的起源、演变；新穗[4] (1992)从宗教的视角阐述了中国帝陵文化；王双怀[5] (2001)、樊英峰[6] (2003)从历史地理的视角阐述了唐帝王陵寝的分布和特征；刘沛林[7] (1995)、王其亨[8](1992)、王玉德[9](1991)、曹齐[10] (1993)、居阅时[11] (2004)等人阐述了风水对帝陵选址、布局的影响。程建军[12]（2005）从风水视角对中国古代皇陵选址进行了全方位的探讨；胡武功[13]（2002）探讨了关中秦、汉、唐帝陵的分布和风水；王子今[14]（2000）详述了汉代帝陵的选址、排列和风水思想等；焦南峰、马永赢[15]

[1] 蔡靖泉．文化遗产价值论析 [J]. 三峡大学学报：人文社会科学版，2010,32（1）:76-87.
[2] 杨宽．中国古代陵寝制度史研究 [M]. 上海：上海古籍出版社，1985.
[3] 陈前云，韩秀君．历代帝王陵墓：上 [J]. 承德职业学院学报，2006,2：136-141.
[4] 新穗．人界与灵界：中国陵墓文化 [M]. 北京：朝华出版社，1992.
[5] 王双怀．关中唐陵的地理分布及其特征 [J]. 西安联合大学学报，2001,4（1）:63-66.
[6] 樊英峰．乾陵历史地理初探 [J]. 中国历史地理论丛，2003，3：183-196.
[7] 刘沛林．风水：中国人的环境观 [M]. 上海：上海三联书店，1995.
[8] 王其亨．风水理论研究 [M]. 天津：天津大学出版社 ,1992.
[9] 王玉德．神秘的风水：传统相地术研究 [M]. 桂林：广西人民出版社 ,1991.
[10] 曹齐．中国古代陵墓思想设计 [J]. 美术研究，1993,70（2）：60-62;67.
[11] 居阅时．帝王陵墓建筑的文化解释 [J]. 同济大学学报：社会科学版，2004,15（5）:12-15.
[12] 程建军．中国古代皇陵选址的风水艺术 [J]. 资源与人居环境，2005,34-37.
[13] 胡武功．关中帝陵 [J]. 中国西部，2002，1：78-85.
[14] 王子今．说“高敞”：西汉帝陵选址的防水因素 [J]. 考古与文物，2005,1:33-37.
[15] 焦南峰，马永赢．西汉帝陵无昭穆制度论 [J]. 文博，1999,5：51-58.

（1999），邸楠[1]（2007）等人对西汉帝陵分布与昭穆制度、空间布局进行了研究；张始峰[2]（2006）从时空视角揭示了关中帝陵的分布；段清波[3](2007)系统地阐述了秦陵的历史文化价值；徐卫民[4] (2010)强调，帝陵遗产历史对于研究秦文化及中国古代帝陵制度有着十分重大的意义。刘鹏[5]（2006）分析了明十三陵的建筑格局及其分布；张赛娟[6]（2004）对扬州的陵墓分布做了系统的梳理；龚良[7]（2002）在《论明祖陵遗址的保护利用》一文中，阐述了明祖陵的空间分布情况；葛国庆[8]（2012）从时间序列和空间演变阐述了南宋六陵遗址变迁；高晓东[9]（2012）从空间分布分析了北宋的皇陵制度和选址理念。

有些专家学者还就国外的一些帝王陵墓的建筑文化进行了研究，“埃及图坦卡蒙法老墓和奈费尔塔里王后陵等的建筑规模和形态都反映了当时陵墓建筑的基本特征”[10]；印度的泰姬陵在建筑整体上主次分明、起伏有致，是世界上最优雅、最富浪漫的建筑风格之一[11]。

综上所述，专家学者研究多是对地区性的局部或部分汉、唐、宋等帝陵遗产及其旅游开发进行分析[12]，或者仅就某个地域着眼研究，阐述其历史文脉关系。尚未有人能够从陵墓的风水文化、建筑文化、帝王文化以及中国帝陵的时间演化和空间分布特征等方面做较为全面的分析，没有真正去研究陵墓遗产的核心因子。而研究陵墓历史文化价值，对于传承中国传统文化和旅游利用都起到非常重要的作用。

---

[1] 邸楠．西汉帝陵布局浅析 [J]. 榆林学院学报，2007,17（1）:30-35.
[2] 张始峰．关中东部帝王陵墓考证 [J]. 渭南师范学院学报，2006,21（4）：51-55.
[3] 段清波．秦始皇帝陵园相关问题研究 [D]. 西安：西北大学，2007,4.
[4] 徐卫民．秦帝王陵墓制度研究 [J]. 唐都学刊，2010，26（1）:43-52.
[5] 刘鹏．北京明十三陵 [J]. 北京档案，2006,11:42-43.
[6] 张赛娟．扬州陵墓旅游资源的开发利用初探 [J]. 东南大学学报：哲学社会科学版 ,2004, 6（1）:79-81.
[7] 龚良．论明祖陵遗址的保护利用 [J]. 东南文化，2002,3:85-96.
[8] 葛国庆．宋六陵遗址 60 年变迁及其思考 [J]. 东方博物，2012,2:56-67.
[9] 高晓东．论北宋的皇陵制度 [J]. 鸡西大学学报 ,2012，12（6）:141-143.
[10] 佚名．世界十大古墓秘闻 [J]. 中国地名，2009(6):40-41.
[11] 闻奇．印度的泰姬陵 [J]. 建筑博览，2002(4):37.
[12] 杜忠潮．陕西关中地区帝陵遗产资源保护与旅游开发研究 [J]. 咸阳师范学院学报 ,2011,26(6):54-62.

2.2.2　研究帝陵历史文化价值有助于旅游利用

旅游业的发展，有赖于旅游资源，而旅游资源主要就是自然景观资源和文化遗产资源。凡是具有较高价值的自然景观和文化遗产，都是旅游业的重要资源[1]，尤其是那些列入《世界遗产名录》的自然遗产和文化遗产，更是成为举世闻名的旅游胜地。因此，对于陵墓资源历史文化价值的研究也成为研究的热点和重点。秦陵考古博物院[2]（1983）就秦始皇陵兵马俑旅游价值进行了初步介绍；于善浦[3]（1985））等人则从不同的角度对清东陵与清西陵的状况进行了简单介绍和阐述；熊琳[4](2000)就秦始皇陵园人造景观进行分析；屈茂稳等[5](2002)从地学资源的视角探讨了乾陵旅游的魅力；祝建华、邓士祥[6](1999)深入分析了明代帝陵——显陵的建筑艺术以及旅游价值；罗哲文[7](2003)、惠焕童[8]（2003）等人分别从科普的视角对旅游价值较高的名陵和十大帝陵进行了介绍；陈力丹[9]（2003)简单介绍了十三陵概况；俞进化[10]（1991)、陈宝蓉[11]（1987)论述了清东陵和清西陵的陵墓发展概况；王亮、孙虎[12]（2010)初步探讨了陕西咸阳帝王陵等古陵墓旅游资源的特征及开发模式；侯兵[13]（2007)则以扬州为例对陵墓资源的旅游价值开发进行了研究。综上所述，大部分研究仅仅是对帝陵的科普性介绍，系统地对中国帝陵的旅游利用价值进行图谱式深入研究

[1] 蔡靖泉 . 文化遗产价值论析 [J]. 三峡大学学报 : 人文社会科学版 ，2010,32（1）:76-87.

[2] 陕西始皇陵秦俑坑考古发掘队 , 秦始皇兵马俑博物院 . 秦始皇陵兵马俑 [M]. 北京 : 文物出版社，1983.

[3] 于善浦 . 清东陵大观 [M]. 石家庄：河北人民出版社 ,1985.

[4] 熊琳 . 秦始皇陵园人造景观浅析 [J]. 桂林旅游高等专科学校学报，2000,1:45-47.

[5] 屈茂稳，田新民，李国填 , 等 . 独具魅力的乾陵旅游地学资源 [J]. 长安大学学报 : 社会科学版 ,2002,4（4）:29-32.

[6] 祝建华 , 邓士祥 . 奇特的明代帝陵 : 显陵的建筑艺术 [J]. 江汉考古 , 1999,2:87-97.

[7] 罗哲文 , 刘文渊 , 黄帐 , 等 . 中国名陵 [M]. 北京：百花文艺出版社，2003.

[8] 惠焕童 , 雷春江 , 崔彦 , 等 . 中国十大帝陵 [M]. 西安：西安地图出版社 ,2003.

[9] 陈力丹 . 走马观花十三陵 [J]. 地图 2003,5：62-73.

[10] 俞进化 . 清东陵与西陵 [M]. 北京：北京出版社，1991:24-36.

[11] 陈宝蓉 . 清西陵纵横 [M]. 石家庄：河北美术出版社 ,1987:85-90.

[12] 王亮，孙虎，李剑 . 古陵墓旅游资源的特征及开发模式初探 : 以陕西咸阳帝王陵为例 [J]. 江西农业学报，2010,22(1):180-183.

[13] 侯兵 . 基于旅游价值的陵墓资源开发研究 : 以扬州为例 [J]. 资源开发与市场，2007，23(4):378-380.

的还在少数。对帝陵的旅游价值进行系统深入分析，成为学界研究的必然趋势。

2.2.3 研究帝陵遗产旅游利用模式有助于保护遗产

“二战”后，西方国家非常重视文化遗产的保护，从法律制度、国际公约、政府组织、民间机构、公众教育、资金保障、市场开发等方面都建立了比较完备的保护体系。Anne Dros[1] (1996)从遗产静态性保护，Kevin Meethan[2] (1996)从遗产动态性保护，Nuala C Johnson[3] (1999) ，Turgut Var、Meral Korzay[4] (2000)从遗产环境保护等方面分别进行了阐述；Richard C.Prentice、Stephen F.Witt、Claire Hamer[5] (2000)就遗址公园类文化遗产保护进行了分析；Michael S.Simons[6] (2002) 提出保护历史古建筑的具体措施；Teo，Peggy、Huang，Shirlena[7] (1995)就新加坡的遗产保护提出自己的见解；阎友兵[8] (1996)，张进福[9] (1999)，周彤莘[10] (2000)，吴必虎[11] (2002)，王兴国、陈刚亮[12] (2002)等人在旅游资源保护与利用的关系中，强调应重视旅游

---

[1]DROST A. Developing sustainable tourism for world heritage sites[J]. Annals of Tourism Research,1996,23:479-492.

[2]MEETHAN K. Consuming the civilized city[J]. Annals of Tourism Research, 1996,23(2):322-340.

[3] JOHNSON N C. Framing the past time, space and the politics of heritage tourism in Irelan[J]. PoliticalGeography,1999(18):187-207

[4]VAR T.Korzay M.Heritage multiculral attractions[J].Annals of Tourism Research, 2000,27(2):534-535.

[5]PRENTICE R C, Witt S F, Hamer C. Tourism as experience The case of heritage park[J]. Annals of Tourism Research，1998,25(1)：1-24.

[6]SIMONS M S. Aboriginal Heritage Art and Moral Rights[J].Annals of Tourism Research,2000,27(2):412.

[7]TEO P, HUANG S. Tourism and Heritage Conservation in Singapore [J]. Annals of Tourism Research, 1995, 22 (3): 589-615.

[8] 阎友兵 . 试论发展旅游与文物保护的关系 [J]. 湘潭大学学报 : 哲学社会科学版，1996,1:91-93.

[9] 张进福 . 旅游资源开发和保护的辩证关系探析 [J]. 北京第二外国语学院学报 ,1999，91（4）:55-58.

[10] 周彤莘 . 论文物保护与文物旅游的平衡发展 [J]. 桂林旅游高等专科学校学报，2000,11（3）:49-51.

[11] 吴必虎，李咪咪，黄国平 . 中国世界遗产地保护与旅游需求关系 [J]. 地理研究，2002,21（5）:617-626.

[12] 王兴国，陈刚亮 . 旅游资源开发、保护与管理中几个主要问题的探析 [J]. 科学 · 经济 · 社会，2002，3: 51-54.

开发对资源破坏的消极影响；罗佳明[1] (2001)认为“保护为先是永恒的主题”；在保护的前提下，张文斌[2] (1999) 、李媛苑[3] (2010)认为文物保护与旅游开发要协调发展，保护是文化遗产的第一要义，保护好文化遗产才能实现遗产保护和旅游发展“双赢”；赵金瑞[4] (2009)等人从历史发生学的视角阐述了陕西丰厚的陵墓遗存及其历史文化资源的创新发展的问题；陈晓娟、陈辉[5] (1994,1995)等人分别对黄帝陵、秦中帝陵旅游区和乾陵古陵园旅游开发进行了探讨；权东计(2002)、赵荣[6](2002)就唐顺陵遗址现状与规划营建进行了初步探讨；张沛等[7] (2003) 重点研究了秦始皇帝陵旅旅游者客源市场定位、旅游发展基本原则及功能导向等问题；朱思红[8] (2004)从多维度阐述了秦始皇陵保护存在的问题，提出保护措施与规划管理等诸多建议；王克陵、孙小坷[9] (2003)论述了旅游开发中帝陵的保护问题；杨军[10]（2008）等提出去博物馆化已经成为帝陵大遗址类旅游资源开发的一种新的模式；杨尚英[11]（2010）从五陵原帝陵文化遗产主题体验精品旅游走廊

[1] 罗佳明 . 保护为先是永恒的主题 : 从世界遗产保护与旅游的关系谈乐山大佛的保护 [J]. 理论与改革 2001,5:67-69.

[2] 张文斌 . 文物保护与旅游开发要协调发展 [N]. 中国旅游报 ,1999-03-11.

[3] 李媛苑 . 旅游开发与文化遗产保护的关系 : 以鹤壁浚县大还山风景区为例 [D]. 郑州 : 郑州大学，2010.

[4] 赵金瑞，黄群 . 基于历史发生学解读下的陕西历史文化资源创新开发研究 [J]. 人文地理，2009,24（3）:80-82.

[5] 陈晓娟，寇世强，陈辉 . 秦中帝陵旅游区林地风景建设探讨 [J]. 陕西林业科技 ,1994,4:20-22;29. 陈晓娟，陈辉，寇世强，等 . 秦中帝陵旅游区生态园林绿化初探 [J]. 西北林学院学报 ,1995，10(3):44-48.

[6] 权东计，赵荣 . 唐顺陵遗址现状与规划营建探讨 [J]. 西北大学学报 : 自然科学版 ,2002，32（1）：93-96.

[7] 张沛，佟庆，倪用玺 . 秦始皇帝陵旅游发展的若干关键问题研究 [J]. 西安建筑科技大学学报 : 社会科学版，2003,22（1）:20-25.

[8] 朱思红 . 世界文化遗产 : 秦始皇帝陵的保护 [J]. 西北大学学报 : 哲学社会科学版，2004，34（3）:76-79.

[9]WANG K L, SUN X K. Integration of Cultural Elements: the Non-movableTourism Development of Heritages example of World Cultural Heritage the Xian Tomb Mingin China [J]. International Journal of Tourismseienees, 2003(1) .

[10] 杨军，樊琳 . 去博物馆化：大型文物遗址类旅游资源开发的一种新思路 : 以陕西乾陵为例 [J]. 咸阳师范学院学报，2008，23(4):67-70.

[11] 杨尚英，李玲 . 五陵原帝陵文化遗产主题体验精品旅游走廊开发探讨 [J]. 安徽农业科学 ,2010,38(19):10304-10473.

开发策略与思路着手，系统阐释了帝陵旅游利用模式要素与价值；龚良[1] (2002，2011)阐述了明祖陵遗址的保护和利用；尚改珍[2] (2002)就世界文化遗产——清西陵的保护与发展进行了初步分析。综上所述，专家学者更多地从消极保护的视角入手分析，尚未建立一种积极有效的旅游活化利用模式。遗产活化利用，能够更好地保护遗产本身，保护文化遗产也是发展生产力。

总之，上述研究成果对中国帝陵历史文化价值以及相关保护和开发方面进行了研究，从多维度提出了各种建议，对有效解决帝陵文化遗产保护和旅游合理利用的难题有重要意义。但是，这些意见和建议多从文化遗迹一般性保护方面进行探讨，尚未真正把挖掘陵墓历史文化价值和保护性旅游利用结合起来进行分析。本书着重从帝陵遗址的时空分布、历史文化价值挖掘、资源等级、类型划分以及遗产保护和旅游利用的关系等方面入手进行研究，厘清帝陵时空分布状况、挖掘历史文化内涵，建立对应的旅游利用模式。

2.3 旅游与文化的辩证关系

2.3.1 文化是旅游的灵魂

文化是旅游的灵魂，缺乏文化内涵的旅游是乏味和没有生命力的旅游[3]。

关于文化的定义很多，涵盖整个人文科学和社会科学。在中国，“文化”是“文”与“化”的复合。早在先秦时期，我国的典籍就开始将“文”与“化”连缀起来使用。《尚书 · 大禹谟》中“文命敷于四海”，这里的“文”指的是文德教化。《论语 · 雍也》：“质胜文则野，文胜质则史。文质彬彬，然后君子。”此处的“文”与“质”相对应，具有人为加工、修饰的意思。“文化”的“化”字则具有改变、化生、造化等意思。所谓“人文化成天下”，含有文化出于自然而又能影响自然。在西方，文化原意为土地耕耘和作物培育，直到17～18世纪，欧洲思想家在更广泛的意义上使用“文化”一词，用以指代人类心灵、智慧、情操、

[1] 龚良 . 论明祖陵遗址的保护和利用 [J]. 东南文化，2002,3:85-96.
龚良 . 遗产保护 · 记忆 · 美好生活 [J]. 东南文化，2011,3:6.

[2] 尚改珍 . 世界文化遗产：清西陵的保护与发展 [J]. 城市，2002,3:56-58.

[3] 苏林忠 . 论文化与旅游的融合：再论河南文化旅游发展战略 [J]. 决策探索，2007,7:26-27.

风尚的化育，其意与“education”(教化)更为接近。最早把“文化”作为专业术语使用的是英国人类学之父——泰勒。他在1871年出版的《原始文化》一书中对文化作出如下的界定：“所谓文化或文明，就其广义人类学意义上看，是由知识、信念、艺术、伦理、法律、习俗以及作为社会成员的人所需要的其他能力和习惯构成的综合体。”[1]其实，文化并非一个抽象的东西，而是常常通过具体的事物和现象表现出来，并形成一个社会的文化体系。文化由三个不同的要素和层面构成：一是文化的物质要素和物质层面，即我们通常所说的物质文化，主要包括各种生产工具、生活用具以及其他各种物质产品；二是文化行为要素和行为方式，即我们通常所说的行为文化，主要包括行为规范、风俗习惯和生活制度等；三是文化的心理要素和精神层面，即我们通常所说的精神文化或观念文化，主要包括思维方式、思想观点、价值观念、审美情趣、道德情操等。庞朴先生将文化分为“物质—制度—心理(精神)”三个不同的层次结构，“文化的物质层面，是最表层的；而审美情趣、价值观念、道德规范、宗教信仰、思维方式等属于最深层的；介乎二者之间的，是种种制度和理论体系”[2]。

旅游就是一种社会文化交往行为[3]，旅游不仅是一种经济生活，也是一种文化生活[4]。旅游作为一种社会经济现象，具有强烈的文化属性。旅游对于旅游媒介可以说是经济行为，而对于旅游者来说，主要是文化行为。旅游观赏对象蕴含丰富的文化，旅游活动本身又能创造文化。旅游活动的本质是为了丰富旅游者自己的精神生活。旅游作为一项实践活动，主要对象是包罗万象的大自然。旅游审美活动的内容是丰富多彩、无所不包的，除了秀美奇丽的自然景观之外，还包括文物古迹、建筑园林、音乐舞蹈和社会风尚等，这些源于自然而又高于自然的人文景观，是人与自然相结合的杰作，体现了人类的智慧和追求[5]。正是由于旅游与文化之间存在着这种密不可分的关系，所以无论旅游主

[1] 泰勒．原始文化 [M]. 连树声，译．上海：上海文艺出版社，1992:1.
[2] 陈来生．中国旅游文化 [M]. 天津：南开大学出版社，2008:6.
[3] 沈祖祥．旅游文化概论 [M]. 福州：福建人民出版社，1999:24.
[4] 于光远．旅游与文化 [J]. 瞭望周刊，1986,14:35-36.
[5] 庄坚毅．中国旅游文化 [M]. 北京：北京理工大学出版社，2010:3.

体、旅游客体，还是旅游介体，都体现出了它们的文化属性。

文化是旅游主体活动的依托。旅游者出游的目的就是获得文化享受，所以旅游本身就是一种文化活动[1]。杰弗瑞 · 戈比认为“人们主动到更新奇的地方去旅行”[2]。这种追求“新奇”的旅游也是一种追求文化差异的过程。旅游是一个既充满文化意象又超脱于其周围文化结构的体验过程[3]，并受其文化背景影响。旅游文化是人类过去和现在所创造的与旅游有关的物质财富和精神财富的总和。它是以一般文化的内在价值因素为依据，以旅游诸要素为依托，作用于旅游全过程的一种特殊文化形态。作为一种新的文化形态，它更体现在旅行游览、旅游娱乐、旅游食宿、旅游服务、旅游购物、旅游环境以及旅游专业队伍建设等具体的旅游诸形态中。旅游文化是文化在旅游生活中的特殊表现形态，它作用于人们旅游行为的全过程，是一种和谐的文化、一种追求新奇和享乐审美的文化。一言以蔽之，旅游文化渗透在与旅游有关的吃、住、行、游、购、娱诸多要素及相关的服务等各个方面[4]。

文化是旅游资源的核心内涵。旅游资源是旅游者消费旅游产品的核心内容，是旅游发展的基础，是旅游地吸引力的关键组成部分，在中国长期的历史积淀中，即便是自然旅游资源，也大多是经过人文化的自然旅游资源[5]。本质上讲，旅游者主要消费的是文化，文化是旅游者的出发点和归结点[6]。旅游资源是文化的载体和固化，从旅游资源所在地——旅游目的地来看，它是文化的赋存与载体，旅游资源开发的重点应当是具有垄断性从而具有不可替代性的景物，而这种垄断性和不可替代性，其最重要的依托就是旅游文化。只有把文化作为发展旅游业的出发点，把社会效益和经济效益很好地结合起来，才能打造特色资源。抽去文化的要素就不会有所谓的旅游资源的客观存在，对于文化遗

[1] 王德刚 . 试论旅游文化的概念和内涵 [J]. 桂林旅游高等专科学校学报 , 1999(4): 39-42.
于光远 , 马惠娣 . 关于文化视野中的旅游问题的对话 [J]. 清华大学学报 , 2002(5): 13-18.

[2] 戈比 . 你生命中的休闲 [M]. 唐筝 , 译 . 昆明：云南人民出版社，2000,241.

[3] MACCANNELL D. 旅游者：休闲阶层新论 [M]. 张晓萍 , 译 . 桂林 : 广西师范大学出版社，2008:201.

[4] 陈来生 . 中国旅游文化 [M]. 天津：南开大学出版社 ,2008:9-11.

[5] 郑迎红 . 论旅游的文化性 [J]. 河北学刊 , 2007(4): 240-242.

[6] 马波 . 现代旅游文化学 [M]. 青岛 : 青岛出版社 , 1998.

产旅游景区来讲，它是文化的展现与固化，其文化性越强对于旅游者的吸引力就越大[1]。

旅游资源是旅游客体的重要部分。旅游资源一般可分为自然旅游资源、人文和社会旅游资源。自然旅游资源是指自然条件和自然风光，即能使人们产生美感的自然环境和物象的地域组合，包括地貌、水态、气候和动植物等。人文、社会旅游资源是指人们根据一定的意图，有意识地创造出来的、具有长效性和永续性价值的各种建筑物，如古代遗址、古代建筑、纪念地、博物馆，以及与人类社会生活有紧密联系的事物和活动，包括传统文化、民俗风情、各种节庆、艺术表演、医药保健、体育娱乐、工艺特产、饮食起居等。它们是人类历史与文化的结晶，是民族风貌和特色的集中反映。

2.3.2 旅游是文化的载体

文化作为旅游的灵魂，为旅游提供不竭的源泉；旅游作为文化的载体，传承和创造着文化。互相依存，是两者最基本的关系；相互融合、共同发展，是两者发展的趋势。旅游发展到现在，不但成为全球最大的产业，而且已成为现代人生活中不可或缺的组成部分。由于旅游外延丰富，涉及甚广，所以在不同语境下，旅游往往有着不同的含义，有时指旅游活动(外出旅游)，有时指旅游行业(旅游从业者)，有时指旅游专业(学旅游的)，有时则指更为广泛的社会文化现象。但不管我们如何给“旅游”下定义，旅游业尤其是现代旅游业迅速发展成为不争的事实。现代社会大众旅游的发展，已成为传播文化的最有力载体之一，成为促进人们交往的重要形式，成为人们创造文化、实现自身价值的一种重要生活方式。旅游对文化的传播不同于其他形式的文化传播。旅游是社会经济发展到一定时代的产物。从表面来看，旅游是一种经济现象，旅游活动的广泛出现是经济发展驱使的结果，因为没有一定的经济收入作为基础，没有一定的闲暇时间作为保障，旅游就无从谈起。但是，旅游毕竟是人的一种主观能动行为。一个人能否成为旅游者，不仅需要外在的客观条件，而且更需要内在的主观动因，即直接推动一个人进行旅游活动的动机或动因。而这些动机或动

[1] URRY J. 旅游者凝视 [M]. 杨慧，译 . 桂林：广西师范大学出版社，2009:5

因，一般都有着较深的社会和文化背景。至于旅游资源的开发，文化内涵乃是其吸引力的源泉；在景点、旅行社、旅游饭店的经营管理中，文化也是其中的关键因素。所以，旅游更多的是一种文化行为，一种文化现象。旅游成为创造和传播文化的重要载体。

旅游活动的发展有利于挖掘文化、创造文化、优化文化和保护文化。旅游资源中存在着文化的基因，通过人类的旅行、游览等社会行为促使文化的产生和传播。

旅游有利于文化内涵的深度挖掘。追求深层次的旅游体验成为旅游发展的需要。旅游者对旅游资源文化内涵进行深入体验的过程就是文化旅游的过程。文化旅游是以旅游文化为消费产品，旅游者用自己的审美情趣，通过艺术的审美和历史的回顾，得到全方位的精神与文化上享受的一种旅游活动[1]。文化旅游的提出是基于旅游业作为一种典型的文化经济，所以必须发掘旅游人文资源，才能提高旅游文化品位，实现旅游业上档次、树形象、增效益。举凡文物、民居、民俗、饮食等都是文化旅游吸引物范畴，增强其可视性和体验性成为满足旅游者深度体验诉求的一种需要。人文和社会旅游资源本身就是文化的一种表现，潜存着种种足以触发人们追求新知逸闻的文化因素。如典雅秀美的苏州园林凝聚着文人墨客的文化素养和能工巧匠的精湛技艺，是一种文化表现。即使是属于大自然造化的自然资源，尽管它本身并不包含任何文化的含义，但对它的开发也必然注入人文的内涵，其基础设施和配套服务无不具有人为的因素，而对其的欣赏更体现出文化的成分[2]。

旅游活动有利于创造文化。文化旅游中对文化的开发并不是越老越好、越土越好。任何文化因子都必须注入新的活力，才能长盛不衰。现代文明的发展推动了社会的进步，也促进了新文化的形成和现代文化多元格局的形成。个性张扬的现代文化同样具有强大的吸引力。在旅游过程中，各异的现代文明发生撞击、交流，给旅游者带来享受和回味。文化既是在特定的空间中产生、发

[1] 刘凝芳 . 旅游与文化应合二为一 [J]. 当代经济，2001,8:15.
[2] 陈来生 . 中国旅游文化 [M]. 天津：南开大学出版社 ,2008:18.

展的，也是在特定的时间范畴里孕育、成长和演变的，因而必定钉上时代的烙印。人类与其文化生态是双向同构关系，人创造环境的同时环境也改变人。随着时代的发展，特别是经济基础发生了较大变革之后，人们的思想观念和出游模式也发生了重大变化，呈现出文化的变异性特征。

旅游活动有利于发展和传播文化，是进行文化交流的重要渠道[1]。文化的地域性很强，通过旅游打破了地理上的限制，一个国家或民族可以了解到另一个国家或民族的生活习俗、价值观念等，取其精华，弥补自己的不足。使自己的文化更适合社会发展，更具有生命力。通过对自己国家或民族文化优劣长短的认识，更有利于帮助自己清醒地了解本国的文化，增加对自己国家或民族文化的自豪感，激起爱国热情。对任何一个国家来说，旅游是民族文化走向世界的桥梁，是让世界了解本国文化的窗口。

旅游活动有利于保护文化。旅游资源的开发过程，也是对文化的抢救过程。对于绝大多数旅游开发项目，人们都注意了文化的渗透和文化的保护。随着旅游业的发展，传统活动被恢复起来，新的项目被开发出来。如在一些城市的传统节庆活动：老北京的龙潭寺、大钟寺、鼓楼、白云观庙会，洛阳的牡丹花会，山东潍坊的风筝节，哈尔滨的冰雪节，等等。还有一些少数民族的传统节日也在这样的旅游活动中得以发扬光大。内蒙古蒙古族的那达慕大会，云南傣族的泼水节，大理白族的三月街，彝族、纳西族的火把节，广西壮族的三月三歌圩节，都带着各民族特有的风情民俗，在一定程度上反映了各民族的历史、经济、文化生活和心理感情。这些活动的目的原先并不是单纯为了发展旅游，而今天我们却可以把它作为特种文化旅游项目，对于办成专题、专线的区域旅游，使原来的温、冷线变为热线，是大有好处的[2]。

---

[1] 陈来生 . 中国旅游文化 [M]. 天津：南开大学出版社，2008:19.

[2] 谢鹤林 . 我国旅游的文化特色 [J]. 旅游学刊，1998，3（3）:64-66.

2.4 风水理论与帝陵建造

2.4.1 风水文化的缘起

风水是构成我们民族思想形态的一部分，在人们传统行为模式与生活观念中占有重要地位。风水关于地形的理想模式，便是在中国特定的历史地理环境条件下为求生存的最佳选择[1]，何晓昕认为“分析风水纵横交错地表现出的许多具有信仰色彩的事实，不难发现其中有不少对事象因果关系的歪曲认识或歪曲处理，明显地带有巫术的气息。但仔细考察却发现风水中更多的是富有科学意味的经验总结，它凝聚着中国古代哲学、科学、美学的智慧，隐含着国人所特有的对天、地、人的大智大勇的真知灼见，有其自身的逻辑关系与因果关系”[2]。天津大学王其亨教授认为“风水学实际上是集地质地理学、生态学、景观学、建筑学、伦理学、心理学、美学等于一体的综合性、系统性很强的古代建筑规划”[3]。风水是中国闻名于世的一大文化现象，风水及古建筑理论之精华[4]。

风水概念起源很早，据说在伏羲氏时期就有了萌芽，至少在《诗经》《仪礼》《周礼》《孝经》以及选择住宅和占卜术中可以看到。但“风水”作为一个专门术语，现在所能见到的最早的风水书是晋人郭璞传古本《葬书》[5]，谓“气乘风则散，界水则止，古人聚之使不散，行之使有止，故谓之风水。风水之法，得水为止，藏风次之。”又云：“深浅得乘，风水自成。”《葬书》简明扼要概括风水选择标准：“来积止聚，冲阳和阴，土后水深，郁草茂林。”风水术源远流长，历代沿革，除谓风水之外，还有堪舆、卜宅、青乌、地理、山水之术等。最早的“卜宅之文”在商周之际或更早即已出现，在漫长的历史沿革中，曾产生诸多流派。总览风水理论的发展，它是一部专论如何选择葬地环境的著作，“盖为考察山川地理环境，包括地质水文、生态、小气候及环境

[1] 何晓昕 . 风水探源 [M]. 南京：东南大学出版社 ,1990:146.

[2] 何晓昕 . 风水探源 [M]. 南京：东南大学出版社 ,1990:153.

[3] 王其亨 . 风水理论研究 [M]. 天津：天津大学出版社 ,1992:25-30.

[4] 程建军 . 藏风得水 : 风水与建筑 [M]. 北京：中国电影出版社 ,2005,(2):3-5

[5] 郭璞 . 葬书 [M]. 台北 : 台湾商务印书馆，1983,808:14

景观等，实为古代的一门实用的学术”[1]。

凡有环境的地方必有风水，风水理论的产生是人类对自然界作出的应答之一，体现了人对建筑物与环境之间敏感的关系。风水理论是人类心理需求与行为准则在建筑构筑中的映射，是人类的一种本能反应。中国传统的“风水”主要是指古人在选择建筑地点时，对气候、地质、生态、景观等一系列建筑环境因素的综合评定，以及相应的规划和建筑措施的总括[2]。在现代社会，风水长期被认为是封建迷信，把它视为糟粕而一言以蔽之曰巫术迷信，为“主流”学术界所不齿。到20世纪70年代，欧美学者对它表现了浓厚的兴趣，许多外国学者对此作了专题研究，于是中国人也开始理直气壮地研究风水，但很多人只是将风水作为一种时髦的古董摸摸，很少有触及风水实质的研究，不是把风水说成十足的科学，就是把风水看成怪异的神秘文化[3]。然而，如果剔除风水的玄虚迷信的糟粕，我们会发现风水理论其中还有很多合理的成分。而且它还是中国传统宇宙观、自然观、环境观和审美观的一种反映。

2.4.2 风水理论的核心

中国风水学是在我国传统文化及其科学技术的基础上建立起来的用以解释和阐述人类如何就居住地选址、规划、营造的一门实用科学。以往西方科学中，研究人的不考虑人以外的环境，而研究客观自然环境的却又忽视了人类自己。随着自然科学各学科的纵深发展以及互相渗透，逐渐出现了横跨两个学科之间的边缘学科——生态（系统）学。“人类所处的世界中生物系统和非生物系统在特定的地理环境中的结合，即构成生态系统。生态系统是指动物、植物、微生物等有机体及它们生活于其中的无机世界的总和。”[4]科学的风水理论是对人与自然的一种理性阐释，是一种“宇宙生态学”[5]，是人与环境的关

[1] 王其亨 . 风水理论研究 [M]. 天津：天津大学出版社 ,2004:3-11.

[2] 亢亮，亢羽 . 风水与建筑 [M]. 天津：百花文艺出版社 ,1999:73-75.

[3] 刘沛林 . 风水：中国人的环境观 [M]. 上海：上海三联书店，1995：60.

[4] 童恩正 . 人类与文化 [M]. 重庆：重庆出版社 2004:46.

[5] BENNEET S J. Patterns of the sky and earth:the Chinese science of applied cosmology[J]. 1978,3:1096-1909.

系哲学，强调“顺应自然”，是“中国人的一种认识世界、感知世界和处理现实世界的一种方式”[1]。风水是一种文化现象，它超越任何科学的或是其他文化的价值标准，它有其深层的人类生态和文化生态含义。

2.4.2.1 中国风水理论——天人合一的宇宙观

人类本身是自然界发展到一定阶段的产物，人类社会则是人类进化到一定程度的结果。二者都是自然地理环境中的组成部分，其发生发展都受到自然环境的制约[2]。顺应自然规律，以寻求人与自然的和谐统一也成为风水理论的重要组成部分。“天人合一”是中国传统文化的核心，风水学是中国传统建筑文化的重要组成部分，是中华五千年文明光辉灿烂的结晶，以“天人合一”的思想观念作为最基本的哲学内涵，中国传统文化的精髓“崇尚和谐”便成为风水学所探索和追求的理想境界[3]。古人把自然界看作一个大宇宙，而人是一个小宇宙；大、小宇宙之间的建筑被视为中宇宙，是大小周天的过渡。天为阳，地为阴，建筑和院子是天地贯通一气的媒介。院子、天井因而成为天地、阴阳的相交之处[4]。因此，无论是北京的四合院，福建永定的客家土楼，山西宅院以及江、浙、赣等地民居中的天井都是用来承接阳光雨露，通天接地，纳气通风，藏风又聚气的。天、地、人在此融为一个有机的整体，从而体现了古老的中国人天人合一、物我一体的宇宙观。

2.4.2.2 中国风水理论——顺应自然的自然观

风水学是集合哲学、美学、伦理学、宗教、民俗等众多的智慧，最终形成了内涵丰富，具有综合性和系统性的独特文化体系的一门科学。审慎周密地考察、了解自然环境、顺应自然，有节制地利用和调谐自然，营造良好的人类生存和发展环境，获得最佳的天时、地利与人和是其最为核心的和谐共处观。风水术其实就是一门建筑学上有关选择土地的生态环境，旁及方位，以及择日

[1]Feuchtwang S. An Anthropological Analysis of Chinese Ceomancy[J].Vientance, Laos:Vithagna, 1974:14.

[2] 伍铁牛．中国传统风水理论的分析与现代思考 [D]. 武汉：华中师范大学，2007.

[3] 罗哲文，骆中钊．风水学与我国古代建筑的规划营造 [J]. 古建园林技术，2008,2:10-16.

[4] 何兆兴．老宅第 [M]. 北京：人民美术出版社，2003: 87-96.

的独特学问，是人与自然和谐的顺应自然观念的体现[1]。《宅经》认为："宅墓以象荣华之源，得利者所作遂心，失利者妄生反心。"再之，《宅经》还对宅和墓之间的关系做了括要的叙述："墓凶宅吉，子孙官禄。墓吉宅凶，子孙衣食不足。墓宅俱吉，子孙荣华，墓宅俱凶，子孙移乡绝种。"[2]《葬书》开宗明义就说："葬者，乘生气也。夫阴阳之气，噫而为风，升而为云，降而为雨，行乎地中，而为生气。生气行平地中，发而生乎万物。"《葬书》又说："气行平地中，其行也，因地之势，其聚也，因势之止。丘垄之骨，冈阜之支，气之所随。经曰：气乘风则散，界水则止。"[3]可见风水选择的关键，就是在天阔地远的茫茫自然界中，找出"生气"凝结的吉穴，从而使葬者得乘生气，其实更多强调的是人要顺应自然的诉求。

2.4.2.3 中国风水理论——和谐共处的环境观

风水学术虽然是按照"气""阴阳""五行""八卦"等风水学术来考虑的，但出于"天人合一""天人感应"的中国古代哲学思想，认为人与自然应该取得和谐的关系。追求一种优美的、赏心悦目的自然和人为环境始终包含在风水的观念之中。居住环境不仅要有良好的自然生态，也要有良好的自然景观和人为景观。我们常用"生态平衡"这个概念来表述生态环境观，"平衡"表达的是一种关系，也就是说生态虽然可以解释为生命的存在状态，但是这种状态指的不是一种生命孤立存在的状态，而是一种人地关系状态，一种复杂的关系系统，其中包括生态系统内部生物之间的关系，也包括各种生物与其无机环境之间的关系。所谓生态系统就是指各种生命现象之间及其与环境之间的错综复杂的关系系统。生态意味着以生命现象为中心、以自然为环境而构成的系统整体的状态，也就是说，生态意味着生命现象生存所需要的各种关系构成的系统[4]。中国人对自然环境有着独到的见解，尤其是文人所描绘的自然。陶渊明《桃花源记》："林尽水源，便得一山。山有小口，仿佛若有光，便舍船，从

[1] 妙摩，慧度．中国风水术 [M]. 北京：中国文联出版公司，1993:8.
[2] 妙摩，慧度．中国风水术 [M]. 北京：中国文联出版公司，1993:8.
[3] 妙摩，慧度．中国风水术 [M]. 北京：中国文联出版公司，1993:68-70.
[4] 胡安水．生态价值的含义及其分类 [J]. 东岳论丛，2006,27（2）:171-174.

口入。初极狭，才通人。复行数十步，豁然开朗。”这种诗人笔下的自然观与风水理论也是一致的。传统的农耕文明，使人们的生活、耕作、收获与天地间的关系非常紧密。这种关系，使人们产生对天地万物的信仰和向自然学习的生活态度。从这种概念出发就产生了中国人独有的哲学思想和价值观念，风水理论就是这种观念的代表[1]。

2.4.2.4 中国风水理论——师法自然的审美观

风水理论十分重视“审美”的观念。风水学说是中国古代与建筑环境规划有关的一门学问，主要内容是为选择建造地点而对地形、地貌、景观、气候、生态等各环境要素进行综合评价[2]。风水学在观念上认为，建筑平面的方正，形体的均衡对称，环境格局的完备无缺等，都是吉利的表现形态，反之则认为是凶煞的兆头。如房屋的前高后低，建筑形体的杂乱，大门两扇门扉宽窄不同等均被认为是不吉利的。古代中国帝陵的选址也充分体现了中国传统思想，师法自然的“审美”观念。“当研究生态建筑学的西方学者偶尔把目光投向东方文化时便惊讶地发现：延绵发展了几千年的中国传统风水学理论，其环境观、自然观和建筑观，竟与当代生态建筑学的新思潮理论产生了历史的共鸣与惊人的相似之处。”[3]风水的现代意义就在于通过风水理论使人们更好地了解自然、利用自然、改造自然和顺应自然，使人类生活得更健康、更美好。“师法自然而高于自然”，风水的核心便是探求建筑的择地、方位、布局与天道自然、人类命运的协调关系。它将中国古老哲学命题“天人合一”等引入建筑，其注意力不是放在人类行为如何制约环境上，而是注重人类对环境的感应，并指导人如何按这些感应来解决建筑的选址乃至建造。在这里，位置的选择、平面安排以及空间布置，无不遵从某种“图案”与“秩序”——“天”的秩序、“地”的秩序、“人体”的秩序[4]。对称，是自然美的形象表征，古今中外，许多古城、皇宫、民宅、陵墓等建筑也多是左右对称的。空间位置的这种对称

[1] 王其亨 . 风水理论研究 [M]. 天津：天津大学出版社，2004: 11-32.

[2] 宋韶光 . 现代风水全集 [M]. 北京：中国华侨出版社，2004: 2-4.

[3] 宋韶光 . 现代风水全集 [M]. 北京：中国华侨出版社，2004: 119-120.

[4] 何晓昕 . 风水探源 [M]. 南京：东南大学出版社 ,1990:155.

性设计，是对大自然的有机模仿，在这种模仿中人类得到感官的愉悦和情操的陶冶，进而产生有益于人身心健康的审美感觉[1]。

2.4.3 帝陵风水文化的内涵

风水学术虽然有迷信的成分，但其中科学的、合理的因子也很多，尤其是它对皇陵卜选和建置的影响一直延续。确切的证据表明，在宋、明、清等朝代皇陵的兴建过程中，都是按照所尊奉的风水理论卜选墓址的程序。根据各朝代所宗奉的不同风水理论，可以结合山水走向判定各陵墓之间的位次关系、依先后尊卑推定已经失考的古代帝王陵墓的位置，还可以对某些建筑物的功能作出准确判定。

帝陵风水文化主要是指皇帝在选择帝陵墓葬地所表现出来的风水理念和诉求。它体现的是中国皇族的一种“天人合一”的宇宙观、环境观、自然观，是传统风水理论运用的极致。在中国封建社会，由于我国的历史连绵不绝，大一统的封建社会时间很长，加上风水学的盛行，尤其是封建帝王具有至高无上的地位，所以对陵墓的选址，帝王们自然希望成为“千秋工程”，自然也就成为国家大事。帝王陵寝占地之大，建筑规模及耗费之巨，都达到了惊人的程度。按照风水的说法，一国之君陵墓的风水，会影响整个国家的命运[2]。历代的皇家陵寝都十分重视选择陵穴，以图皇权永固。帝陵的选址，除命朝廷中大员去寻找“风水宝地”，还必须有“堪舆师”陪同，这些人深晓地理、风水，便于更好地选择皇陵墓地。陵地选定后，要上图贴呈给皇帝审阅，经皇帝亲临该地审视，才能最后定下来。除元朝外，中国封建王朝的所有皇帝中，都有帝陵传世，陵墓周遭的风水大势都较为理想，符合生态学、美学、心理学上对景观布局的需要。

帝陵在选择墓葬地时体现风水观念。风水学家选择吉地的次序是“先看水口，次看野势，次看山形，次看土色，次看水理，次看朝山朝水”六项。归结起来就是风水形势派的地理五诀：“龙、穴、砂、水、向”。帝王陵墓的选址一

[1] 孟涛，郝赤彪．论中国传统风水理论中的美学特征 [J]. 山西建筑 .2006，32（5）:25-26.

[2] 程建军．中国古代皇陵选址的风水艺术 [J]. 资源与人居环境，2005(8):34-37.

般遵循这一规律。其中“龙”是最重要的，没有它则“砂、穴”无从谈起，其次是“水”。风水选择的方式方法众多，归纳起来其精髓在于“觅龙、察砂、观水、点穴、取向”，其原理是“龙真、穴的、砂环、水抱”四大准则。“龙”指山脉，“龙真”指生气流动着的山脉。龙在蜿蜒崎岖地跑，水也势必随其势流动。其中的主山为“来龙”；又山顶蜿蜒而下的山梁为“龙脉”，也称“去脉”。寻龙的目的是点穴，点穴必须先寻龙。“穴”指山脉停驻、生气聚结的节点，“山之有穴窍，如人之有鼻窍，气之所出入处”。“砂”指穴周围的山峰、岗峦、墩阜、树木、建筑物等高起物。“砂环”指穴地背侧和左右山势重叠环抱的大好自然环境，可以使地中聚结的生气不致被风吹散。“水”指与穴相关的水流、水向，“水抱”指穴地面前有水抱流，使地中生气环聚在内，而没有走失的可能[1]。“草乃龙之毛”，可见寻找墓地要求有较好的植被。林木需水土滋养，所以墓地附近必须有相当的水源和合理的出水口。不使墓地所在山地为干旱缺水、寸草不长之秃山荒岭，也不使之每逢雨后，因排泄不畅积水为洼地，浸没墓地[2]。传统风水在相地时，有地形四美之说[3]，就是在上述步骤的基础上选择的宝地。同时，风水理论认为，有机体具有对称和均衡性，所以，在所有环绕帝陵风水穴的主山体中，四象（青龙、白虎对称；朱雀、玄武对称）、两仪（阴阳、南北二极）对称，有山有水[4]。观水在风水理论中与觅龙同等重要。“水随山而行，山界水而止”，足见山水不可分离。“吉地不可无水”，帝王陵墓总是选择在山水秀美之地。

帝陵墓葬建筑体现风水思想。古人具有“灵魂不死、祖宗崇拜”等信仰观念，因此对“阴宅”的陵墓选址一直是古代风水理论中的重要部分。帝王陵墓建筑通常分为地上和地下两部分。地下部分，主要是安置棺柩的墓室。墓室仿造生者建筑的空间布局形式，成为真正的“地下宫殿”，体现了“事死如事生”的传统礼制思想。不仅地下的墓穴建筑受“灵魂”观念的影响，陵墓建筑中的

[1] 程建军．藏风得水：风水与建筑 [M]. 北京：中国电影出版社，2005,(2):3-5.

[2] 高友谦．中国风水 [M]. 北京：中国华侨出版公司，1994:36-37.

[3] 高友谦．中国建筑方位艺术 [M]. 北京：团结出版社，2004:22-23.

[4] 于希贤，于涌．中国古代的风水理论与实践 [M]. 北京：光明日报出版社，2005:195-259.

地上建筑部分，亦是“灵魂不死”观念发展的直接产物[1]。帝王陵墓建筑的地面部分，则主要是环绕陵体而形成的一套布置，包括陵墓建筑的入口、神道、祭祀场所、陵体。其作用是给人以严肃、纪念性的气氛，是为影响后人而设的。此外神道的长短和祭祀用的石像生的数量都有严格的规定。从秦汉时代开始，人们在墓冢的顶上或侧面建“寝”“庙”。“寝”的主要功能是供死者的灵魂升入地面后饮食起居，“庙”则是后人祭祀死者灵魂的地方。“寝”“庙”等地面建筑的出现，是因为当时的人们认为灵魂不仅在地下墓室活动，还会升入地面，对活着的人赐福降灾。在陵墓建筑中，古人还利用场景设计来表达“灵魂升天”的愿望。从战国中期开始，人们在陵墓前建“神道”，作为引导死者灵魂飞升蜕化、升入天国的必由之路。在神道的两旁，排列狮子、麒麟、辟邪、大象、石羊、石人等，象征护送“灵魂”的卫队，沿途镇凶驱邪[2]。我们可以看出：陵墓建筑从地宫到寝庙，从寝庙到神道，从神道到墓室的设计，因果有序，环环紧扣[3]，其描绘的主题，就是风水理论主张的“天人合一”理念，它讲究陵墓建筑各构成要素之间及其与环境之间的关系，因此我国理想的陵墓建筑环境是具有良好景观质量和生态价值的，强调与环境的和谐统一。

2.5 遗产体验旅游理论

2.5.1 体验旅游理论的提出

“人类的经济活动基本上可以分为农业经济、工业经济、服务经济和体验经济四个阶段。不同的经济发展阶段，为我们提供的‘衣、食、住、行’表现出实质性的差别”，体验经济中，企业提供的不再仅仅是商品或服务，而是体验。他们从生活与情景出发，塑造感官体验及心理认同，以改变消费行为，为产品和服务找到新的生存空间，用充满感情的力量给顾客留下难以忘却的愉悦记忆。消费者消费的也不再是实实在在的商品，而是一种感觉，一种情绪上、体力

[1] 姜晓萍．中国古代陵墓建筑的文化心理特征 [J]. 文史知识，1996,4:11-18.

[2] 姜晓萍．中国古代陵墓建筑的文化心理特征 [J]. 文史知识 ,1996,4:11-18.

[3] 姜晓萍．中国古代陵墓建筑的文化心理特征 [J]. 文史知识 ,1996,4:11-18.

上、智力上直至精神上的体验[1]。体验是以服务为舞台，以商品为道具来使消费者融入其中，创造出值得消费者回忆的活动。按照人的参与程度（主动参与还是被动参与）和联系的类型，体验可分为4个部分——娱乐（Entertainment）、教育（Education）、逃避现实（Escape）和审美（Estheticism）。最丰富的体验是四个领域的每一部分的“甜蜜地带”[2]。

在国外旅游学术界，布斯汀（Boorstin，1964）早在20世纪60年代就将旅游体验定义为一种流行的消费行为。麦肯奈尔（MacCannell，1973）认为，旅游体验是人们对现代生活窘况的一种回应，是追求一种“本真”体验。直到20世纪90年代，美国学者约瑟夫·派恩（B.Joseph Pine II)与詹姆斯·吉尔摩(James H.Gilmore)在其合著的《体验经济》（*The Experience Economy*）[3]一书中所论述的体验经济时代理论，强调“体验是当一个人达到情绪、体力、智力甚至是精神的某一特定水平时，他意识中所产生的美好感觉[4]。该理论引起了旅游学者的广泛关注，他们从宏观的旅游业发展到微观的个性化服务都进行了探讨。从旅游体验的研究，到旅游特色购物体系、旅游个性化服务、旅游职业道德，再到旅游产品新认识、旅游产品设计、旅游营销、旅游业的发展都进行了一定的探讨。谢彦君对旅游体验进行了深入的研究，2000年提出旅游体验质量的交互模型，2005年提出了旅游体验是旅游世界的硬核和旅游体验的情景模型——游乐场，2006年再次提出了旅游体验的两极情感模型：快乐—痛苦[5]。邹统钎、吴丽云探讨了旅游体验的本质，并把旅游体验分为五种类型[6]。宋咏梅、

---

[1] 谢新华 . 体验经济及其基本特征 [EB/OL].(2000-07-30)[2016-08-23]. http//www.amteam.org/print.aspx?id=468691.

[2] 派恩，吉尔摩 . 体验经济 [M]. 夏业良 , 译 . 北京：机械工业出版社 ,2002:18-19.

[3] 派恩，吉尔摩 . 体验经济 [M]. 夏业良 , 译 . 北京：机械工业出版社 ,2002:13,18-19.

[4] 派恩，吉尔摩 . 体验经济 [M]. 夏业良 , 译 . 北京：机械工业出版社 ,2002:12,24.

[5] 谢彦君 , 吴凯 . 期望与感受：旅游体验质量的交互模型 [J]. 旅游科学，2000(2)：1-4.
谢彦君 . 旅游体验：旅游世界的硬核 [J]. 桂林旅游高等专科学校学报，2005,16(6):5-9.
谢彦君 . 旅游体验的情境模型：旅游场 [J]. 财经问题研究，2005(12)：64-69.
谢彦君 . 旅游体验的两极情感模型：快乐—痛苦 [J]. 财经问题研究，2006(5):88-92.

[6] 邹统钎 , 吴丽云 . 旅游体验的本质、类型与塑造原则 [J]. 旅游科学，2003(4):7-10,41.

孙根年阐述了体验旅游的理论架构与塑造原则[1]。袁国宏、张月芳基于体验经济理论对旅游产品价值进行了分析[2]。

旅游体验是指处于旅游世界中的旅游者在与其当下情景深度融合时所获得的一种身心一体的畅爽感受。这种感受是旅游者的内在心理活动与旅游产品所呈现的表面形态和深刻含义之间相互交流或相互作用后的结果，是借助于观赏、交往、模仿和消费等活动方式实现的一个序时过程[3]。该定义强调几个方面：第一，旅游体验是一种心理现象，是体验个体集中地以情感或情绪表现出来的愉悦经验；第二，旅游体验与旅游情景有关；第三，旅游体验过程中旅游者在与外部世界取得暂时性联系的过程中，会改变心理水平并调整心理结构的效果；第四，旅游体验是一个互动过程，体验深度与旅游者的融入程度相关。

从心理学角度，体验分为感官体验和高峰体验。感官体验是人的听觉、视觉、嗅觉、味觉和触觉等五大感官系统对外部刺激的反应，是感官需求得到充分满足的结果，属于一般体验。高峰体验则是与人的自我实现等高等级的心理需求相对应的，是一种近乎神秘的体验[4]。与感官体验相比，高峰体验属于深刻的理解与领悟。感官体验是高峰体验的基础，高峰体验是感官体验升华的结果。“这种体验可能是瞬间产生的、压倒一切的敬畏情绪，也可能是转瞬即逝的嫉妒强烈的幸福感，甚至是欣喜若狂、如痴如醉、快乐至极的感觉。”[5]

2.5.2 遗产体验旅游理论的核心

旅游者来到文化遗产地，以身体和精神的方式参与了各项活动找到了快乐，自然产生了娱乐体验。他们在文化遗产地受到历史文化与民族文化信息的冲击，都会在潜意识中给他们带来新知识与新思想，产生教育的体验。文化遗产是具有较高的审美价值的文物、建筑群和遗址，通过对它的参观，旅游者欣

---

[1] 宋咏梅，孙根年．论体验旅游的理论架构与塑造原则 [J]. 社会科学家，2006(6):115-119.

[2] 袁国宏，张月芳．基于体验经济理论的旅游产品价值分析 [J]. 桂林旅游高等专科学校学报．2006，17(4):399-403.

[3] 谢彦君．基础旅游学 [M]. 北京：中国旅游出版社，2011:238-247.

[4] 张宁宁，庄志民．体验经济视野中的节事类旅游产品设计研究 [D]. 上海：华东师范大学,2004:7,8-9.

[5] 马斯洛．人本主义心理学译文集 [A]// 林方．人的潜能和价值．北京：华夏出版社,1987:366.

赏到了美妙的景物，便会产生审美的体验。文化遗产旅游是体验经济发展的大舞台。遗产旅游能给旅游者带来更为深邃的感悟。

人们外出旅游，其主要愿望更多的是通过身体的感觉器官和触觉器官来体验遗产景区的各种自然元素和人文元素，从而获得求知、审美、猎奇、探险及异于日常生活的新鲜感、亲切感、满足感等体验享受。因此，体验经济时代，遗产旅游开发的精髓就是创造和设计遗产文化体验，以独特文化内涵和足够的体验吸引旅游者，促进旅游产业的持续发展。孙根年教授在体验旅游的经营与策划中，曾提出一个“动机－过程－目标”模式[1]（图2－1）。

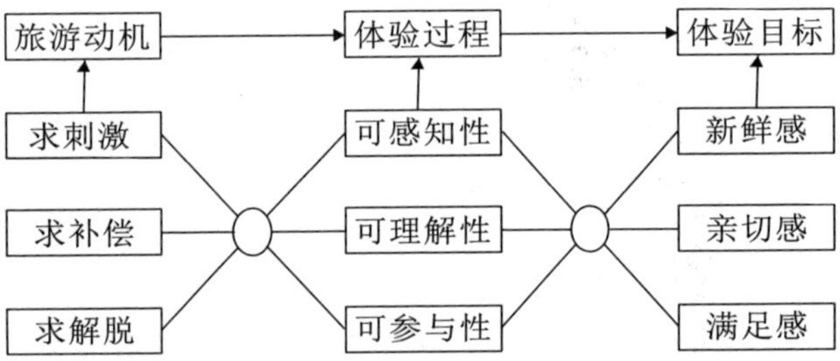

图2－1　体验旅游的动机—过程—目标模式[2]
Fig2－1　model of motivation-process-aim of experience tourism

其中，过程“三性”是指可感知性(Perceptible)、可理解性(Understandable)和可参与性(Participatory)，这是遗产旅游体验经营的关键所在；目标“三感”是指新鲜感(Novelty)、亲切感(Affability)和满足感(Satisfaction)，这是遗产旅游体验要达到的终极目标；动机“三求”是指求补偿(Equalization)、求解脱(Disengagement)和求刺激(Stimulation)，这是遗产旅游体验得以形成的核心动力。遗产旅游经营必须把更多的注意力放在增强旅游景观和项目的可感知性、可理解性和可参与性上，促进资源“活化”与“可视化”。景区体验物的塑造和项目的设计应为旅游者获得真实体验创造条件，不管这种景物环境是真实的，是有历史原形还是人工臆造的，其体验塑造的真实性体现为旅游者“五

[1] 孙根年．论我国主题公园建设的几个理论问题 [J]. 陕西师范大学继续教育学报，2006, 23 (2):121-124.
[2] 张建忠，孙根年．遗址公园：文化遗产体验旅游开发的新业态：以西安三大遗址公园为例 [J] 人文地理，2012,27（1）:142-146.

官”感知，在景区为其所创造的环境中品味旅游景物和项目的内涵，沉迷其中获得真实体验。在历史遗迹开发中尽可能按历史文献恢复其本来面目，为旅游者创造自然真实或历史真实的氛围[1]。

2.5.3　遗产体验旅游设计的原则

遗产旅游产品向旅游者提供了久远时间、遥远空间、深邃内心的作品[2]。但是内心世界的所思、所想必须外化才能成为吸引旅游者的真正所在。因此，如何将内在的文化外显化，如何增强旅游可体验性成为必然。遗产体验旅游设计遵循以下几个原则。

2.5.3.1　真实性原则

真实性是体验的一种形式。对于遗产类旅游产品的开发，威廉 · 瑟厄波德在《全球旅游新论》[3]中对遗产性活动的真实性开发的几点策划要素：（1）遗产活动展示含义(如价值观念、传统和社区的地方观念)；（2）它们展示相互关系(如人与环境之间、社会群体与文化群体之间)；（3）它们提供与重要遗产实物、场所、地方或再造的历史活动及生活方式的直接联系；（4）它们必须是“活生生的”，或者是真正的“特别”活动，这需要一个活动计划的氛围，使之不仅仅能够激发人们求知的好奇心，而且能够感染其情绪；（5）它们允许居民和旅游者介入到现实的社区中；（6）它们在反映社区的价值观念和准确描述历史活动或事物方面是真实的。

2.5.3.2　主题化原则

主题是体验的基础和灵魂。鲜明的主题能充分调动游客的感官，触动游客的心灵，使之留下深刻感受和强烈印象[4]。遗产体验旅游的主题就是各种不同的遗产，但是各种不同的遗产各有各自的遗产主题，因此，不同的文化遗产地必须结合当地文化遗产的特色将体验主题化。全方位地展示一种文化、一种情

[1] 张建忠，孙根年．遗址公园：文化遗产体验旅游开发的新业态：以西安三大遗址公园为例 [J]. 人文地理，2012,27（1）:142-146.

[2] 王艳平．遗产旅游管理 [M]. 武汉：武汉大学出版社，2008:126-127.

[3] 瑟厄波德．全球旅游新论 [M]. 张广瑞，译．北京：中国旅游出版社，2001：399-408.

[4] 孙根年，邓祝仁．旅游体验的意义、经营理念和成功案例 [J]. 社会科学家，2007,3:3-5.

调，使游客通过视觉、听觉、嗅觉、味觉和触觉，多层面、多角度地获得一种整体、统一的美好感受，形成难以忘怀的记忆[1]。使参与者置身其中，提供丰富的、具有压倒力量的体验，并且这个主题应展示产品供给方的特色，有助于旅游者整合自己的体验感受，从而留下深刻印象和长久记忆。去旅游地，除了脚印，什么也没有留下；除了回忆，什么都没有带走。

2.5.3.3　参与性原则

所谓参与性是对项目开发和过程设计而言的。全身心地参与是体验产生和获取的关键。提高旅游景物和项目的可感知性和可参与性，是体验时代我国旅游开发的重中之重，这对于促进国内旅游产业的发展，提高其经济效益具有特别重要的意义。参与性是加深旅游者体验的重要途径和措施，参与可使旅游者消除与景区景物之间的隔阂，增强亲切感和满足感[2]。参与并通过互动和亲身经历，能够获得更多的科学文化知识和得到一种“受尊重的需要”的自我心理满足。可更深入地体察自然的奥秘，了解历史文化之精神。由于在文化遗产这个体验舞台上，欠缺创新的展示方法和合适的体验活动，难以向旅游者提供深刻的体验，而遗产旅游者来到遗产地是期望跨越时间与空间感受与历史对话的体验。他们来到文化遗产旅游地，不仅仅是“看看”“遗产”，而是期望得到一种“感觉”，一种通过各种感官体验的深化而得到的高峰体验，一种对触动内心深处的历史文化与民族文化的体验[3]。所以正确选择文化遗产旅游产品“外显化”的文化表现形式，强化遗产旅游产品细节的内涵文化特性，深挖文化遗产旅游产品的内涵，使产品具有文化特色和品位，才能使旅游者真正参与进去，由“局外人”变成“局内人”。

2.6　遗产活化理论

2.6.1　遗产活化理论的提出

遗产活化这个概念是台湾同胞创造的。其创造背景是台湾同胞为了保存近代发展的特殊历史背景下遗留下来的产业遗产，同时又不得不面对产业转型

[1] 孙根年，邓祝仁 . 旅游体验的意义、经营理念和成功案例 [J]. 社会科学家，2007,3:3-5.

[2] 宋咏梅 . 关于体验旅游的特点与设计原则 [J]. 特区经济，2007，1:178-179.

[3] 艾佩，梁留科 . 基于体验经济理论的文化遗产旅游研究 [J]. 许昌学院学报，2007,26（5）:122-125.

与民营化政策实施过程中所带来的种种危机。借用这个概念，实际上是想探讨遗产旅游这个事关遗产类旅游资源转化为旅游产品的战略问题。文化遗产活化是一个很重要的问题，它关系到遗产的保护继承和旅游的开拓创新。因此，遗产活化也就是遗产旅游[1]。遗产具有丰富的文化内涵，物质遗产、非物质遗产等都是遗产大军中重要的一员，随着旅游的发展，文化遗产成为重要的旅游资源、旅游吸引物。但大部分的旅游地并没有把文化遗产的文化内涵加以外显化，许多旅游地仅仅是采取“静态”展示的方式来进行，而显然这种静态展示已经不能满足体验旅游的需求。在文化遗产地，对遗产文化等文物古迹的鉴赏需要旅游者具有一定的专业素养，而具备专业素养的“文化”旅游者毕竟只是少数，这就使得大部分遗产旅游者的旅游体验仅停留在浅层。“走马看花”式的急行军旅游需要改变为“下马观花”式的休闲旅游、体验旅游。旅游者的知识构成、态度与接受新事物的能力一定程度上决定了其在进行文化遗产旅游活动时，是“上车睡觉，下车撒尿，拍照留念”等观光旅游，还是深入体验文化遗产地的特有遗产文化内涵。从旅游资源的开发来看，遗产旅游资源需要“活化”，才能实现遗产“有声有形，有神有韵”。在市场经济时代，遗产的经济价值很容易被认同。而其历史价值、科学价值和美学价值则很容易被忽视。对遗产而言，史学工作者总是主张原汁原味，就地保护。而经济工作者容易想到修整打理，有形有态地出售。遗产不同于一般的旅游吸引物，它的经济价值的体现须以承认其历史价值、科学价值和美学价值为前提[2]。

2.6.2 遗产活化理论的核心

研究、保护和创新遗产，在传承文化、延续传统的同时，还是要让遗产发挥其使用价值。遗产具有生态、文化、科研、审美和经济等价值，因此，遗产只有在利用过程中才能可持续发展[3]。不重视遗产保护，是对人类遗产的不负责任；绝对地保护，将保护与开发对立起来，也是一种值得注意的趋势。如何

[1] 喻学才 . 遗产活化 : 保护与利用的双赢之路 [J]. 建筑与文化，2010,6:16-20.

[2] 喻学才 . 遗址论 [J]. 东南大学学报 : 哲学社会科学版 , 2001,3（2）:45-49.

[3] 张建忠 , 孙根年 . 基于文化遗产视角的陵墓遗址旅游开发 : 以乾陵、西夏王陵和明十三陵为例 [J] 经济地理，2011,31（11）:1937-1942.

充分利用遗产资源，使其“活化”利用成为关注的问题。遗产活化实际上就是如何把遗产资源转化成旅游产品而又不影响遗产的保护传承。旅游者来到遗产地就是为了对遗产核心信息作有效的体验。让旅游者得到满意的体验，是遗产活化的重要内容[1]。

喻学才教授在《遗产活化论》提出遗产分层，不外5个层次：保存完好者、保存基本完好者、破坏殆尽者、仅存遗址者、仅存文献记载者，对于仅有遗址和文献记载的应该恢复。但是他对于各个层次的可视性体验和如何开发对策并没有给出一个具体的答案，以及如何改进等。该分层理论存在一定的不足，在此基础上，我们提出了遗产保存—旅游可视性—保护利用对策对应模式（图2－2）。

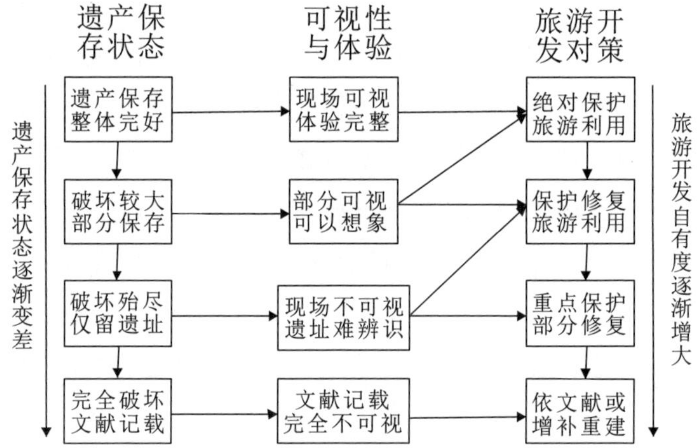

图2－2　遗产保存与旅游开发对应关系模式

Fig2－2　The pattern of heritage preservation and tourism development corresponding relationship

遗产保存分层的4个层次以及相应的对策是：第一层次，遗产保存整体完好。其可视性特征是现场可视，体验完整。对应的应该采取的措施就是绝对保护，旅游利用。第二层次，较大破坏，部分保存。其可视性特征为部分可视，可以想象。对应的措施就是保护修复，旅游利用。第三层次，破坏殆尽，仅留

[1] 张建忠，孙根年．遗址公园：文化遗产体验旅游开发的新业态：以西安三大遗址公园为例 [J] 人文地理，2012,27（1）:142-146.

遗址。其可视性特征是现场不可视，遗址难辨识。对应的措施就应该是重点保护，典型恢复重建。第四层次，完全破坏，仅有文献记载。其可视性特征是文献记载，完全不可视。那么对应的措施就只能是依据文献，或增补重建。同时我们注意到遗产的赋存状况和旅游开发的自由度之间存在一种关系。遗产保存状况逐渐变差，对应的旅游开发自由度是不断增大的。这样也为我们提供了一种思路，对于那些保存度较高的遗址，我们要在绝对保护或者保护修复的前提下，为旅游业所利用，反过来促进遗产的保护；对于那些保存度较差和仅有历史文献记载的遗址，我们可以通过“借尸还魂”式的旅游开发来盘活资源，促进旅游业的发展，从而带动当地经济的发展。历史文化遗产赋存状况各有不同的内容和特点，只有准确了解其内容和特点才能对症下药，采取合理的“活化”方式，才能真正增强其可视性，使其具有无限的魅力[1]。

2.6.3 遗产活化的原则

“原真”性原则。真实性是遗产旅游的一个重要特性，是衡量旅游产品质量、旅游者体验程度和旅游者满意度的标准。不管对于遗产旅游的“客观性真实”“结构性真实”和“存在性真实”存在多大的争议，我们都应该以“存在性真实”为出发点来进行遗产“活化”，就如何塑造遗产旅游体验的真实性进行思考。遗产旅游提供给人们欣赏遗产魅力的机会，并借此机会传递人类文化，挖掘人类潜能，是一种高雅的享受，它以基于知识性理解的观赏和体验为基本内容[2]。

“活化”层次性原则。遗产的赋存状况是不同的，保存完好者、保存基本完好者、破坏殆尽者、仅存遗址者、仅存文献记载者。对于不同的遗产赋存状况，其活化的重点和层次性也是不同的[3]。

遗产生态原则。遗产是各种无形或有形的文化资源，遗产是历代人类改

---

[1] 张建忠，孙根年．遗址公园：文化遗产体验旅游开发的新业态：以西安三大遗址公园为例 [J]. 人文地理，2012,27（1）:142-146.

[2] 徐嵩龄．论碧峰峡旅游开发模式的意义 [J]. 四川师范大学学报，2005(1):41- 47.

[3] 张建忠，孙根年．遗址公园：文化遗产体验旅游开发的新业态：以西安三大遗址公园为例 [J]. 人文地理，2012,27（1）:142-146.

造、创造的，既受到环境变量的影响，更受到社会文化变量的制约，又与当今和未来的人类生活息息相关，其内涵都是人类文化。因此，遗产具有生态。“不要孤立地、单纯地保护可视的物质遗产，不要把动态的、复合的遗产整体仅仅当作一种静态的躯壳，不要割裂遗产，特别是延续着人类生活与文明传统的遗产中，物质与非物质文化的关系、局部与整体、与大环境背景的关系，应该从社会、功能、结构及视觉等方面关注环境。”[1]遗产“活化”要突出“文化信息”这个核心要素，这是文化遗产的价值源；要突出“无形文化载体”（非物质）初级载体要素；突出“有形文化载体”（实物）多级载体要素[2]，由文化信息与无形或有形文化载体（介质、实物）相结合构成“文化资源”的主体；突出“文化景观”要素，由文化信息、文化载体与文化环境要素相结合，构成了完善的“文化资源”整体。文化景观环境就是遗产资源的生物环境——遗产生态。[3]

[1] 中国古迹遗址保护协会 . 第十五届国际古遗址大会发表《西安宣言》[EB/OL].[2016-09-05].http://www.ieomos ehina.org.en/ggfb/24843.aspx.

[2] 喻学才，王健民 . 世界文化遗产定义的新界定 [J]. 华中建筑，2008，26(1):20-21.

[3] 喻学才，王健民 . 世界文化遗产定义的新界定 [J]. 华中建筑，2008，26（1）：20-21.

第3章　中国墓葬制度与帝陵时空分布

3.1　中国墓葬制度起源、发展和演变

墓葬起源于灵魂观念的产生。大约在原始社会的中期，就已经产生了灵魂的观念。他们认为，思维和感觉并不是身体的一部分，人生虽有终，但灵魂不灭，这些不灭的灵魂会经常出现在梦里。其实，这是人们对已故祖宗情感的怀念和希望他们在彼岸世界生活美好。这种祈福的心理，逐渐发展出一整套祭祀礼仪制度。早在旧石器时代晚期，人们已知道安葬死者。考古工作者发现的北京周口店山顶洞人墓葬，是目前我们所知中国最早的先民墓葬，它们有着一定的埋葬方式。进入新石器时代，墓葬逐渐形成了一定的制度。中国古代的墓葬制度经历了几个阶段，由“不树不封”到“宝城宝顶”的格局形态演变。这种制度在中国古时历代相承，并逐渐发展，形成中国古代帝王陵寝发展的历史。

3.1.1　墓而不坟

上古时代，人死后埋葬在地下称“墓”。后来人们在死人的墓上堆起土堆，称为“坟”或“冢”，根据土堆形状也有称“丘”的。从目前考古材料来看，西周以前，墓上都不筑坟。《易 · 系辞》记载：“古之葬者，厚衣而薪，葬之中野，不封不树，丧期无数。”[1]说明早期的墓葬只是将死者裹上柴草埋入土中了事，既不封土，也无其他标志。当时人们认为，人死埋葬就是为了“藏”起来，因为死人进入了另一个世界，活人不能与死人相见。但是活人为了使死者在“阴

[1] 帝王陵寝建筑 [M]. 北京：中国建筑工业出版社，2010:5.

间”生活得更好，他们要祭奠死者。

3.1.2 封土建筑

春秋战国时期，随着祭祀礼制发展，一种新的墓葬制度形成，出现了封土坟，又名“冢墓”。这个时期高台建筑兴起，达官贵族们的墓上也堆筑起形如“堂”“屋”台基等封土。为什么会出现封土呢？首先，是因需要设置一个永久性的标志，以便于后代经常去祭拜；其次，墓穴封土是为了加深墓穴的深度。墓穴“浅则狐狸扭之，深则及于水泉”，只有加高封土才能保证墓穴安全。后来封土就成为了一种葬仪制度。墓主在墓地附近修建了祭祀性建筑物。从考古资料来看，早在夏商时代，墓地就有了祭祀性的建筑，从战国时代，这种墓上建筑遗迹多有发现，例如陕西凤翔秦王陵、河南辉县的魏王陵、河北平山的中山国王陵等陵墓之上都发现了房屋建筑遗迹。中山国王陵中出土的铜版《兆域图》，详细绘制出陵墓之上享堂建筑形制[1]。统治者的祭祀活动大，祭祀场地也就大，祭祀建筑也很考究，这些建筑物有的甚至仿照死者生前使用的殿堂建筑形式与规模。属于夏商时代的河南二里头遗址，在一座大墓前就修筑了大型祭祀性建筑物。到战国中期坟墓开始称谓“陵”，例如赵肃侯“十五年起寿陵”。

虽然封土建筑最早出现于春秋战国时期，但是鼎盛时期是秦汉并往后延续一直到宋代。覆斗方上式是帝陵封土的一种形制。

3.1.3 因山为陵

唐代是中国历史上继西汉王朝以后的又一个强大王朝。从世界范围来看，唐王朝也是当时世界上少数几个最强大、最先进的国家之一。“礼制”是唐代文化的重要组成部分。唐代陵寝制度，上承秦汉，下启北宋，延及明清陵寝制度，在中国古代陵寝制度史上占有突出的重要地位。唐王朝从建国至灭亡，共有 20 位皇帝，前 18 位皇帝（从高祖李渊至僖宗李儇）均葬于关中的北山南麓，号称“唐十八陵”。“因山为陵”成为中国陵墓发展的主流。“因山为陵”是指在山腰修建地宫，以山丘作为墓上的坟头，不再另起封土，这使中国帝陵发展进入崭新的时期。关中 18 座帝陵中有 14 座因山为陵。这种墓葬形制一直延续到宋代。

[1] 刘庆柱，李毓芳．陵寝史话 [M]. 北京：中国大百科全书出版社 ,2000,8-10.

3.1.4 宝城宝顶

自明代起，中国墓葬形制发展进入一个新时期，墓前的引导部分增多，强化了环境、空间和建筑艺术，形成了宝城宝顶的陵墓形制。

综上所述，中国经过长期的墓葬建筑形制的发展，已经形成了一套完善的墓葬礼制。

3.2 中国帝陵历史发展概况

中国人基于灵魂不死、视死如生的观念，产生了墓葬制度。陵墓建筑是中国古代建筑中的一个重要部分，受中国古代传统宗法制度和风水理论的影响，帝王陵墓建筑无论从形制、材料、装饰，还是墓地选址等都反映了中国古代建筑的最高造诣，成为中华民族遗产宝库中的明珠。因营建技术和传统思想的演变，在不同的阶段，表现出不同的格局。

3.2.1 商、周时期帝陵发展概况

按照古史传说，中原地区在距今四五千年时已经产生了帝王制度，即伏羲、神农、黄帝、少昊、颛顼、帝喾、唐尧、虞舜等所谓的“三皇”“五帝”。后来禹之子启继父而立，建立夏朝，是为帝王“家天下”之始。夏代及其以前的个别王陵在先秦史籍中有零星的记载。虽然现在能见到一些传说时期和夏商两代的古帝王陵墓，如河南淮阳的伏羲陵、湖南炎陵县的炎帝陵、陕西黄陵的黄帝陵、山东曲阜的少昊陵、河南濮阳的颛顼陵和帝喾陵、山西临汾的尧陵、湖南宁远的舜帝陵、浙江绍兴的夏禹陵以及安徽亳州市的商汤陵等，但基本是后世为宣扬圣王功德而兴建的纪念性建筑，不一定是这些古帝王的真正藏骨处。迄今为止，能够为考古发掘所证实的、年代最早的中国古帝王陵墓是位于河南安阳侯家庄、武官村、西北岗一带的商代晚期的商王族墓。这也是目前学术界公认的中国古代帝王陵墓研究的最上限[1]。商周时期严格说来谈不上有帝陵的存在,但因为是中国阶级社会的开始，又是以后陵墓制度发展的肇始，所以我们把这一时期放在这里简单介绍。中原地区殷周时代的墓葬是没有坟丘的。殷墟商王陵

[1] 刘毅．中国古代陵墓 [M]. 天津：南开大学出版社，2010:4.

为土坑竖穴式，分为“亚”字形（四条墓道）、“中”字形（两条墓道）两种形式，其他王族成员则有“中”字形墓和“甲”字形墓（一条墓道）等墓葬形式。商王陵中陪葬品丰厚，而且还有殉人、殉牲。墓穴之上没有封土。西汉末年刘向说，周文王、周武王、周公的墓地是没有坟丘的（《汉书·楚元王传》附《刘向传》）。东汉崔实也说，周文王、周武王的墓葬是平地（崔实《政论》，严可均辑本）。西周王陵至今未能确认，今陕西咸阳原上的周文王、武王、周公、成王等“周陵”实系讹传。现代考古调查表明，它们应该分别是战国秦惠文王、悼武王陵以及若干汉陵的皇后陵或陪葬墓[1]；西周王陵应该在今陕西西安的西南部，即周都丰、镐遗址附近。但也有人根据陕西周原的有关考古发现，认为西周王族墓地可能在周原、黄堆一带[2]。东周王陵在今洛阳附近，考古调查、钻探资料表明，东周王陵分为周山、王城东北、金村三个陵墓区[3]，其中周山王陵区经过调查和重点钻探，初步推测其中的 4 座封土墓为周灵王陵等东周王陵。根据有关资料研究，东周诸王陵的地下结构应该与商王陵相同，为土坑竖穴木椁墓。1957 年在洛阳王城东北钻探出 4 座规格很高的“甲”字形东周大墓即为此种结构。

从春秋晚期开始，中国古代陵墓制度进入新的发展阶段——封土墓的出现。封土墓的出现成为研究古代建筑、风水等历史文化的重要依据。

3.2.2 秦、汉时期帝陵发展概况

早期帝陵的封土形式是“方上”，或曰“覆斗”。从秦汉时代开始，人们在墓冢的顶上或侧面建“寝”“庙”。“寝”的主要功能是供死者的灵魂升入地面后饮食起居，“庙”则是后人祭祀死者灵魂的地方。从战国中期开始，人们在陵墓前建“神道”，在神道的两旁排列狮子、麒麟等，象征护送“灵魂”的卫队，沿途镇邪[4]。在君主居住的宫殿中，前面设有“朝”，作为君主朝见群臣和处理政务的地方；后面设有“寝”，作为君主及其家族生活起居的处所。君主供奉祖先的宗庙，是仿照宫殿的规模建筑的，前面设有“庙”，用来陈设祖

[1] 阎文儒．“周陵”为秦陵考辨 [J]. 考古与文物，1980,2：26-29.

[2] 罗西章．西周王陵何处觅 [J]. 文博，1997，2：68-73.

[3] 徐金星．洛阳市文物志 [Z]. 洛阳市文化局，1985：80-82.

[4] 宗贤．中国古代陵墓建筑的文化心理特征 [J]. 美术观察，1997,1:49-51.

先的神主，作为朝拜和祭祀的地方；后面设有“寝”，用来陈设家具和生活用品，作为祖先灵魂生活起居的处所。与此同时，也有把“寝”与陵墓造到一起，作为墓主灵魂生活起居的处所，这就是所谓“陵寝”制度。根据礼书记载，西汉时期不但把“寝”与陵墓造到一起，还把“庙”造到了陵园旁边[1]。

秦始皇陵是秦代之前陵墓制度的集大成者，也是秦代之前规模最大的一座帝王陵墓。它是先秦陵墓制度的最高级示例，确定了秦代以后陵墓制度的基本框架。秦公帝王陵园是按照“事死如事生”的礼制建设的，陵寝制度到秦时发生了大的变化，到了秦始皇陵时，寝殿、飤官遗址等陵侧建筑已成体系，以至于影响了后代的陵园体制。秦始皇陵上的石刻对后代也产生了深远的影响，从汉代以后,在陵上或陵旁都有大量的石刻[2]。秦陵墓的发展变化正处于春秋战国时期，随着思想解放运动，人们观念也在不断地发生变化，影响到陵墓制度上也发生了很大变化。秦的陵墓作为中国古代陵墓史上承前启后的角色[3]。开了陵墓建筑历史的先河，也成为后人研究历史的重要佐证。“百代皆行秦政事”“汉承秦制”，这是后代对秦制度延续的总结性概括。秦帝王陵墓制度对后代确实起了十分重要的影响，主要体现在陵寝制度、陵邑制度、陪葬制度等方面。“从西汉到唐宋的帝陵布局结构，虽然有这样或那样的一些变化，但其基本布局却没有能够突破秦始皇陵园布局的影响。就是在陵园布局结构上有重大的改革的明清两代帝陵，多少也受到一些影响。”[4]

汉代皇陵因袭秦制，在制度上有所简省亦有所变化发展。西汉 11 帝，分布在渭河北岸咸阳原的有 9 座帝陵，西自兴平市南仪乡，东至高陵县马家湾乡，东西一线排开，绵延百里。自西而东依次为武帝的茂陵、昭帝的平陵、成帝的延陵、平帝的康陵、元帝的渭陵、哀帝的义陵、惠帝的安陵、高祖的长陵、景帝的阳陵。其中长陵、安陵、阳陵、茂陵和平陵 5 座附近，均设置了陵驿，所以咸阳原又称“五陵原”。西汉时代五陵原人文荟萃，堪称全国最为繁华的地

[1] 杨宽 . 中国古代陵寝制度的起源及其演变 [J]. 复旦大学学报，1981,5:59-68.

[2] 徐卫民 . 秦帝王陵墓制度研究 [J]. 唐都学刊 , 2010，26(1)：43-52.

[3] 徐卫民 . 秦帝王陵墓制度研究 [J]. 唐都学刊 , 2010，26(1)：43-52.

[4] 李自智 . 试论秦始皇陵园布局对古代帝陵的影响 [J]. 文博 , 1990，5：151-157.

方[1]。只有文帝霸陵和宣帝杜陵两陵在长安城东南。西汉皇陵未经发掘，地下墓室结构尚不清楚，但东汉时期的皇陵制度与西汉相比大同小异，陵园结构趋于简化。但祭祀活动和祭祀建筑在国家政治中的地位日益重要，进而影响到唐宋以后的陵园建筑格局也发生了相应的变化。东汉诸陵分别在东都洛阳城的东南和西北，按照文献记载：光武帝葬原陵、明帝葬显节陵、章帝葬敬陵、和帝葬慎陵、殇帝葬康陵、安帝葬恭陵、顺帝葬宪陵、冲帝葬怀陵、质帝葬静陵、桓帝葬宣陵、灵帝葬文陵，共有 11 座皇陵[2]。

从文献记载来看，东汉皇陵建筑埋葬制度趋于简化，但东汉在陵园建制、祭祝制度等方面也出现了一些新的变化。东汉皇陵虽然较西汉皇陵建筑结构有所简化，但也增添了一些设施，除《古今注》中讲到的石殿外，还有神道石像生。北魏郦道元《水经注》记载，谯郡（今安徽亳州）"城南有曹嵩（曹操之父）冢，冢北有碑，碑北有庙堂，余基尚存，柱础仍在。庙北有二石阙双峙，高一丈六尺"，据此可知原陵前应有石象、石马等石像生[3]。东汉初年实行隆重而大规模的"上陵礼"，确立以朝拜和祭祀为主要内容的陵寝制度，因此，纷纷在坟墓之前建立大规模的祠堂，不少祠堂用石建筑，石壁上雕刻画像。祠堂之前还多建有石阙。"阙"又称作"观"。杜预注："两观，阙也。"《尔雅·释宫》也说："观谓之阙。"《说文》又说："阙，门观也。""阙"就是"门观"，建筑于宫殿的大门之前，既用来标明这座宫殿主人的身份地位，又可以悬挂法令用来警戒臣下，还可以登高守望而作为警戒之用[4]。

华表原是用木制成的高柱，古时常常被用在宫殿、宗庙、亭邮等建筑的前面，也被用在交通大道上，又被用在坟墓之前。所谓尧设诽谤之木，只是一种传说，华表主要的作用，确是"表识"。用石柱作华表，到东汉才盛行。所以说，秦汉时期，是中国历史的发端时期，更是帝陵建筑的奠基时期，奠定了中国封建社会的传统礼制，帝陵建筑成为我们研究历史的一个重要参考。同时，帝陵

[1] 刘庆柱，李毓芳 . 陵寝史话 [M]. 北京：中国大百科全书出版社，2000:8-10.
[2] 帝陵 [EB/OL].[2016-09-05].http://www.baike.com/wiki/ 帝陵 .
[3] 刘毅 . 中国古代陵墓 [M] 天津：南开大学出版社，2010：59-61.
[4] 杨宽 . 中国古代陵寝制度史 [M]. 上海：上海人民出版社，2003：131-135.

建筑彰显了更多的历史文化价值在其中，需要我们去参悟。

3.2.3 唐、宋时期帝陵发展概况

自从唐代建立统一王朝，随着社会经济的恢复和发展，国家财政收入的增多，陵寝制度又有进一步的扩大和发展。宋代沿袭唐代的制度[1]。

唐代是中国古代空前昌盛的时期之一，经济文化蓬勃发展，国力强盛前所未有，厚葬重又兴起。唐代帝陵较之前帝陵大有改观，“因山为陵”成为主流，意即在山腰修建地宫，以山丘作为墓上的坟头，不再另起封土。中国帝陵进入崭新的历史时期。“因山为陵”式墓葬正式确定为帝陵制度是唐太宗贞观时期。关中18座唐代帝陵，有14座依太宗诏，因山为陵。唐代的献殿已脱离“寝”而单独成为朝拜献祭的大殿，其性质已与明清陵园中的棱恩殿、隆恩殿相同。唐代的陵墓，只有昭陵是建筑在墓室门顶上的“神游殿”，其他的陵墓不见得有继续采用的，而是全都沿用陵前建有“献殿”和山下建有“下宫”的制度了[2]。这样把献殿（即寝殿）和寝宫（即下宫）分在两处建造，分别适应了上陵朝拜祭祀和日常供奉饮食起居生活的需要，使得上陵朝拜祭祀典礼更加显出其重要性。

唐代皇陵陵园的平面布局为方形，四面开门，上体建筑均坐北朝南，南侧为主神道所在，神道石刻一般集中在朱雀门外。当时人封演在所著《封氏闻见记》中说：“秦汉以来，帝王陵前有石麒麟、石辟邪、石象、石马之属。”唐朝是中国古代帝王陵墓神道石刻，特别是石像生制度的基本定型时期。神道石刻包括神道石碑、石兽、石像生等，以石像生为主。

北宋的陵寝制度大体上是沿袭唐代的，不同的是宋陵仍在平地营建陵台，各陵集中于不到2公里的范围内，形成一个相当规模的陵区。皇帝陵台是三层台阶式的方形土台，皇后陵台是二层台阶式的方形土台，从此成为北宋固定的制度。陵墓四周和汉唐一样有方形墙垣，称为神墙；神墙四面正中开门，称为神门；神墙四角设置有角阙。北宋陵园中主要建筑也和唐代一样有两所：上宫

---

[1] 杨宽．中国古代陵寝制度的起源及其演变 [J]. 复旦学报：社会科学版，1981，5:59-68.

[2] 杨宽．中国古代陵寝制度的起源及其演变 [J]. 复旦学报：社会科学版，1981，5:59-68.

即是唐代的献殿，亦称寝殿，建筑在陵台之前。宋代的下宫，也叫寝宫。唐代寝宫建造在陵墓的南方偏西处，而宋代的下宫建造在陵墓的北方偏西处。因为宋代建造陵园，很迷信阴阳堪舆（看风水）的方术。当时看风水，流行把姓氏分归五音（宫、商、角、徽、羽），再按“音”选定吉利方位的办法。宋代皇帝姓赵，属于“角”音，利于壬、丙方位。可以看出历朝历代都遵循严格的选址理念和风水观念[1]。南宋皇陵的建筑是比较特殊的，南宋陵园前没有陈列石刻群，但是他们依然按照北宋制度，在陵园内建有上宫和下宫。

宋代皇陵制度具有如下几个方面的特征[2]：

第一，与汉、唐等前代主要王朝相比，宋代皇陵制度鲜见创新，而且对于明清皇陵结构也没有太直接的影响。北宋皇陵陵园平面呈方形、神门四开的布局继承了汉代以来的传统，封土为陵、帝后同兆域但异坟异穴异陵园的做法源自西汉，上下宫分立、献殿设于上宫封土之南、南神门外为主神道等则仿自唐。可以说，从陵园基本布局和建置来看，北宋皇陵是对汉、唐皇陵有关制度的直接继承；就上下宫各自的祭祀功能以及皇陵在朝廷中的政治地位等方面来看，宋陵与唐陵差不多也完全一致，甚至上下宫名称都是沿用自唐代。但北宋诸陵下宫皆在上宫西北，与唐代有所不同，这是侍奉“五音姓利”说使然。至于南宋皇陵，因为是有待奉迁的攒宫，只能以特例视之。

第二，堪舆术对宋陵选址、建筑设计、平面布局的影响极大。

第三，北宋诸陵虽然上下宫、阙台石像生等俱全，但规模却比较小。当地旧有“帝陵百亩，后陵四十亩”之说，这个范围包括了神道及其以外的石像生等附属建筑，而西汉帝后陵每陵封土占地面积即达四十亩，至于因山为陵，封域几十里乃至百余里的唐陵更令宋陵逊色。

第四，由于每座帝后陵墓的规模较小，使得宋代皇陵不像汉唐皇陵那样可望不可即地分散，而是相对集中于同一个自然地理区域，“陵区制”十分明显。陵区制所强调的是，诸陵在一个不特别大的自然地理区域内，并且各陵间要有

[1] 杨宽 . 中国古代陵寝制度的起源及其演变 [J]. 复旦学报：社会科学版，1981，5:59-68.

[2] 刘毅 . 中国古代陵墓 [M]. 天津：南开大学出版社，2010：126-130.

一定的关系。南北宋陵在整体上都是分布于一个大的兆域之内，各陵之间、不同陵墓组群之间尊卑从属关系明显，对后来明清北京等地皇陵区的形成也有一定的影响。

3.2.4 元、明、清时期帝陵发展概况

元代沿用蒙古族潜埋不起坟的风俗，没有采用陵寝制度。明代则对陵寝制度做了重大改革。这项改革是从明太祖修建孝陵开始的。取消下宫设施而扩展祭殿建筑（分建左右两旁的配殿），就废止留宿宫人，废止日常供奉的形式，更加突出朝拜祭祀的隆重仪式。这一改革，说明随着社会文化的进步，陵寝中原始迷信方式也逐渐废止。陵园的围墙从方形改为长方形，分为三个院落。第一院落除陵门外，两旁设置有碑亭、神厨、神库。第二院落除殿门外，设有祾殿（或称享殿）和两旁的配殿[1]。第三院落除内红门外，设有牌坊、五供台（一个香炉、两个香瓶、两个烛台）和方城明楼。明楼是方城的城楼，中立墓碑。方城之后是圆形大坟，称为宝顶，周围砌有砖壁，上砌女墙，称为宝城。汉代和唐、宋两代的皇陵都是方形的。从明孝陵起，开始改为圆形。这可能和六朝以后南方的帝王坟墓采用圆形有关。六朝陵墓除了那些深藏在山腰里不起坟丘的以外，起坟丘的陵墓都作圆形，不见有方形的。"明孝陵改方形为圆形，是受了长江流域'无方坟之习'的影响"[2]是很可能的。后来明十三陵和清代东陵、西陵都是依照明孝陵的格局建成，变化不大。

明代帝陵的石刻群除去了宋代使用的较小的石羊、石虎，增加了前代曾经使用的较大动物和神兽，目的在于加强他们想象中的警卫力量。明孝陵前的石兽，分别为狮、独角兽、骆驼、象、麒麟、马6种，共12对。其中六对是立像，6对是卧像。明长陵沿用孝陵石刻群的组合，此后明陵都沿用长陵的石刻群进行定制。清代的东陵和西陵基本上沿用明陵的制度。

与前代相比，明代帝王陵墓制度具有以下几个方面的突出特征[3]：

---

[1] 杨宽 . 中国古代陵寝制度的起源及其演变 [J]. 复旦学报：社会科学版 ,1981,5:59-68.

[2] 刘敦桢 . 明长陵 [G]. 中国营造学社会刊 ,1933,4（2）.

[3] 刘毅 . 中国古代陵墓 [M]. 天津：南开大学出版社，2010:147-148.

第一，汉、唐、宋等前代主要王朝帝王的陵墓选址一般是在高旷的平地或因山为藏，明代则是卜穴于山前的慢坡处，对于穴点和周围环境的选择主要依据出自东晋郭璞所著《葬书》。

第二，明代皇陵陵宫采用了全新的平面布局，其结构是仿自宗庙或皇宫的“前朝后寝”之制，分为三进或两进院落，陵宫门、陵恩门（享殿前门）、陵恩殿、内红门（或三座琉璃花门）、石几筵、明楼、宝顶都在一条纵向的中轴线上。陵恩殿、明楼和宝顶分别取象于“朝”和“寝”。

第三，经过科学发掘的明神宗定陵玄宫为三主两配五殿结构，全部以石材砌成，规模宏大，结构完整，建筑法式合乎规范，在历代皇陵中属上乘之作。

第四，与前代相比，明代帝陵的祭祀制度发生了根本性的变革，取消了下宫之祭，陵墓上的祭祀场所唯有陵恩殿一处，陵祭的地位越来越重要，有的其实际地位甚至超越了宗庙。这个现象，反映出明代皇家的祭祀观念虽然未能够摆脱《三礼》之规范，但和民间一样，祭祀已经更趋近于现实。

第五，明代皇陵继承了两宋以来的陵区制，而且比北宋更加彻底，各陵之间的距离更近；相对于长陵来说，昌平陵区献陵以下诸陵的独立性较小。

明代皇陵确立了中国传统社会晚期帝王陵墓制度的基本模式，它以其鲜明的创新特色，标志着中国古代陵寝制度走到了一个新的，也是中国传统社会中最后的一个发展阶段。

清代的陵墓建设基本上沿袭了明代的陵墓建设，但也有些变化，在具体建制、平面布局和礼制方面，与明代相比还是有一些明显的差别。清朝的陵墓是前方后圆的，这与明朝的陵墓是不同的。清代五处十二座皇陵分别建于不同时期，其制度亦不尽相同。盛京三陵建于清初，介于明清皇陵制度转型期之间，沿袭了不少满洲旧制，特异性比较突出。另外，明十三陵中，只有长陵有“圣德神功碑”，而清东、西二陵中陵园的布局与明代相比也发展到更成熟的阶段。按照从南到北的顺序，由石像生、大碑楼、大小石桥、龙凤门、小碑亭、神厨库、东西朝房、隆恩门、东西配殿、隆恩殿、琉璃门等大小建筑组成。

3.3 中国帝陵空间分布状况及其规律性

任何民族的生息繁衍都必须立足于特定的地域，所谓“一方水土养一方人”，都离不开具体的生存空间，并随着其生存环境的改变而改变[1]。广袤的中华大地，西北部和北部是难以穿越的，被誉为“死亡之海”的塔克拉玛干大沙漠、毛乌素沙漠和茫茫草原,西部是称为世界屋脊的青藏高原及其相邻的帕米尔高原，东面是浩瀚的太平洋，西南是山高谷深的滇西岭谷地带，构成了一个相对封闭的地缘环境。因而有适合各民族先民生存和居住的地理环境[2]。数千年来，在这个相对封闭的地理单元内,我们的祖先不仅在这片土地上繁衍生息，而且不断在创造着他们的生存智慧。陵墓建筑就是这样一种智慧的结晶，尤其是帝王陵墓建筑更是体现了与环境相适应，和谐自然的一种自然观、生死观、环境观。“生者对坟陵的体验向人们的日常生活体验投射了一束光，照亮它们，同样的，坟冢向世俗的建筑投射了一束光，并照亮它们。”“我们周围的死亡建筑是我们对自己生活的世俗建筑的一个返照。生是喧嚣的，死亡便是宁静的；生是变动的，死亡就是永恒的；生是愉悦的，死亡便是恐惧的；生意味着进入世界，死亡便意味着逃离世界；生意味着斗争，死亡便意味着归属。”[3]中国古代帝陵建筑的设计理论——风水理论，除造就了独特的中国古代帝陵建筑之外，更是蕴含着丰富的人本主义哲学思想和生态意识，是先民生存空间的一种真实写照。

3.3.1 中国帝陵空间分布状况

陵墓遗址在时空分布上具有一定的特性。陵墓遗址在时间、空间的分布上都呈现出一定的特性和规律性。从时间的维度对帝陵的历史发展脉络进行了有效梳理，从空间维度厘清陵墓分布，有利于我们进一步深化对帝陵的空间感知，有助于更好地摸清家底，也有助于帝陵文化遗产的旅游利用。

依据地学信息图谱基本理论[4]，可较好地分析出研究对象的空间结构特征

[1]李克建.中国民族分布格局的形成及历史演变[J].西南民族大学学报:人文社科版,2007,193(9):26-31.

[2]李克建.中国民族分布格局的形成及历史演变[J].西南民族大学学报:人文社科版,2007,193(9):26-31.

[3]高蓓.有关建筑的忧生乐死[J].室内建筑与装修.2003,(4):18-22.

[4]陈述彭.地学信息图谱探索研究[M].北京:商务印书馆，2001.

及空间分布规律[1]。文章将陵墓遗产纳入时空维度考察,分析陵墓遗产的空间结构特征，揭示空间分布规律。表达时间维度属性差异则为时间图谱，表达空间维度属性差异则为空间图谱。力图通过帝陵空间分布的分析，绘制帝陵空间分布的图谱体系。

陕西——中国帝陵之最。关中的历代都城大都是土木建筑，改朝换代或农民起义，一把火，尽成灰烬。然而在都城不远的地下，还隐藏着模仿都城或宫殿的建筑，那就是历代帝王陵墓，陕西省的帝王陵墓众多，据初步确认，自西周始至唐末（西周、秦、西汉、新莽、东汉、西晋、前赵、前秦、后秦、西魏、北周、隋、唐）在西安建都的共 65 位帝王,建有帝王陵 52 座,已知的帝陵 39 个。其中已正式勘探、发掘或局部试掘的有：春秋战国时代的秦公陵区和芷阳陵区、秦代的始皇陵兵马俑坑和铜车马坑、西汉的杜陵陵园遗址和阳陵从葬坑、北周的孝陵、唐代的靖陵以及乾陵羡道、三出圈址和碑亭遗址等。

“中原”——帝陵的密集分布区。在河南分布着大大小小的帝王陵墓41座，主要有东汉、西晋、后汉、后周、北宋等朝代的陵墓。这些陵墓主要分布在洛阳、郑州、开封、登封、渑池、新安、巩县和修武县等地。东汉自刘秀建国，到汉献帝禅位于曹魏，建造有12座帝陵。根据文献记载，除汉献帝的禅陵位于河南焦作修武县外，其余11座帝陵均在东汉都城洛阳附近。根据西晋皇甫谧《帝王世纪》以及《续汉书·礼仪志》刘昭补注引《古今注》中的记载，大体上区分出汉魏洛阳城的北兆域(孟津县境内)有5座陵，即光武帝原陵、安帝恭陵、顺帝宪陵、冲帝怀陵和灵帝文陵；汉魏洛阳城的南兆域(偃师市境内)有6座陵，即明帝显节陵、章帝敬陵、和帝慎陵、殇帝康陵、质帝静陵和桓帝宣陵[2]。北宋皇帝陵（图3－1），分布在巩义市的西村、芝田、孝义、回郭镇4个镇。整个陵区南北长约15公里，东西宽约10公里，占地约30平方公里，是封建社会遗留下来的、最庞大的皇帝陵墓群之一。北宋共历9帝，除徽、钦二帝被金兵虏去，囚死漠北(今吉林省扶余县)外，其余7帝都埋葬于此，即太祖赵匡

[1] 郑度，欧阳，周成虎 . 对自然地理区划方法的认识与思考 [J]. 地理学报，2008，63(6)：563-573.
[2] 韩国河 . 东汉陵墓踏查记 [J]. 考古与文物，2005,3:13-21.

胤、太宗赵光义、真宗赵恒、仁宗赵祯、英宗赵曙、神宗赵顼、哲宗赵煦。加上赵匡胤父亲赵弘殷在内，共有7帝8陵，统称“七帝八陵”。各个陵区都十分巍伟壮观。此外，还有一些五代十国时期的帝王陵墓，如南唐后主李煜、后周太祖郭威等墓葬都分布在河南地。

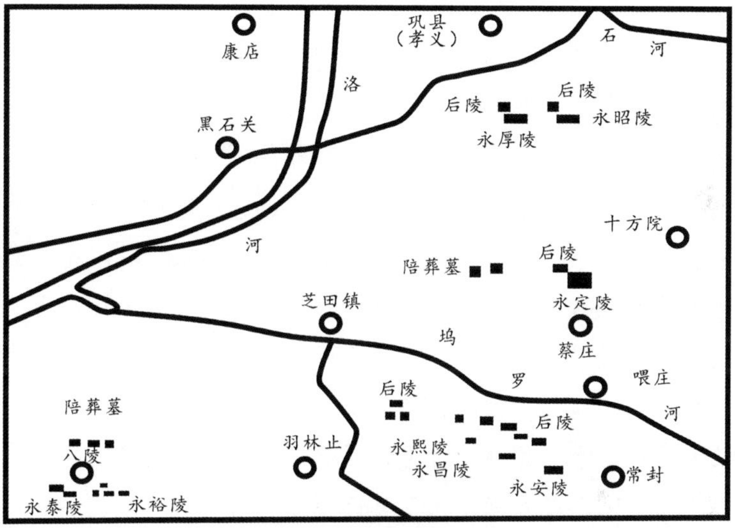

图3－1 北宋皇陵

Figure 3－1 Bei Song Dynasty Mausoleum

江浙之地——富裕的陵墓地。两晋、六朝时期，是我国古代文化发展史上的一个重要阶段，南朝宋、齐、梁、陈在文化上有承前启后的重大发展。镇江的丹阳是江南文化古城。六朝时期，这里形成了以帝王之乡、侨民中心、军事重镇、运河枢纽和文化奇葩为特质的京口云阳文化带，谱写了镇江历史文化的辉煌篇章[1]。六朝陵墓石刻是名城镇江六朝文化宝库中的瑰宝。在江浙之地，保有帝王陵墓共计36座。其中有东晋元帝建平陵、明帝武平陵、成帝兴平陵、哀帝安平陵葬鸡笼山之阳，康帝崇平陵、简文帝高平陵、孝武帝隆平陵、安帝休平陵、恭帝冲平陵葬钟山之阳。丹徒的京陵主要有追尊为孝皇帝的刘裕父刘翘及赵皇后合葬的兴宁陵，钟山陵区的刘宋陵墓主要有武帝初宁陵和文帝长宁

[1] 杨再年 . 丹阳南朝陵墓及石刻 [J]. 江苏科技大学学报：社会科学版 ,2006,6（4）:34-40.

陵，南郊岩山（或称龙山）陵区葬有孝武帝景宁陵。幕府山陵区内刘宋陵墓主要有明帝高宁陵、明帝生母沈太后崇宁陵[1]，东吴政权的吴陵和蒋陵，南朝的齐宣帝萧承之永安陵、齐高帝萧道成泰安陵、齐武帝萧赜景安陵、齐景帝萧道生修安陵、齐明帝萧鸾兴安陵、梁文帝萧顺之建陵、梁武帝萧衍修陵和梁简文帝萧纲庄陵八座[2]。

此外，还有位于浙江绍兴的偏安一隅的南宋帝陵，如永思陵、永阜陵、永崇陵、永茂陵、永穆陵、永绍陵。

京畿重地——帝王的选择。京畿是指首都一带的地方，包括北京、河北省、天津市等。重地说明这一带比较重要，在古代打仗最终就是要攻下都城，而都城周围的城池也是重要地点。在这块京华烟云的繁华地，不仅有几代帝王的都城，还有天然屏障，帝王陵墓。历史上，明清历代帝王共计陵墓30座。成为京畿之地的一道亮丽风景线。明十三陵四周依山势变化，形成了一个封闭的陵区，在其南面建有一个大门，门外是一个大型的石碑坊，门内是通往长陵的神道。长陵神道为十三陵共用神道，贯穿整个陵区，起了明显的中轴支配作用。前段设有长陵碑亭及石像生，至其后段才分成若干支线，通往其他各陵。帝王陵墓除太祖朱元璋、惠帝朱允炆、代宗朱祁钰三帝外，其余诸帝都将陵墓修建在北京昌平区的天寿山，形成举世闻名的明十三陵（图3－2）。明十三陵从成祖永乐七年开始修建，到清初为止，历200余年最终完成。全陵包括成祖长陵、仁宗献陵、宣宗景陵、英宗裕陵、宪宗茂陵、孝宗泰陵、武宗康陵、世宗永陵、穆宗昭陵、神宗定陵、光宗庆陵、熹宗德陵、思宗思陵共13个帝陵。另外还葬有23位皇后，一位皇贵妃以及数十位殉葬皇妃。

清朝，是中国历史上的最后一个封建王朝。盛京三陵（沈阳）建于清入关前[3]。入关以后，帝陵陵区分为“清东陵”和“清西陵”两个帝陵陵区，共埋葬清朝9位皇帝。清东陵和清西陵，是中国现存规模最大、保存最完整的帝

[1] 王志高 . 六朝帝王陵寝述论 [J]. 南京晓庄学院学报 2004,30（3）:24-31.

[2] 杨再年 . 丹阳南朝陵墓及石刻 [J]. 江苏科技大学学报：社会科学版 ,2006,6（4）:34-40.

[3] 刘毅 . 中国古代陵墓 [M]. 天津：南开大学出版社，2010：180.

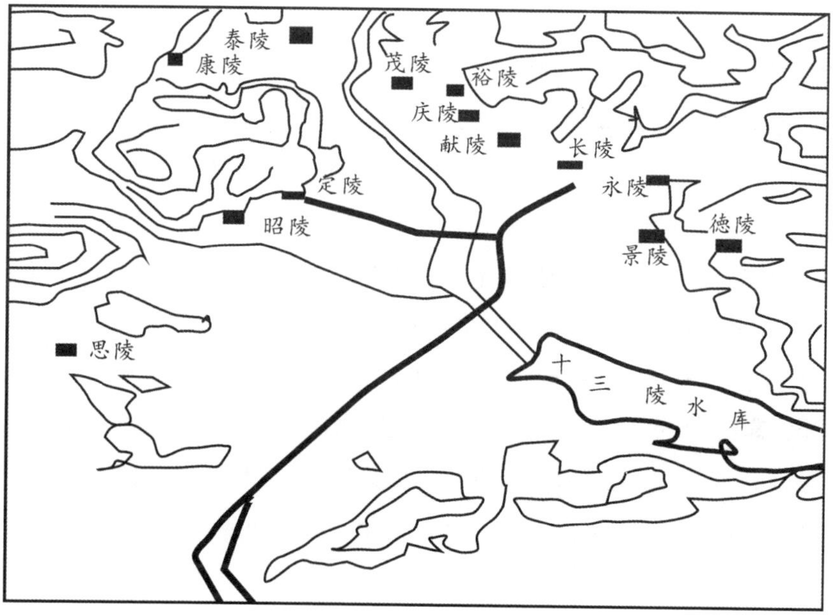

图3－2　明十三陵

Figure 3－2　The Ming Tombs Mausoleum

王陵墓群。清代帝陵地宫以清东陵中的定陵、惠陵，清西陵中的昌陵、崇陵的地宫布局最具代表性[1]。清代帝陵在陵寝发展史上处于突出的地位，其丰富多彩的建筑艺术，是祖国珍贵的历史文化遗产。清东陵有5座帝陵：顺治孝陵、康熙景陵、乾隆裕陵、咸丰定陵和同治惠陵，东陵除了昭西陵之外，以孝陵为中心，孝陵在昌瑞山的主峰下，是顺治皇帝的陵墓，其他皇帝陵寝分布在它两侧，东侧有康熙皇帝的景陵、同治皇帝的惠陵，西侧有乾隆裕陵、咸丰定陵[2]。清西陵位于河北易县城西永宁山下，是清入关后营建的又一处规模较大的陵墓区，但规模小于清东陵。陵区内共有帝陵4座，雍正泰陵位于清西陵陵区的中心，其西有嘉庆皇帝的昌陵、道光慕陵，东有光绪皇帝的崇陵。泰陵是清西陵内的主陵[3]。

[1] 刘庆柱，李毓芳 . 陵寝史话 [M]. 北京：中国大百科全书出版社，2000,178-179.

[2] 刘庆柱，李毓芳 . 陵寝史话 [M]. 北京：中国大百科全书出版社，2000,183-186.

[3] 刘庆柱，李毓芳 . 陵寝史话 [M]. 北京：中国大百科全书出版社，2000,188-190.

在北京的房山区还有金朝的5座帝陵，即金太祖的睿陵、太宗的恭陵、熙宗的思陵、世宗的兴陵、章宗的道陵。

3.3.2 中国帝陵遗产空间分布规律性

从周朝开始算起，中国的历代帝陵基本上集中分布在今西安、洛阳、南京、北京等古代故都附近，其他如河南安阳、开封，河北易县、遵化，浙江杭州，宁夏银川等地，都或多或少分布有一些以当地为都的王朝修建的帝王陵。从这些帝陵分布情况来看，我们可以找寻到一些规律。

3.3.2.1 帝陵遗产的总体分布特征

我国帝陵遗产数量较多，其中世界级的帝陵遗产占到我国帝陵遗产总数的9.3%，另外，还有大量的国家级遗产广泛分布于全国各地。从地域格局看，中国人类社会的发展史伴随着帝陵的分布演变，帝陵多分布于我国历史久远、文化盛行的区域。帝陵遗产呈现带状、组团状分布且分布不均衡。主要表现在：帝陵遗产主要分布在黄河流域中下游（陕西、河南）、长江流域下游（江浙一带）、京畿（北京、河北）等地，以及我国的东南方与东中部地区，西北地区几乎没有。帝陵遗产大致分为陕西组团、中原组团、江浙组团和京冀组团等。

（1）陕西组团。黄河流域是中华民族的摇蓝，见证着华夏文明的发展历程，陕西是中国第一个封建王朝大秦帝国的都城和汉唐等13个王朝的京畿之地。在绵延百里的周围群山，包括了汉唐盛世时期的11位西汉帝王，18位大唐帝王的陵寝以及隋朝和周朝的帝王陵，陵墓群不论整体密度还是个体规模，不论是地表布局还是地下墓葬，都是国内外所罕有的奇观。

（2）中原组团。历史上，夏、商、周、东汉、曹魏、西晋、北魏、隋、唐、后梁、后唐、后晋、后汉、后周和北宋等朝代都曾经建都于河南安阳、洛阳、开封等。因此，中原地区也是重要的帝陵区，共有41处帝陵。

（3）江浙组团。长江流域是中国另一文明发源地，长江下游地区是我国南方文化的代表性区域。历史上，南京、杭州等地成为帝王的首府，“暖风熏得游人醉，直把杭州作汴州”，而与此紧临的扬州、丹阳、绍兴等风水宝地自然成为帝陵的选择，帝陵总数占到36处。

（4）京冀组团。北京作为我国首都，是重要的文化政治中心，是我国著名古都、我国历史时期政治经济繁盛所在，所以在北京及河北等周边地区的十三陵、清西陵、清东陵就成为明、清帝王陵墓的首选之地。

3.3.2.2 帝陵遗产的省域分布特征

全国帝陵文化遗产共计180多处，分布于15个省份，相当于占全国44.12%的省份拥有全部的帝陵遗产。而福建、江西、湖南、贵州、云南等省区几乎没有帝陵文化遗产。这样一种分布状况与中国传统的农业社会不无关系。传统的农业社会，农耕文明，使得先民逐水而居，所以黄河、长江沿岸等农业发达的省份自然成为首选。其中陕西省65处（确定的39处），占到全国帝陵总数的36.11%；河南省41处，占到全国帝陵总数的22.78%；江浙（把浙江和江苏合在一起按照平均数统计）36处，占到全国帝陵总数的20%；北京、河北共计35处，占到全国帝陵总数的19.44%。按照34个省市自治区计算，平均每个省份应该是4.7个。所以说省域之间分布不均衡正是各个省份所处地理位置差异决定的。

3.3.2.3 腾冲—黑河线两侧分布特征

1935 年，胡焕庸创造性地揭示了中国人口分布存在着一条重要的地理分界线，即腾冲－黑河线，这条被国内外学者名之为“胡焕庸线”。位于分界线东南半壁占国土面积的 42.9%，人口占 94.4%。中国 93.8% 的帝陵遗产也分布于东南侧，而分界线西北则仅有少数的像宁夏、内蒙古等地存有。究其原因，主要是东南部分的自然条件更适宜人居，因此人口数量多、人类活动相应较多，形成丰富的文化资源。帝王都城以及象征帝王身份的“帝陵”也就比较普遍。

总之，我国帝陵文化遗产分布表现出以上特征，重要因素在于帝陵遗产作为传统社会的“附属品”，其存在必然受传统社会的政治、经济和社会环境的影响。帝陵大部分位于文化中心城市的周围，起到屏障作用；帝陵大部分分布于宜生环境的“风水宝地”，反映了传统的“天人合一”的自然观。

3.4 中国帝陵的文化、旅游价值

历史及文化古迹，在建筑作品中就是以建筑历史的、艺术的、美学的、物质材料的成就来服务社会。这些古迹的历史成果及其艺术成就的量定就是它的价值。它包括内在的价值和外在的价值。在古建筑确定的价值评估中，历史的视点起着重要的作用，古迹建筑的历史价值及其历史的产生在历史视点中被予以尊重[1]。内在价值是事物自身的价值，而工具价值则是产生或导向内在价值的手段或方法、原因和工具。文化价值作为内在价值的重要组成部分，是指遗产与“某一特定的地方文化之间的联系，或在文化接续过程中所具有的作用”，情感价值则是指遗产由于与地方文化、历史、环境所特有的密切关系而成为该地的标志物，并与特定人群产生怀古联系[2]。使用价值作为外在价值的一部分，更多或者主要体现在经济价值（包括旅游利用过程）。关于遗产价值，国际上有许多种不同的提法和见解来阐述遗产价值类型（表3－1）。

表3－1　遗产价值类型综述[3]

Table 3－1　The Summary Of heritage value type

黑格尔 1902	历史价值	年岁价值	使用价值	艺术价值	纪念价值	稀有价值
费尔顿 1982	文化价值	情感价值	使用价值			
莱普 1984	信息价值	美学价值	经济价值	联想 / 象征价值		
普希金 1993	历史价值	城市规划价值	建筑美学价值	艺术情绪价值	科学修复价值	功能价值
弗雷 1997	货币价值	选择价值	存在价值	遗赠价值	声望价值	教育价值
英格兰遗产 1997	文化价值	教育与学术价值	经济价值	资源价值	休闲娱乐价值	美学价值
巴拉宪章 1998	美学价值	历史价值	科学价值	社会价值（包含精神、政治、国家、其他文化价值）		
索罗斯比 2003	历史价值	美学价值	精神价值	社会价值	象征价值	真实价值 经济价值

[1] 普鲁金．建筑与历史环境 [M].2 版．韩林飞，译．北京：社会科学文献出版社，2011:42-65.

[2] 李秀清，李宏松．三峡工程淹没区文物古迹的价值评估 [J]. 长江流域资源与环境，1998,7(2/3).

[3] 顾伊．论文物的价值观 [M]// 文化遗产研究集刊：第二辑．上海：上海古藉出版社，2001.

由此可见，对遗产价值的认定，形成了从强调其文化面向价值(如巴拉宪章)到注重其经济性质(如上表中弗雷的分类)的光谱，而多数的看法是综合文化价值与经济价值(包含使用价值)。文化遗产资源具有重要的社会文化价值、生态价值、艺术价值、历史价值，携带着大量的历史、科学信息，是国家和民族的宝贵资源。根据《世界遗产公约实施指南》中所述：文化遗产价值可以分为三大类：第一大类是文化遗产的情感价值，具体包括：惊叹称奇；趋向性；延续性；精神的和象征的崇拜。第二大类是文化遗产的文化价值，具体包括：文献的；历史的；考古的，古老和珍稀；古人类学和文化人类学；美学的；建筑艺术的；城市景观的；风景的和生态学的；科学的。第三大类是文化遗产的使用价值，具体包括：功能的；经济的；教育的；社会的；政治的[1]。

文化遗产资源的社会文化价值，主要通过信息功能表现出来（表3－2）。

表3－2 文化遗产资源的信息功能及其价值体现[2]

信息功能	作用	受益群体（利益相关者）	价值体现
休闲游憩	精神放松、美学欣赏、放松心情等 健身、清洁空气、宜人环境	健康旅游	提高工作效率、节省医疗支出 私人支出、基于文化遗产旅游地的收入
教育科学	科学：野外观测、室内分析素材等 教育：与文化相关的教育内容	健康（精神、身体方面） 教育、大众传媒	生态、环境领域的投资、影视制作
历史文化	遗存价值：代际、代内 地方尺度：当地习俗、文化认同、文化景观等； 全球尺度：世界遗产、遗产旅游	地方经济、生态经济 非政府组织、非营利机构 保护机构：联合国教科文组织	生态旅游、文化旅游收入 地方产品和传统手工艺品的出售 保护机构所得捐赠
宗教艺术	艺术：灵感的源泉 精神：象征意义、宗教虔诚、神秘价值等	公共与私人收藏品 学术团体、宗教崇拜	艺术品数量及其艺术价值 涌向具有宗教意义的旅行者和朝拜者

[1] 顾江．文化遗产经济学 [M]. 南京：南京大学出版社，2009：130-137.

[2]CHESURA A,DE GROOT R. Critical Natoinal Capital :A socio-cultural perspective[J]. Ecological Economics, 2003,44:2-3.

关于遗产资源信息功能的研究始于20世纪60年代，近年来吸引了环境心理学、景观生态学的注意，它们更强调人与自然的社会心理关系以及自然体验的功效[1]。文化遗产的经济价值是文化遗产文化价值的延伸，是文化价值的物质载体表现形式。基于经济维度而言，文化遗产价值涉及众多层面，包括文化遗产对旅游业的带动作用、对地区经济发展的贡献、文化遗产的继续使用功能等（图3－3）。

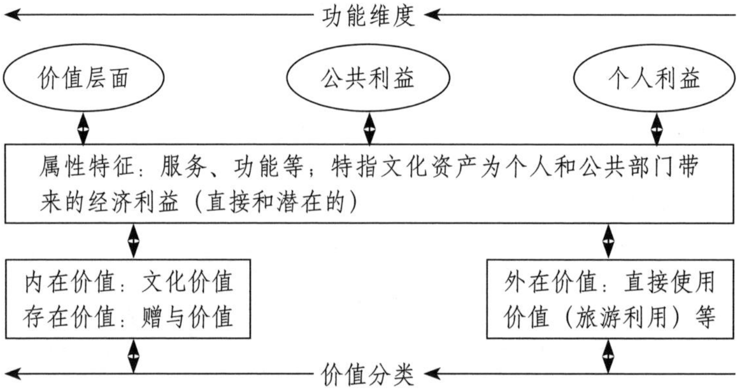

图3－3　文化遗产资源的价值分类

Figure 3－3　The classification of Cultural heritage resource value

帝陵遗产是文化遗产中重要的一部分。帝王陵是研究当时社会一个不可或缺的部分，按照“事死若事生”的礼制，帝王陵墓是帝王生前生活的反映，因而是当时社会政治、经济、文化等方面的具体表现，是研究当时社会的一把钥匙。同时，帝陵作为一种重要的旅游资源，成为旅游吸引物，具有重要的旅游价值。探讨中国帝陵的历史文化价值及其旅游利用价值具有重要的理论和现实意义。

3.4.1　中国帝陵的历史文化价值

文化遗产是一个地区、一个民族或一个国家极为重要的文化资源和文化竞争力的构成要素[2]。文化遗产也是一个国家、一个民族文化发展的符号，是这个国家、这个民族屹立于世界的重要象征，具有极其重要的作用，同时与人类的文化感情、群体认同具有密切的联系，是一个国家和民族历史文化成就的重

[1] 刘庆余，李娟，张立明，等．遗产资源价值评估的社会文化视角 [J]. 人文地理，2007,94（2）:98-101.
[2] 贺云翱．文化遗产学初论 [J]. 南京大学学报，2007,3:127-139.

要标志。我国文化遗产蕴含着中华民族特有的精神价值、思维方式以及丰富的想象力，体现着中华民族旺盛的生命力和创造力，是我国各民族智慧的结晶，其价值具有重要的意义。合理地、科学地评估文化遗产价值，是保护文化遗产的重要途径，能保持并促进民族文化的传承，对联结民族情感纽带、增进民族团结和维护国家统一及社会稳定具有重要的现实意义[1]。

帝王陵墓类文化遗产相对其他历史遗迹来说，具有较强的观赏性和历史文化科研价值，在中国现代旅游开发中，是较早被开发的旅游资源之一。帝王陵墓丰富的地宫世界，遍布的地面遗存，记录了一个个时代的发展。历史文化价值是文化遗产最为突出和普遍的价值，这是由文化遗产的本质特征所决定的[2]。评价帝王陵墓类文化遗产的价值更显得尤为重要。

中国帝陵的历史文化价值主要体现在几个方面：

3.4.1.1 中国帝陵的历史遗存价值

中国帝陵是中国社会发展的见证，记录着历史的奢华和不幸，成为了解历史，印证历史和宣传历史的窗口，具有重要的历史文化价值。它能够反映历史、证实历史、补全历史。文化遗产是人类历史活动的产物，不同时代、不同地域、不同国家、不同民族的文化遗产，都或多或少地反映了当时的地域、国家或民族的社会生活及其发展状况。因而也是确凿的历史资料，既可真切地反映人类历史，也可确凿地证实人类历史[3]。文化遗产是人类历史的产物，文化遗产也是人类历史的体现。物质形态的文化遗产，是人类历史无言的记录、凝固的承载，以其具体的展现向人们传述历史的发展。依托于物质遗产形态的非物质形态的文化遗产，多是人类历史有声的记忆、鲜活的承载，以其形象的表现向人们传承着历史，文化遗产传承历史的作用，更胜于历史教科书。秦陵兵马俑的艺术造型震惊了世界。西汉时期张骞出使西域，开通了流传千古的丝绸之路，中国与外部世界的交流从此频繁不断。东汉时甘英出使西方，抵达波

[1] 顾江 . 文化遗产经济学 [M]. 南京：南京大学出版社 ,2009:133.
[2] 蔡靖泉 . 文化遗产价值论析 [J]. 三峡大学学报 : 人文社会科学版 ,2010,32(1):76-86.
[3] 蔡靖泉 . 文化遗产价值论析 [J]. 三峡大学学报 : 人文社会科学版 ,2010,32(1):76-86.

斯湾，大秦(古罗马)帝国的名字从此传入中国。唐代是中国古代文化交流的高峰，从7世纪到9世纪，长安是当时东亚的国际大都会，唐代帝陵出土的各种金银器皿、雕塑壁画都屡屡展现着异国情调、外来艺术，成为见证大唐帝国恢宏壮观场景的物证[1]。乾陵陵园地面遗存的大型文物和已发掘的陪葬墓出土的珍贵文物中，与丝绸之路历史相关的已定级文物达164件，其中包括国宝级壁画、反映东西方文化交流的大量石刻与三彩陶俑类文物。位于陵园内城南门外的61尊宾王石雕群像，真实地记录了唐帝国与周边民族政权以及与亚洲各国的政治经济文化交流状况，反映了中外文化互动的高潮[2]。

南宋王朝帝陵遗存的文物对于研究历史文化、再现历史信息有着重要的补史和正史作用[3]。作为偏安一隅的南宋王朝，其历史文物是当时特定文化遗存的物质表现形式，是当时社会生活的一个显性表达符号，成为重要的历史遗存物。作为首批正式以“明清皇家陵寝”的项目列入《世界遗产名录》的明显陵、清东陵和清西陵中，明显陵“是我国历代帝王陵墓中遗存最为完整的城墙孤品”，具有重要的历史遗存价值，是“神奇的明显陵”[4]。享有“东方金字塔”之誉的西夏王陵更是成为了解西夏王朝历史的一块不朽丰碑。

3.4.1.2 帝陵的风水文化价值

人类的文明是建立在对死亡文化的发展之上的。人类的文化思想是与其所在的地理环境中的生活实践的认识和经验相联系的。从柏拉图到马克思，从亚里士多德到孔夫子，从杰斐逊到孙中山，人类在为某种社会理想而不懈努力，并在这种理想招引下推动社会变革。但是伴随人类社会理想的另一种理想，就是环境理想，“生”的环境理想和“亡”的环境理想[5]。“理想风水”模式完美体现就是在帝陵建筑中，帝陵建筑凝结了人类社会发展至今的各种智慧。然而人们意识里对死亡的排斥，导致陵墓文化在世界范围内并没有充分被人们认

[1] 谢佛 . 唐代的外来文明导论 [M]. 吴玉贵 , 译 . 北京 : 中国社会科学出版社 ,1995。

[2] 刘向阳 . 唐乾陵文化景观的内涵与特性研究 [J]. 文博 ,2011,5:45-51.

[3] 候冬华 . 宋理宗墓碑记被“破译”[EB/OL].(2006-08-11)[2012-10-15].http://www.hsm.com.cn/zhwh/kgfj.

[4] 杨官忠 . 世界文化遗产 : 奇特的明显陵 [J]. 地图，2001,3:44-46.

[5] 俞孔坚 . 理想景观探源 [M]. 北京：商务印书馆，1998:20.

知。帝陵建筑无论是“物化的”建筑物本身还是“意蕴化”的内在文化，无论是内部建构还是外部环境都与“生态化”息息相关，体现出人与自然“天人合一”的本质。以往专家学者对帝陵的研究多集中在对帝陵的历史学、考古学、文化学及艺术学等方面，而从旅游利用的视角，在旅游学领域的研究少之又少，从帝陵文化遗产生态角度去解读帝陵的更是无人问津。

帝陵建筑作为安置亡灵，进行祭祀、缅怀等特殊活动功能的地方，是生者与亡者进行对话的场所，是以精神为原动力所创造出来的精神性目的物。帝陵建筑成为了恢复历史记忆过程中重要的工具，给予生者体验生命的启示与慰藉，寻求对人生的思考，对来世的设想，释读蕴藏在其中的文化心理，其精髓在于它的这种独特的场所感，即所表达的永恒及理想的场所环境[1]。帝陵建筑的文化挖掘和内涵解读成为重要的方面，通过“生态化”的陵墓遗产开发，可以开辟为新的文化空间和旅游景点，还可以促进城市旅游业和服务业的发展。

“风水”是中国传统文化精髓之一，它强调了人与环境的关系哲学，有着深层的人类生态和文化生态的意蕴，“在中国人的心灵深处必充满着诗意”[2]，建筑是诗意的栖居。风水文化观念浸透中华传统各种建筑景观中，风水文化成为中华建筑文化的有机组分和独特表现。从人居环境选择的角度，它蕴含的人文地理学、风景美学、生态建筑学、环境心理学、医学地理学等科学成分，越来越为人们所肯定[3]，即它包含丰富的文化生态学信息。

帝陵风水文化主要体现在两方面：第一，天、地、人的和谐统一。风水文化的两大主要分支学派——形势派和理气派，从不同角度赋予了墓葬建筑“天人合一”的环境要求。前者注重墓葬建筑的物质环境、地形、地貌的自然形态，后者则讲究墓葬建筑各构成要素之间及其与环境之间的关系，因此我国理想的墓葬建筑环境是具有良好景观质量和生态价值的，强调与环境的和谐统一。这一理念赋予我国墓葬建筑以自然本色。秦始皇陵、乾陵、十三陵、清东

[1] 李冰，李桂文．陵园建筑场所精神的探寻 [J]. 建筑学报，2007,2:92-95.

[2]MAKCH A L.1968.An Appreciation of Chinese Geomancy[J].Journal of Asian Studies, 1968,27(2):253-267.

[3] 亢亮，亢羽．风水与建筑 [M]. 天津：百花文艺出版社，2001:8-16,142.

陵、清西陵等都是风水文化运用的典范。

第二，宏观结构的对称均衡。理想墓葬建筑环境讲究“来龙去脉”“四局八龙”“山环水抱”“相宜有致”，对环境方位及内部要素格局等有特殊的要求，从而形成了我国墓葬建筑宏观层面上的对称均衡式结构。这种结构给予我国墓葬建筑内敛、安详、静谧、庄严的基本属性。上述两个要求实际上包含了现代地理学和生态学的许多科学原理：对风水地要求的环境中多项自然地理因素的有机协调，即有良好的地质、地貌状况、水文气候因子、适中的土壤和生物物种；各项因子必须统一协调，构成一个有机和谐的生态环境，这样的环境才具有更大的稳定性。阴宅卜葬地若还有四神砂结构的开口小盆地相配，则更能提高扫墓者对墓地的崇敬感，因而也是一种景观生态和景观心理结合的空间组织。风水理论对阴、阳宅的环境选择上讲求“拆成”，即根据环境条件更好地组织空间，并有所布置。在墓地选择时如果不具备前述两个条件，后代可人为将原有环境改造成有山有水、静谧和谐、对称以及“四神砂”结构的“风水宝地”[1]。

3.4.1.3 帝陵的建筑文化价值

中国帝王陵墓建筑文化的繁荣，是世上所罕见的，富有深刻的文化意蕴，其中的建筑特色及深刻的文化内涵是中国建筑文化的重要组成部分，是帝陵文化挖掘的重点。帝王陵墓的主要标志是封土方上坟头或者是明楼、宝城，在陵墓前面还有一大片神道“石像生”仪仗队[2]。陵墓建筑作为建筑艺术的重要组成部分，深受中国传统文化的影响。透过帝陵神秘的表象，我们可以从中寻找到帝王对人生的思考，对来世的设想，释读出其中的文化心理特征[3]。中国古代陵墓不是为陵墓本身的设计而设计，而是从陵墓本身与天地取得协调互补的思想出发，中国古代按风水作为标准选择哪座山作为皇陵的过程，本身就是这一设计思想的体现。所以说，中国古代建筑设计文化体现出一种环境生态观，一种自然和谐观。陵墓建筑，是家天下的帝王及其后妃死后安葬之所，是纪念

[1] 王其亨 . 风水理论研究 [M]. 天津：天津大学出版社 ,1992:25-30.

[2] 杨先艺，刘婷 . 中国帝陵的文化意蕴与建筑特色 [J]. 科教文汇，2007,1:151-152.

[3] 宗贤 . 中国古代陵墓建筑的文化心理特征 [J]. 美术观察，1997,1:49-51.

性很强的礼制性建筑。

在古代中国，陵墓建筑历来有“筑陵以象山”“因山为陵”的风尚。各帝王、后妃陵寝统称“山陵”，都是在经过周密详细选择，具有完美环境景观质量和地理地质条件的山川拱卫，依山附势之地而营建。“山陵”建筑除了强烈的礼制色彩和大规模建筑组群的空间组织处理方面的精湛造诣之外，还刻意追求山川自然形势的完美，细心探究自然景观美与人文景观美的有机结合，这正是中国古代陵墓建筑艺术成就最突出的一个特点。

“建筑上最宏伟的关于‘动(Movoment)’的例子就是北京明代皇帝的陵墓。”“依山建筑的陵墓建筑的布局的动势是多么壮丽。”[1]李约瑟说：“皇陵在中国建筑形制上是一个重大的成就……它整个图案的内容也许就是整个建筑部分与风景艺术相结合的最伟大的例子。”他对被他评价为最伟大的杰作、北京明十三陵谈到自己的体验：“在门楼上可以欣赏到整个山谷的景色，在有机的平面上深思其庄严的景象，其间所有的建筑，都和风景融汇在一起，一种人民的智慧由建筑师和建筑者的技巧很好地表达出来。”[2]山川形势的完美质量，事实上不仅仅是一项构成陵寝“建筑艺术的材料”，而是一个决定性的本质要素。历朝历代的帝陵几乎都选择在“地臻全美”的风水宝地。所以帝陵建筑“总以地臻全美为重”，有着深厚的文化根源，充分体现了中国古代传统的“天人合一”的宇宙观及审美理想。在悠久的农业文明中衍生发展起来的中国传统哲学，关于自然与人，即天人关系，自周代至先秦以及迄于清代，均秉承着“天人合一”的宇宙观。人被视为自然界的一个有机部分，人类的活动受自然规律的制约，自然界存在着普遍的规律是大众必须遵守的，而作为个体的人，也必须遵守类似自然规律的“人伦道德原则”，人生的理想，就是追求天人的谐调与和同。如司马迁所说：“高山仰止，景行行止，虽不能至，然心向往之。”这就是古代陵墓建筑的精髓。

---

[1] EDMUND B.Design of the Cities[M]. Revised Version: London: Thames and Hudson,1974:20.
[2]JOSEPH N.Science&Civilisation in China [J]. Cambridge University press,2003,14(3):143.

“建筑是凝固的音乐，音乐是凝固的史诗”，宏观的帝陵建筑是具有这样一种“天人合一”的建筑文化，微观层面的陵园建筑也体现出中国传统文化中“天人和谐”的建筑文化理念。在陵墓建筑中，利用场景设计来表达“灵魂升天”愿望的帝陵建筑比比皆是。

传统上，中国帝陵陵园布局基本上如下：

（1）祭祀建筑区。祭祀是陵园建筑的主体部分，其间有祭殿，早期称寝殿、享殿等。作为主殿，在旁边有配殿，前面设有焚锦炉以及大门。殿后面有祭坛等。

（2）神道。通向祭殿和坟前的引导大路称为神道，神道是由墓道发展而来的，起初很短并在神道旁边设有石像生。目的是为了有更壮观的视觉效果。一般的帝陵都有一条神道，而且以第一个皇帝陵墓为主神道。

（3）护陵监。明、清陵称陵监，是专门用以保护陵园的设施。每一个帝陵都有一个，外面以城墙围绕，里面则有衙门、街市、住宅等。秦始皇的陵墓就已经有了护陵监。

（4）豪华的地下宫殿。地宫是帝陵的重要建筑组成部分，又称为“玄宫”“幽宫”。地宫主要是用来埋葬帝王的尸骨和殉葬的大量珍贵物品，是秘密的地下宫殿。由于传统的“视死若生”观念，帝王陵墓的地下宫殿、内部结构和装饰极其奢华，地宫也是我们了解历史的一个窗口[1]。

从战国中期开始，人们在陵墓前建“神道”，作为引导死者灵魂飞升蜕化，升入天国的必由之路。在神道的两旁，排列狮子、麒麟、辟邪、大象、石羊、石人等，象征护送“灵魂”的卫队，沿途镇凶驱邪。天国之门为神道尽头的墓网，一般为仿木结构建筑的石网，呈登高临下楼网之形，给人以凌空飞虚之感。在网身上雕刻云气仙灵，奇禽怪兽，象征仙国之景，示喻死者灵魂由此升入美妙而缥缈的理想之国。从陵墓建筑的地宫到寝庙，从寝庙到神道，从神道到墓阙的设计，其描绘的主题，就是一幅去往天国的未来世。

帝陵宏观建筑的选址、微观建筑的布局等都蕴含了丰富的文化内涵，体现

[1] 杨先艺，刘婷．中国帝陵的文化意蕴与建筑特色 [J]. 科教文汇 , 2007, 1:151-152.

了中国传统的和谐观、生态观。具有重要的历史文化价值。

3.4.2　中国帝陵的旅游利用价值

中国帝陵是基于丧葬习俗而形成的载体，是一种集建筑、雕刻、绘画、自然环境于一体的综合性艺术建筑，它体现了传统的“天人合一”的理念，也是一种较好的体现天—地—人关系的生态建筑。其本身不具备旅游价值，但由于历史上形成的陵墓遗存蕴含着深厚的文化价值，具有独特的认知审美意义[1]，越来越多的人渴望能更加了解它、欣赏它。所以，这些陵墓遗产成为旅游资源，能够吸引起旅游者的“眼球”，成为重要的旅游吸引物存在。许多帝陵所在景区成为5A级景区。

旅游资源是旅游业发展的基础和前提条件，西方学者多将旅游资源称为旅游吸引物，是指旅游地吸引旅游者的所有因素的总和。陈传康、刘振礼认为，旅游资源是在现实的条件下，能够吸引人们产生旅游动机并进行旅游活动的各种因素的总和，它是旅游业产生和发展的基础。保继刚认为，旅游资源是对旅游者具有吸引力的自然存在和历史文化遗产，以及直接用于旅游目的的人工创造物。马耀峰提出，凡是能吸引旅游者产生旅游动机，并可能被用来开展旅游活动的各种自然、人文客体或其他因素，都可成为旅游资源[2]。帝王陵墓旅游资源是以帝王陵墓（陵墓建筑和内在文化）为主要旅游吸引物，使旅游者产生旅游动机，并可为旅游活动提供帝陵文化遗产体验的体验型旅游资源。帝陵的秀美环境、风水文化、建筑文化都成为吸引旅游者的重要因素。按其大类归属，划分为人文旅游资源。即，它是由人类活动所产生，能够吸引旅游者产生旅游动机，由这一类旅游资源所引起的旅游活动，一般将其归为文化旅游的范畴。其中的文化因子成为核心要素。

随着人们生活水平的提高，生活方式的改变，人们对精神文化的需求日趋旺盛，人们愈加注重愉快的旅游经历，传统的大众观光旅游正日渐被富有更多体验性的文化旅游所替代。文化产业的兴盛对于人们的审美心理、审美标准

[1] 张赛娟．扬州陵墓旅游资源的开发利用初探 [J]. 东南大学学报，2004,6（1）:79-81.

[2] 马耀峰，宋保平，赵振斌．旅游资源开发 [M]. 北京：科学出版社 ,2005:2.

的引导和影响是巨大的，它能使旅游者更加深入、贴切地进行旅游审美，从而获得一次难忘的旅游经历。“旅游是个人以前往异地寻求愉悦为主要目的而度过的一种具有社会、休闲和消费性的短暂经历。”旅游者的需要已经超越了单单物质的消费，而是更加注重精神方面的享受和发展了，主要属于文化方面驱使的结果。这种高端旅游消费正是未来旅游发展的趋势，也是旅游经济发展的诉求[1]。

在体验经济时代，文化旅游的重要性日益显现出来。从旅游文化对旅游经济的影响看，旅游文化已经成为新的经济增长点。旅游业的竞争本质上是文化的竞争，文化因素成为旅游经济发展的决定性因素。按照马斯洛的需求理论，旅游者易于满足的物质方面的需求是较低级的需求，现代旅游对于大多数旅游者而言其最终目标是精神文化方面的需求，属于高级而复杂的需求，较难以满足。因此，提高旅游吸引力的关键就是打造独具特色的旅游文化。“民族的才是世界的”，由于不同地域、民族的文化差异性，文化中所带有的地域和民族的独特信息，往往是不可再生也是不可替代的，故而如何突出这种不可复制的旅游文化，形成自己独有的特色就成为旅游业发展的重中之重[2]。

帝陵遗产资源作为重要的文化旅游资源，有着极其重要的旅游利用价值。帝陵文化遗产旅游成为未来旅游的重心。帝陵文化遗产的旅游利用价值主要体现在以下几个方面：

3.4.2.1 帝陵优美秀丽的自然环境——旅游的绝佳去处

在传统风水学术的影响下，帝王陵墓往往选择风景秀丽、山水俱佳、林木茂盛、聚气纳势的“风水宝地”，帝陵周边环境往往也是人们感受美的佳地。由于被划为“皇陵禁地”严禁采伐，所以植被非常好，具有良好的可观赏性。从地理位置到自然环境都具备了极高的旅游价值。这种特征契合了现代旅游景点的区位选择要求，即旅游区位应存在于一旅游地与其他旅游地的位置和空间关系中，包括资源区位、客源区位和交通区位，这些对某些旅游地的开发

[1] 张建忠．旅游文化的经济效应分析 [J]. 中国城市经济，2011,4:312-313.
[2] 张建忠．旅游文化的经济效应分析 [J]. 中国城市经济，2011,4:312-313.

方向、前途命运有着至关重要的影响乃至决定性的作用[1]。中国古代皇陵景观独特的空间艺术形式和空间处理手法是独到的，给人一种“大自然有大美而不言”的深邃感受。在几千年的华夏历史上形成了数量庞大，种类丰富的景观类型和特点。另外，关于帝陵优美自然环境的描写还体现在中国古代的诗歌散文中，这些都成为旅游吸引的要素。如唐代诗人许浑《途经秦始皇陵》中“龙盘虎踞树层层，势入浮云亦是崩”，描写了在空旷的平地上拔起山一样的巨大坟冢给人以虎踞龙盘之感，反映出秦汉时期皇陵高山仰止的景观形态；《乾陵》中“蕃王俨倚立层层，天马排行势欲腾。自是登临多好景，歧山望足看乾陵”，写出了唐乾陵因山为陵，大象无形的山陵特点[2]。这些文章都是帝陵的真实反映，又都从文学的色彩给帝陵的自然风光色彩描绘增加了厚厚的一笔。

3.4.2.2　墓主的名人效应——帝王文化游

用于旅游的帝王陵墓，墓主多为历史名人，都代表着一段历史，与社会历史的演变密切相关，或是影响历史进程的关键人物，如“秦皇汉武，唐宗宋祖”的叱咤风云。墓主的名人效应，即可引发旅游者的仰慕之情，满足其缅怀之念，同时也可通过帝陵墓葬旅游体会民族精神，从而有利于增强旅游地的旅游吸引力和竞争力。把文化旅游做好，做强，做大。

帝王文化游更多要确立一种特有旅游地的文化意象，不同的帝王陵墓旅游地，其意象是不同的。根据特有的陵墓地来确定特定的文化意象定位。这种定位是建立在对旅游地特定的文脉和地脉等旅游资源和旅游市场了解的基础上。定位科学合理才能使得特定的旅游地的文化意象得到更好的传播。突出特有的帝王文化内涵是不同的旅游地制胜的法宝。

3.4.2.3　陵墓文物价值的外显化——文化旅游的吸引物

历史文化价值是陵墓文化遗产的内在价值，内在文化价值外显化就是它的经济价值，内在文化价值很重要的一个用途就是作为文化旅游的吸引物存在。旅游文化的经济效应是指在旅游活动过程中，由文化的个性和特色所带来的，

[1] 谌莉 . 钟山风景区陵墓旅游资源的旅游区位特性分析 [J]. 南京师大学报：自然科学版 ,2002,(4):110-115.
[2] 萧涤非 . 唐诗鉴赏辞典 [M]. 上海：上海辞书出版社，1983:926;1058.

旅游文化与旅游主体、客体、介体在融合过程中所产生的，为旅游经济的发展带来的增值效应[1]。从旅游文化对旅游经济的影响看，旅游文化已经成为新的经济增长点。旅游业的竞争本质上是文化的竞争，文化因素成为旅游经济发展的决定性因素。按照马斯洛的需求理论，旅游者易于满足的物质方面的需求是较低级的需求，现代旅游对于大多数旅游者而言其最终目标是精神文化方面的需求，属于高级而复杂的需求，较难以满足。尤其是在全球化背景下，交通的便捷、通信的发达、信息的畅通，使作为一种精神需求的旅游变得更加难以运作。因此，提高旅游吸引力的关键就是打造独具特色的旅游文化。“民族的才是世界的”，由于不同地域、民族的文化差异性，文化中所带有的地域和民族的独特信息，往往是不可再生也是不可替代的，故而如何突出这种不可复制的旅游文化，形成自己独有的特色就成为旅游业发展的重中之重。旅游特色的形成只能依赖于旅游文化，旅游文化是提高旅游吸引力的动力源。

随着人类社会发展和历史的演变，这些遗产的地面建筑遭受了不同程度的毁损，中途消失很多，即使遗留下来的也仅留下遗址，或者是仅有历史记载，“地上一无所有，地下气象万千”，可感知性、可理解性和体验性差，直接影响到遗产的感知和传播[2]。陵墓地下文物相对保存较好，从而成为研究历史文化的重要渠道。诸如，秦始皇陵及兵马俑成为研究秦文化的重要途径，乾陵陪葬墓成为研究唐文化的标志。帝王陵墓中文物的历史悠久性、数量巨大性、保存完整性和文化丰富性，不仅为考古提供了翔实的资料，更重要的是它成为文化遗产旅游者了解帝陵文化的窗口，成为文化遗产地构建遗产品牌的依托。

[1] 张建忠．旅游文化的经济效应分析 [J]. 中国城市经济 ,2011,4:312-313.

[2] 张建忠，孙根年．遗址公园：文化遗产体验旅游开发的新业态：以西安三大遗址公园为例 [J]. 人文地理，2012,27(1):142-147.

第 4 章　关中帝陵时空分布及其文化价值

4.1　西安帝都与关中帝陵形成

陕西省，简称陕或秦，又称三秦，省会古都西安，位于中国内陆的腹地，属于黄河中游和长江上游，地理坐标处于东经105° 29′ ～111° 15′ ，北纬31° 42′ ～393° 5′ ，面积约21万平方千米，人口3733万，下辖西安1个副省级市、宝鸡等9个地级市及1个农业示范区，东邻山西、河南，西连宁夏、甘肃，南抵四川、重庆、湖北，北接内蒙古，为连接中国东、中部地区和西北、西南的重要枢纽。陕西历史悠久，文化底蕴深厚，为中华之源，历史较长时期简称秦[1]，有“天然历史博物馆”之称。全省收藏的各类文物达200万件以上，文物点现有35750多处[2]。

都城的自然环境显示在地势、山川、土壤、气候、物产等方面，关中是一个适宜于建都的地方。西汉初年，曾经有人对于秦中做过这样的描述：“地执便利，其以下兵于诸侯，譬犹居高屋之上建瓴水也。”我国的地势是西北高而东南低，关中的地势自然显得高亢，这就自然形成居高临下的形势[3]。从奴隶社会的西周、封建社会的秦、汉、隋、唐等13个王朝曾先后在陕西建都。周王朝的崛起、秦王朝的强大、汉朝的兴盛、唐朝的繁荣是中华民族历史的骄傲，更是陕西历史的骄傲。伴随王朝的建都，历史上各个朝代的帝王在其殁后，都

[1] 陕西 [EB/OL].[2016-09-05].http://baike.baidu.com/view/6510.htm.

[2] 陕西省旅游局 . 陕西概况 [EB/OL].(2008-09-27)[2016-08-23].http://www.sxtour.com/portal/sxyx/detail.jsp?contentId=3015.

[3] 史念海 . 中国古都形成的因素 [M]// 中国古都研究 : 第四辑 . 杭州：浙江人民出版社，1989:1-5.

选择把帝陵建在陕西。陕西从而成为帝陵的富集区。

陕西的帝王陵墓，堪称世界之最。陕西省关中地区历史悠久，拥有厚重的历史文化遗产，尤其是丰富的帝王陵墓遗产资源[1]。帝陵在陕西省境内数量之多、规模之大、规格之高、气势之盛，其空间分布之集中，文化内涵之丰富，品位价值之高，为世所罕见。陕西帝王陵墓的历史，可以追溯到先秦时期。最早的帝王陵墓当推黄帝陵和炎帝陵。夏商周三代，陕西是周人和秦人生活的大舞台，西周定都关中，王陵分布在镐京附近，但当时实行“不树不封”的丧葬制度，所以其规模和形制不得而知。秦代先世王陵众多，统一后有2座帝陵。秦始皇陵是中国第一座皇家陵园，是一座历史文化宝库，随葬品丰富，在中国100多座帝王陵墓中，雄居古代帝王陵墓之首。西汉建有11座帝陵，这些陵墓呈覆斗形状，因此被誉为“中国金字塔”。隋唐两朝处于帝制时代的鼎盛阶段。这两个王朝都也奠都关中，因而帝王陵墓也分布在关中地区。乾陵和昭陵是唐朝帝陵的杰出典范；以汉武帝刘彻茂陵及汉高祖刘邦长陵为代表的汉陵是汉帝陵的范本；从某种意义来讲，陕西地区的帝王陵墓就是周秦汉唐历史的缩影，是十分重要的文化财产，具有很高的学术价值和旅游价值。一座帝王陵墓，就是一个历史时代精华的浓缩，随葬品就是这一史实的集中体现和有力见证[2]。

4.2 关中帝陵时空分布格局分析

“人们自己创造自己的历史，但是他们并不是随心所欲地创造，并不是在他们自己选定的条件下创造，而是在直接碰到的、既定的、从过去承继下来的条件下创造。”[3]陕西丰厚的历史文化资源就是在陕西特定的历史地理条件下先民们认识自然改造自然的结果。陕西省众多帝王陵墓也是在特定的历史、地理条件下所发生的，是历代帝王基于自然、人文和风水等因素选择的结果。陕西省帝王陵墓集中于有着特定地理、历史因素的关中地区。

[1] 杜忠潮．陕西关中地区帝陵遗产资源保护与旅游开发研究 [J]. 咸阳师范学院学报，2011,26（6）:54-62.
[2] 张劲辉，张建忠，惠焕章．陕西帝王陵 [M]. 西安：陕西旅游出版社，2000:32-33.
[3] 马克思．路易 · 波拿巴的雾月十八日 [M]// 马克思恩格斯选集：第 1 卷．北京：人民出版社 ,1972:603.

区位是解释地域因素如何决定并影响人类经济活动空间分布的理论或是寻找最优区位以满足地域因素约束而获得最优经济发展的决策方法，是关于人类活动空间及空间布局的学说[1]。人类社会的活动，包括社会的发展更迭，都是在特定的历史条件下产生并进行的，都是受特定区位的影响和限制，中国社会是传统的农耕社会，所以，不论是社会的上层建筑还是基础建筑都能见到农耕文化的影子。“逐水而居”成为社会的根本。寻找合适的“区位”成为帝王找寻未来世界“安身立命”之所的所在。

陕西位于中华大地的腹心，在绵延久远的中国历史上起着关键的作用。假设只就定居的农业文明看，周、秦、汉、唐定都陕西，似乎是偏处西隅，但中国自古以来是多地区、多民族的，有着多种多样的灿烂文化，在北方、西北、西南还居住着许多习惯风俗有别于中原的民族，而陕西正扼处不同文化交错沟通的枢纽。13个王朝的都城都选在陕西，绝非出于偶然。在古代中外交通的历史上，陕西尤其具有特殊的地位。2000多年前的秦朝，宽阔的直道、驰道以这里为中心，形成中通四方的网络。汉唐时连接欧亚的“丝绸之路”，更以长安为起点，外来商贾络绎不绝。唐代日本空海至此学习中国文化，创造出日文片假名；鉴真也由此出发，7次东渡，终于将中国文明带往日本。日本诗人有著名俳句“在盛唐时期，信步于夜间的长安市”，以深远的情思追忆了当时的景象。

西安，古称长安。位于中国黄河中游的渭河平原，是中国八大古都之一，中国历史上先后有周、秦、西汉、隋、唐等统一王朝在这里建都。其政治上的统一，经济文化的迅速发展，与世界上许多国家和地区的交往频繁[2]。西安能够成为古都是因为有着特有的自然环境和经济、军事以及社会基础。而统治阶级一般又都把帝陵安置在离都城不远的地方。所以，探讨关中帝陵的地理、历史格局，首先要考虑都城的选择因素。某种程度来讲，都城的选择也暗含了帝陵选择地的因素在其中。

[1] 谌莉，张树夫，李巍，等．钟山风景区陵墓旅游资源的旅游区位特性分析 [J]. 南京师大学报：自然科学版，2002,25（4）:110-115.

[2] 李健超．古都西安的地理、历史和文化：一 [J]. 三门峡职业技术学院学报，2010,9(1):27-37.

在形成古都的诸多因素中，自然环境应居于重要位置。都城的自然环境显示在地势、山川、土壤、气候、物产等方面。从这一点来讲，关中就是一个适宜建都的地方，“秦中自古帝王州”“地执便利，其以下兵于诸侯，譬犹居高屋之上建瓴水也”（《史记·高祖本纪》）。都城的所在地都离不开名山大川，离不开周围富庶的土地，离不开周遭有利的军事地形，更离不开气候物产。关中受人称道，是被山带河有四塞之固。诸多因素结合在一起注定了关中会成为历代帝王的选择。自然而然，关中也就成为“陕西的黄土埋皇上”的吉壤。历史上周秦汉唐历朝历代的帝王陵墓在关中积聚。在中国5000年的文明史上，从夏、商、周直到北宋这3000多年，黄河中下游两岸是全国经济最发达的地区，又是王朝版图内的地理中心。一个政权若能牢固掌握着一片地区，就足以控制全国[1]。有学者认为关中成为帝王之都是“险要的天然屏障保护着内部优越的农业生产条件”这一特殊原因。

陕西关中地区，是人口密集的富庶之地，号称“八百里秦川”。土地肥沃，物产富饶，又有秦岭、黄河等山河屏障，是极具政治、军事、经济战略意义的地区。以西安为中心的关中地区。地处我国大陆腹地中心位置，具有承东启西、连接南北的区位优势。关中地区不仅是中华民族的发祥地之一，而且以它独特而优越的地理区位，自西周、秦汉至隋唐时代，曾历经千余年作为中国古代政治、经济、文化的中心[2]。

历史上，周秦汉唐等朝代帝王都在关中地区建有自己的“未来世界”——帝陵。而无一例外地，地肥水美的风水宝地就成了当然的选择。

陕西帝王陵墓的历史，可以追溯到先秦时期。最早的帝王陵墓当推黄帝陵和炎帝陵。炎黄二帝被尊为华夏族的祖先，故他们的陵墓成为炎黄子孙的精神家园。秦始皇陵南依骊山的层峦叠嶂之中，山林葱郁；北临逶迤曲转、似银蛇横卧的渭水之滨，景色优美，环境宜人。陵墓规模宏大，气势雄伟，体现了中国传统的风水理念和风水思想，尽管当时并没有明确地提出来有关风水的理论。

[1] 李健超．古都西安的地理、历史和文化：一 [J]. 三门峡职业技术学院学报，2010,9（1）：27-37.
[2] 杜忠潮．陕西关中地区帝陵遗产资源保护与旅游开发研究 [J]. 咸阳师范学院学报，2011,26（6）:54-62.

汉代陵墓也是选择在山形秀美的大美之地，今日当你北出咸阳，涉渡如歌的渭河水，蓝天白云之下，平坦的渭北高原之上，人造的山岳，大大小小，高高低低，绵延百余里，或龙蟠，或虎踞，或覆斗形，或为坊形，这就是闻名遐迩的西汉帝陵。这些帝陵，浑厚凝重，昔日这些帝王，他们曾把中华文明推进到一个空前辉煌的境界。他们的陵墓也以巍峨壮观的气势，尽显帝王雄厚基业，展示汉王朝一统天下，气吞宇内的雄风。

关中唐代帝陵主要分布在渭北高原的群山之间。18座唐陵，座座高耸入云，宏伟壮观，成为中国古代帝王陵墓的典范。唐代帝王陵墓的建造有着严格的规定，除高宗的献陵、武宗的端陵、僖宗的靖陵在渭北高原垒土修建之外，其余15座陵墓均依照昭陵、乾陵“依山为陵”的形制建造。这些陵墓雄伟高大，气势磅礴，陵区范围广阔，地势险要，工程浩大，陵墓地宫结构复杂，随葬品豪华丰盛。唐代帝陵的选址，皆是顺应自然之作，乾陵、昭陵无一不是顺其自然的选择，“大自然有大美而不言”，顺应自然就是选择人与自然的一种和谐共处，共融共通。太宗昭陵（图4－1）位于礼泉的九嵕山上，九嵕山山势突兀，海拔1888米，南隔关中平原，与太白、终南诸峰遥相对峙。东西两侧，层峦起伏，沟壑纵横，愈加衬托出陵山主峰的险峻雄伟。除了四周山峦的围护之外，更有泾水环绕其后，渭水萦带其前，山水俱佳，越发显得气势磅礴，蔚为壮观。乾陵（图4－2）坐落在乾县西北的梁山上，梁山有三峰，北峰最高，海拔1047.9米。南面两峰较低，东西对峙，中间为司马道，北峰居中最高，即乾陵地宫所在，为陵之主体，与九嵕山遥相比峻，南面两峰较低，犹如天然门阙华表捍陵[1]。梁山东有豹谷，西有漠谷，整个地势像一个头北脚南仰卧在大地上的人体，似有附会“生者南向，死者北首”的制度。乾陵陵区范围40多公里，其余帝王陵区范围都不下于20公里。风水理论中讲求“负阴抱阳”，选取“宝地”都要求环抱之势。青山为屏，绿树作障，而唐代帝王陵墓所追求和选择的正是这种所谓的“生地”。“唐代帝陵的陵址基本上根据占卜确定的，因

[1] 中国十大帝王陵墓 [EB/OL].[2016-09-05]. http://chn.chinamil.com.cn/sklx/2011-08/16/content_4648115.htm.

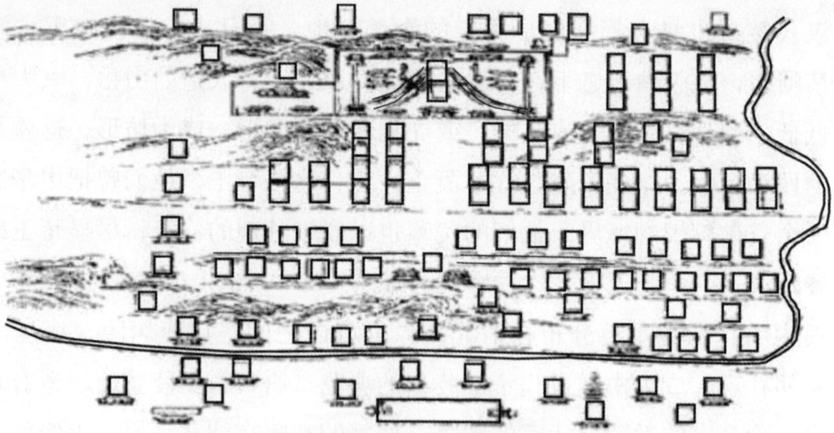

图4－1 《长安图志》所载的唐昭陵图

Figure 4－1 the "Chang'an diagram contained in the records" Tang Zhaoling Maps

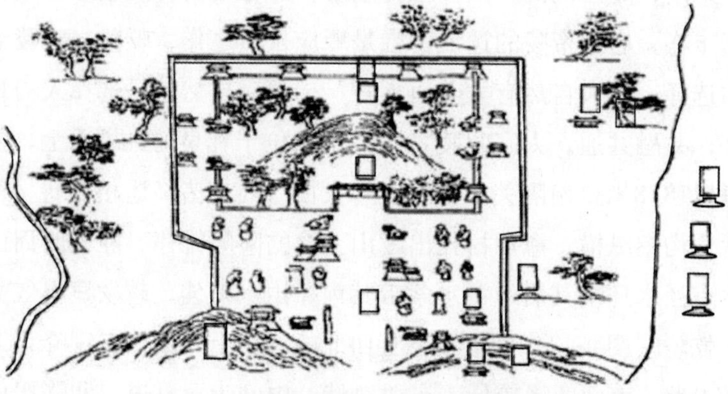

图4－2 《长安图志》所载的唐乾陵图

Figure 4－2 the "Chang'an diagram contained in the records" Tang qianling Maps

而在排列上显得没有什么顺序。唐人比较重视风水，未按古代的昭穆制度对整个陵园进行总体规划”[1]，因而，唐代帝陵所体现出来的追求自然和“天人合一”的理念在其陵墓建筑中表现的一览无遗。我们可以看出，唐帝陵在选址时除了考虑风水之外，充分利用自然形胜的“天人合一”的生态理念更值得称道。

[1] 王双怀．关中唐陵的地理分布及其特征 [J]. 西安联合大学学报，2001,4（1）:63-66.

4.2.1 关中帝陵空间分布特征

关中帝陵文化遗产主要分布在陕西省关中盆地相对富裕的平原地，其地理分布呈片状、带状、线状及点状[1]结合并且相对集中。是中国帝陵密集分布的富集区，帝陵文化遗产旅游资源丰富。其分布特征表现在以下几个方面：

4.2.1.1 秦帝陵群呈片状分布

片状分布的帝陵主要是分布在凤翔三畤原、咸阳原、临潼芷阳原等地的先秦时期秦公王陵园区[2]。这里地势坦荡，林木葱郁，地表距地下水位深度80～100米，适宜营造大型墓葬，故被秦国统治者一眼选中，定为秦公陵园区。秦陵墓的建立，遵循了帝王陵墓建造的一般规律，尽管秦朝当时并没有风水学说出现，但是追求风水的思想已经存在。从春秋中期到战国中期的秦国陵墓上没有封土。秦国陵墓上的封土，出现于秦献公、孝公时期。秦统一以后，秦始皇为自己修筑了规模宏大的坟墓，从而形成了自己的特点。其形状呈覆斗形，秦始皇陵的修建，是对春秋战国时代流行的坟丘墓的一个总结，它将坟的丘墓高大的外在特点表现到了极致，后代帝王的陵墓多有采用坟丘墓者，但都没有超过它的规模[3]。

4.2.1.2 西汉帝陵呈“勺柄形”带状分布

西汉11个皇陵，除文帝刘恒的霸陵在白鹿原，宣帝刘询的杜陵在鸿固原外，其余9陵都成一字排列在咸阳原上（图4－3）。汉陵外部全部黄土筑成，高40余米，冢基边长200米，陵区布满各种建筑，豪华壮丽规模宏大，从一个侧面显示着刘汉王朝的鼎盛强大[4]。汉武帝茂陵是西汉帝陵中最大的一个，其位于西安40余公里，兴平县东北。汉朝实行厚葬，其陪葬墓地的石刻作品呈现出粗放、含蓄的特征，是中国石刻艺术一座不可逾越的高峰，曾受到鲁迅先生极高评价，认为它们体现了纯正的民族艺术风格[5]。

[1] 杜忠潮．陕西关中地区帝陵遗产资源保护与旅游开发研究 [J]. 咸阳师范学院学报 ,2011,26（6）:54-62.

[2] 杜忠潮．陕西关中地区帝陵遗产资源保护与旅游开发研究 [J]. 咸阳师范学院学报 ,2011,26（6）:54-62.

[3] 田有前．试论秦陵墓制度的演变特征 [J]. 秦汉研究 ,2011,5:139-149.

[4] 胡武功．关中帝陵 [J]. 文化 ,2002:78-85.

[5] 胡武功．关中帝陵 [J]. 文化 ,2002:78-85.

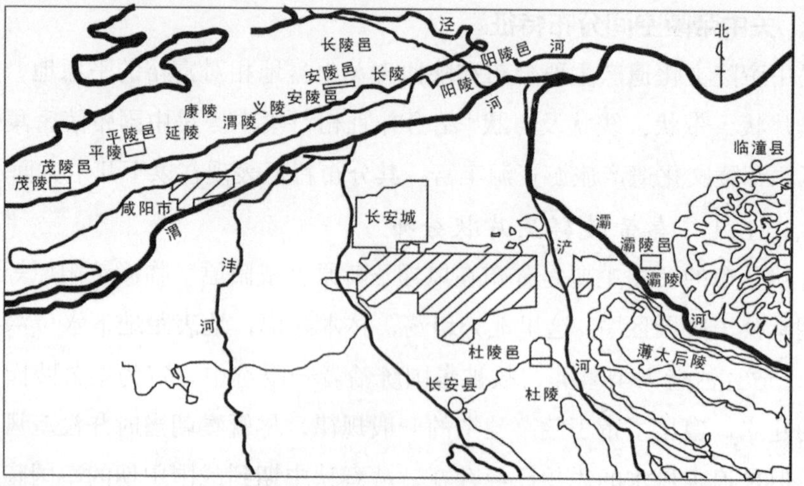

图4－3　西汉帝王陵墓分布

Figure 4－3　Xi, Han Dynasty imperial tombs maps

在长安附近的原野上，这些陵墓按地域可分为咸阳原和汉长安东南两个陵区。咸阳原陵区东自咸阳市渭城区正阳乡，西至兴平市南位乡，在咸阳北原上，东西线一字排开，绵延百余里。自东向西依次为汉景帝的阳陵，汉高祖的长陵、汉惠帝的安陵、汉哀帝的义陵、汉元帝的渭陵、汉平帝的康陵、汉成帝的延陵、汉昭帝的平陵和汉武帝的茂陵。这9个陵都是封土为陵．即在地宫上用黄土夯筑成一个上小下大的四棱锥体，顶部为方形平顶。汉时以方形为尊。这9座帝陵中，长陵、安陵和阳陵为早期的陵墓，加上茂陵、平陵均制陵邑，所以历史上把咸阳北原又称“五陵原”。历史对五陵原上这方黄土的厚爱，让其吸纳并消化了无限的辉煌。这里合葬着一个又一个帝陵，一座又一座陪葬墓，也储存着奇珍异宝和汉代文化的硕果。它，遥对着黄帝陵园、禹王庙、龙门、丝绸之路，呼应着半坡遗址、兵马俑、华清池、法门寺……既因以自炫，也得以风光一个古老的民族。因此，五陵原也是一部浩如烟海的文书，是一部汉代盛世文化史。

至于汉长安东南陵区，除文帝灞陵、宣帝杜陵外，还有薄太后南陵和史皇孙奉明园。如果说咸阳原陵区是以封土为陵，那么这一陵区出现了依原为陵，这应该算是唐代因山为陵的先例。灞陵位于西安东郊灞河西岸白鹿原北隅的断崖上，“因其山，不起坟”，凿洞为玄宫。

4.2.1.3 唐代帝陵空间上呈弧线状分布

唐朝在我国历史上是一个非常强盛的朝代。它共经历了21个皇帝，统治中国达290年之久。唐王朝是中国历史鼎盛时期，其帝陵墓葬形制“因山为陵”也成为一种墓葬典范。唐代的帝陵主要分布在陕西关中盆地北部，渭水北岸的山地。与秦汉陵墓采用巨大封土不同，李唐王朝首开以山建陵的先例，用以显示自己的永久皇权与雄风。21位皇帝中，除唐昭宗李晔的温陵在洛阳，唐哀帝李柷的和陵在山东菏泽，其余均在关中地区。故此关中只有18座唐陵。人称“关中唐十八陵”或者“渭北唐十八陵”。关中唐陵分布在蒲城、富平、三原、泾阳、礼泉、乾县6县境内（图4－4），东西绵延150多公里，在地理位置上恰好形成了以唐京都长安为中心而平铺于渭河以北呈扇面形。在这18座陵墓中有4座是“积土为陵”，其分别是唐高祖的献陵、唐武宗的端陵、唐敬宗的庄陵和唐僖宗的靖陵，其余14座陵依山而建[1]。我们由西向东依次可以看到：埋在乾县的高宗李治与大周皇帝武则天合葬墓乾陵，僖宗李儇的靖陵；埋在礼泉县的太宗李世民的昭陵，肃宗李亨的建陵；埋在泾阳县的德宗李适的崇陵，宣宗李忱的贞陵；埋在三原县的高祖李渊的献陵，敬宗李湛的庄陵，武宗李炎的端陵；埋在富平县的中宗李显的定陵，代宗李豫的元陵，顺宗李诵的丰陵，文宗李昂的章陵，懿宗李漼的简陵，埋在蒲城县的睿宗李旦的桥陵，玄宗李隆基的泰陵，宪宗李纯的景陵，穆宗李恒的光陵。共计18座唐陵。其中乾陵、昭陵气势宏伟，是唐代最具代表性的两座陵墓，被列为全国第一批重点文物保护单位。桥陵为全国第二批重点文物保护单位，靖陵于2001年也列为全国重点文物保护单位，2006年其余唐代14座帝王陵墓均被列为全国第五批重点文物保护单位。至此，唐代帝陵全部为全国重点文物保护单位，其级别之高是世所罕见。

[1] 吴志毅，刘向阳．唐十八陵文化艺术宝库 [J]. 中国西部，2003, (1):100-104.

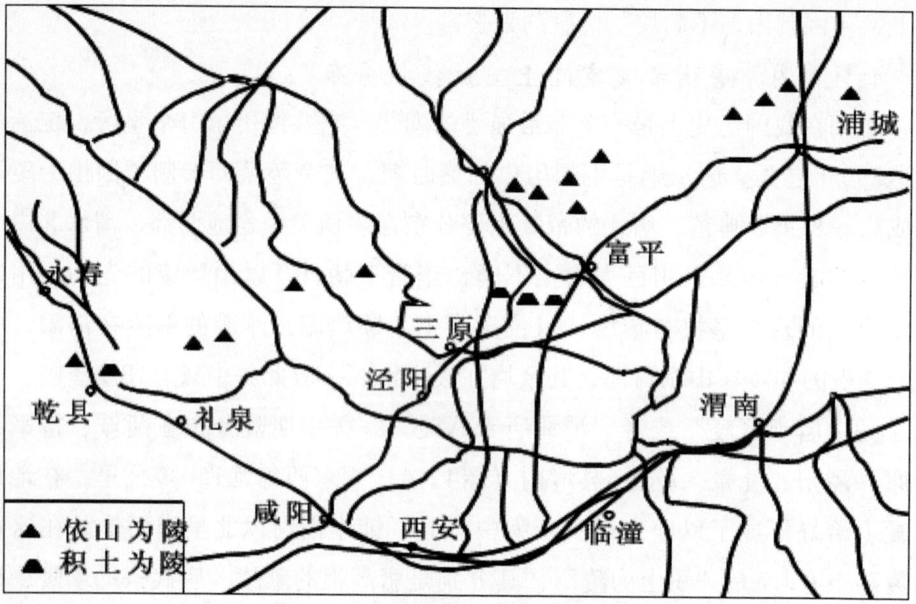

图4－4　陕西唐十八陵所在县域[1]
Figure 4－4　The Diagram of Shaanxi Tang 18 Mausoleum

从唐代诸陵的分布整体来看，唐高祖的献陵东西居中，其他则多为父子相邻。每座帝陵皆位于山的向阳一面。它们的形制大体可分为两种：一是平地起冢，一是凿山为陵。无论是平地起冢还是依山而建，这些陵墓均仿照京师长安而建，因而人们通常称它们为“山野小朝廷”。每座帝陵在建造时，都以地宫为中心，在地面上修建一个方形的陵园，四周有围墙，每面正中各开一门，各有其名，为南朱雀、北玄武、东青龙、西白虎。每座门内均有献殿，门外有双阙、双兽。朱雀门为其正门，前有神道通向南部的双乳台，神道两侧对称放置着石刻华表、天马、浮雕朱雀、伏马、石人等，象征着百官衙署和皇帝的仪卫。乳台向南还有阙台，二台之间为陪葬区，象征着城内的官宦宅第。唐陵的气势宏大，几近尽善尽美，盛世经济的繁荣、文化的发达、社会生活的丰富……如此这些，我们都可以通过陵墓的选址及陵前布置看得出来。因而它们别具一种沉稳而又不失活力的成熟美。

[1] 刘向阳．唐代帝王陵墓 [M]. 西安：三秦出版社 ,2006:1-7.

唐代诸陵均气势雄伟，气魄宏大，与强大的唐帝国相符合，它们又各有特色，从唐皇陵我们可以看出大唐历史的变化与社会的发展。唐代诸陵在修建时，多以山为陵，气势宏大。唐陵基本上继承了汉陵的布局，这也反映出了当时以文治天下的思想。不过，唐陵陵区内文化氛围更加浓厚，也相当奢华。例如，神道两侧皆排列着众多的石雕，有的帝王陵墓前的石雕群中还有许多蕃酋像，这一方面反映了当时中外交流的频繁，另外也显示了大唐帝国的世界性。

唐陵也是中国文化的重要符号之一，而其中具有代表性的是乾陵，最令人不解的是乾陵的主人之一唐高宗。所以，读懂了乾陵，弄清楚了唐高宗李治，就是基本解读了唐陵的神秘符号[1]。

4.2.1.4　其他散点状分布的帝陵区

呈现点状散布的主要是汉唐之间处在分裂割据时期的王陵和炎帝陵、黄帝陵、隋泰陵等。诸如散布在彬县、富平、高陵、白水诸县区的十六国前赵刘曜之父的永垣陵(白水)、前秦苻坚墓（彬县）、后秦太祖原陵和高祖偶陵（高陵）；北朝的西魏文帝永陵和北周文帝成陵（富平）、武帝孝陵（咸阳原）等，以及杨陵区的泰陵、临潼秦始皇陵、黄陵县黄帝陵等[2]。

总之，中国帝王陵墓的建筑形制经历了“不树不封”“覆斗方上式”“因山为陵式”“宝城宝顶式”等多种建筑形制。陕西帝王陵墓主要集中体现了两种情况，“覆斗方上式”和“因山为陵式”。

4.2.2　关中帝陵分类

分类，是通过比较建立集合的方法。它将事物区分为具有一定从属关系的不同等级层次的系统。通过比较建立的集合，就是“类”。分类是揭示事物历史发展规律的必要条件。在科学研究中，由于科学分类系统反映了事物的本质特征和内部规律性的联系，因而具有科学的预见性，能指导人们寻找或认识新的具体事物[3]。对帝王陵墓进行分类意在区别不同的帝陵赋存状态和资源禀

[1] 王德恒．解读中国皇陵密码 [M]. 北京：中国文联出版社，2008：94-96.

[2] 杜忠潮．陕西关中地区帝陵遗产资源保护与旅游开发研究 [J]. 咸阳师范学院学报，2011,26(6):54-62.

[3] 分类 [EB/OL].[2016-09-05].http://www.baike.com/wiki/%E5%88%86%E7%B1%BB.

赋，从而能够更好地把握和了解中国帝陵，尤其是关中帝陵的历史文化价值和旅游利用价值。对关中帝陵进行分类，需有不同的分类标准，本文拟按照时间跨度、建筑形制、历史文化价值和帝陵知名度等进行分类。

按时间跨度划分，关中古代帝王陵墓可以分为：一是华夏始祖陵寝。如黄陵黄帝陵、宝鸡炎帝陵及合阳帝喾陵等；二是先秦王公陵墓。如西周王陵、战国秦公陵等；三是封建王朝的皇帝陵。如秦始皇陵、西汉帝陵[1]。

按帝陵建筑形制划分，关中帝陵可以分为“覆斗方上式”和“因山为陵式”两大类。陵墓建筑是中国古代建筑中的重要组成部分，周代以前“不树不封”，秦代开始，皇陵出现高大的封土，“方上”是早期帝陵封土的一种形式。最早出现于春秋战国时期，鼎盛是在秦、汉并且享有“土垒的金字塔”的盛誉。秦始皇陵，其规模之大空前绝后，历代帝陵无出其右者。汉袭秦制，11座帝陵中有9座分布在渭北咸阳原上，规模最大的是汉武帝的茂陵。唐代是中国古代空前昌盛的时期，“因山为陵”成为主流。18座唐帝陵中14座是“因山为陵”形制（其中献、庄、端、靖陵属“土丘冢”）。其中，太宗的昭陵和高宗与武则天合葬的乾陵最为壮观，是历代帝陵中少见的。另外黄帝陵也是“因山为陵”。

按照帝陵的封土丘或山陵的存在与否、考古发现确认与否划分，关中帝陵可以划分为有墓无陵；有陵无墓；有陵有墓等形式。有墓无陵的一类，主要是史传分布在长安沣河中下游一带的西周王陵等，由于当时生产力条件低下，以及时人信奉“墓而不坟”，所以有周以前的陵墓，既不封土，也无其他标志。所以迄今尚未被发现和确认。周代以后的一些陵墓等属于地面无封土丘而为考古发现及文献记载所确认。有陵有墓的一类，主要是秦、汉、唐等朝代的帝陵。作为一统天下的始皇帝，秦始皇陵无论规模还是形制都成为后世的典范。尤其是已经开发的秦陵陪葬墓，以其多姿多彩的陶俑成为世界第八大奇迹，吸引旅游者的“眼球”。唐代帝陵的陪葬墓中有大量的壁画、文物等为我们揭开历史提供了机会。明清陵墓地面建筑和地下建筑都使得了解其历史成为可能。另一类是有陵无墓。像黄帝陵、炎帝陵等。对于不同的陵墓类型，在采取旅游“活化”利用的方式上也会因此而不同。

---

[1] 杜忠潮．陕西关中地区帝陵遗产资源保护与旅游开发研究 [J]. 咸阳师范学院学报，2011,26（6）:54-62.

按照帝陵的墓主知名度和帝陵知名度划分，关中帝陵可以划分为四种不同类型（图4－5、表4－1）。墓主知名度、帝陵知名度也高的双高明星陵墓类型；墓主知名度一般，帝陵知名度一般的幼童陵墓类型；墓主知名度一般，帝陵知名度也一般的瘦狗陵墓类型；墓主知名度高，但帝陵知名度一般的金牛陵墓类型。（备注：有关知名度数据，以Baidu和Google搜索为准）

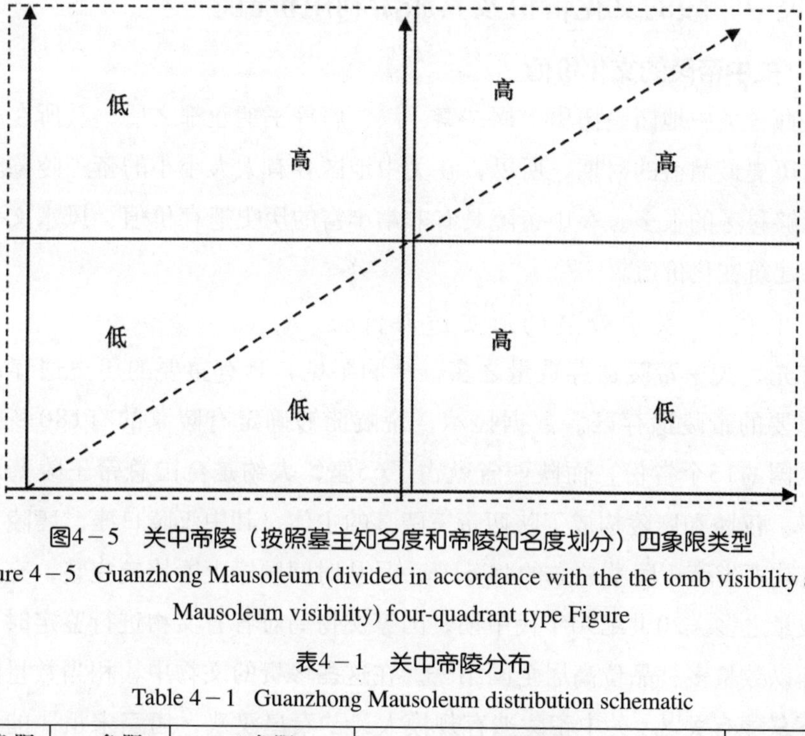

图4－5　关中帝陵（按照墓主知名度和帝陵知名度划分）四象限类型

Figure 4－5　Guanzhong Mausoleum (divided in accordance with the the tomb visibility and Mausoleum visibility) four-quadrant type Figure

表4－1　关中帝陵分布

Table 4－1　Guanzhong Mausoleum distribution schematic

象限 帝陵	一象限（双低）	二象限（低、高）	三象限（双高）	四象限（高、低）
秦			秦始皇陵、秦二世胡亥	
汉			汉高祖、惠帝、文帝、景帝、武帝昭帝、宣帝、元帝、成帝、哀帝、平帝	
唐	唐顺宗 唐敬宗		唐太宗、高宗、中宗、睿宗、玄宗肃宗、德宗、文宗、武宗、宣宗、僖宗	唐高祖、代宗宪宗、穆宗、懿宗、
其他		文帝、文恒帝 武昭帝、武列帝	隋文帝、世祖苻坚、武帝宇文邕	隋恭帝

从上述四象限来看，关中帝陵无论是墓主知名度还是帝陵知名度大部分属于双高的“明星”陵墓类型。这也充分说明，关中帝陵的历史文化价值极高，不但是墓主知名度高，而且是墓主和帝陵的知名度都高，能够作为陵墓旅游的有效吸引物。

4.3 关中帝陵的文化价值及其旅游利用价值

4.3.1 关中帝陵的文化价值

陕西省关中地区是历史上周、秦、汉、唐等王朝建都之所，其所在时期正是中国历史最鼎盛的时期，所以，在关中地区存有大大小小的帝王陵墓不计其数，能够科考的很多。关中帝陵具有非常丰富的历史遗存价值、风水文化价值和陵墓建筑文化价值。

4.3.1.1 关中帝陵的历史遗存价值

首先，关中帝陵遗存数量之多，全国罕见，具有重要的历史遗存价值，成为重要的帝陵遗存区。数据显示，帝陵能够确定有陵墓的有180多座，分布在全国的15个省份，而陕西省就占了65座，大约是全国总帝王陵墓总数的38.23%。汉陵和唐陵构成了陕西帝王陵墓的主体，其中汉陵11座、唐陵18座，占所有陕西省帝王陵墓总数的44.61%。且从时间顺序上看比较完整，充分说明了其数量之多。20世纪90年代中期，国家文物局对各省文物进行鉴定时，陕西文物即以数量多、品位高居全国第一。在这些珍贵的文物中，相当数量的文物与地下墓葬有关[1]。关中帝陵遗存规模大，“秦皇汉武，唐宗宋祖”的赫赫威名成为历史辉煌的象征，它成为中国在世界相同历史阶段，文明程度最高，经济、文化最发达的时期。这个时期的帝王陵墓在规模上都非常宏大。李约瑟博士认为，“再没有其他地方表现得像中国人那样热心体现他们伟大的设想‘人不能离开自然的原则’……皇宫、庙宇等重大建筑自然不在话下，城乡中无论是集中还是散布在田园中的房舍，也都经常地呈现出一种对宇宙图案的感觉。

[1] 王晓如，员大强．唐代陕西陵墓与旅游文化 [J]. 西安联合大学学报 2004,7（3）:14-18.

以及作为方向、节令、风向和星宿的象征主义”[1]。在“风水”学术理念的支配下营建的帝王陵墓尤其是关中帝陵成为世界独特文化的奇葩。如果秦始皇陵在未来得以挖掘，它对世界的“眼球”震撼不亚于原子弹爆炸。其次，陕西关中地区帝王陵墓的历史价值还表现在其规格较高。陕西帝王陵墓规格都比较高，这些陵墓大部分修建于中国历史上政治、经济、文化较为发达时期[2]。

4.3.1.2 关中帝陵的风水文化价值

文化，从它诞生开始起，就一直伴随人类进步的步伐，或浅或深地左右着人类的发展历程，也为人类积累了丰富多彩的文化种类。风水文化就是人类历史发展过程中诞生的一种实践的、应用性较强的文化体系。关中帝陵无论在选址、营建还是帝陵布局等方面都体现了风水理念，具有重要的风水文化价值。它给我们提供了进一步认识古代历史的机会。先秦时期是中国风水活动的萌芽期。尽管没有专著来阐述风水理论，但已经有了初步的萌芽。“一部中国的建筑史，实际上也是一部风水史”，寻溯风水活动的源头，必须来到中国文明的初始期。从商朝开始出现的营建时的卜宅活动是整个先秦年间风水术的最主要表现。“透过诗意，我们见到的是对自然地形、地质的充满理性的，有条不紊的审视与相度，全面巡视，考察自然的山水、林木，测量日影，确定建筑朝向等”[3]，这说明古人无论在相宅还是其他方面都是比较严谨和科学的。

秦汉之交，是中国风水术的形成期。阴宅风水作为一种理论渐渐形成。当时的大型建筑，其布局、朝向等往往遵循象天和厌胜原则。象天就是宫殿的布局仿照天上星宿的位置，以象征帝王出于天命；厌胜就是认为能够通过建筑物的形状格局来制服鬼神怪物，或消除灾难等。“风水”一词尽管最早出现于晋郭璞《葬书》，但这种观念在秦汉时已经出现，时称“堪舆”，“堪，天道也；舆，地道也”，堪舆学即为以星宿八卦和阴阳五行相生相克思想为推断依据，将天、地、人三者运行对应相配，堪舆理论后来被视为相宅术理论，但其

[1] 内地风水升温背后：探究“生死”是其永恒的主题 [EB/OL].[2016-09-05].http://blog.sina.com.cn/s/blog_5fc9c4be0 100l1sr.html.

[2] 王军云 . 中国 100 位帝王传 [M]. 北京：中国华侨出版社 ,2006:1-13.

[3] 何晓昕 . 风水探源 [M]. 南京：东南大学出版社，1900:11.

思想根源则来自阴阳五行[1]。中国建筑史上几乎所有遗存下的建筑精华，都与“风水术”这个长期以来几乎成为封建迷信代名词的概念密不可分[2]。秦始皇陵园的选址也是按照风水观念来构建，将陵墓建于高峻的骊山与绵长的渭河之间，地势呈南高北低、东高西低之势。地宫内部“以水银为百川大海”“上具天文、下具地理”的丧葬结构也反映了古人阴阳相合，天人合一的阴阳观念。

整个汉朝是一个厚葬的时代，阴宅风水理论的出现，有力地推动了葬礼的普遍施行。讲究墓穴的方位和挖掘技巧等风水文化在有汉一代，尤其是帝陵的营建过程中体现的一览无遗。西汉年间，已经有风水的著作《堪舆金匮》。汉代的帝王陵处于上佳的风水宝地，它们的营建、选址，都是在当时堪舆家(即风水师)的指导下进行的，各个皇陵的形状千差万别，分别表示了陵主各自不同的人生命运。焦南峰认为：“西汉帝陵的选址应受商周以来王陵多置都城附近之高地的传统、萌芽中的风水思想、帝王个人的好恶等因素的影响”[3]。汉陵，既是汉代风水理论的产物，又是后世风水先生心目中的风水经典宝库。到了汉代，关于葬地选择风水的思想，在吸收阴阳五行和《周易》八封学说的基地上，获得了重大的进展。汉代是谶纬学说最为发达的时代。《周易》学说中的象数派和阴阳五行学说有机结合起来，使人生预测、国运预测等占卜学说风行一时。葬地风水思想也伴随着这一重大历史机遇，茁壮成长。首先，在汉代已出现“风水方位之书”。也就是汉代已有相地相宅的著作，但葬地风水的系统化，是晋代郭璞《葬书》的问世，才算完成。丧葬习俗中的祸福感应说在汉代已出现。人死后，选风水宝地建坟墓，使子孙兴旺发达，得到护佑，这一现象在汉代已经流行。祸福感应说进入风水以后，随着人们头脑中对葬地环境的选择思考，逐步形成了葬地环境决定活人命运这一观念。风水学说到这时才真正形成。总的来讲，西汉帝陵在分布或布局上，对于卜选陵地和族葬等有充分的考虑，对堪舆术较为重视，选择在地理、地势较好的“形胜吉地”。同时

[1] 蔡达峰．历史上的风水术 [M]. 上海：上海科技教育出版社，1994:67.

[2] 秦朗．风水中国 [J]. 南方人物周刊，2007,21:42-44.

[3] 焦南峰．西汉帝陵考古发掘研究的历史及收获 [M]// 西部考古：第一辑．西安：三秦出版社，2006:289-303.

还考虑到与都城的关系，既有对现实所居地的部分模仿，又体现出墓葬这一特殊文化载体的特征[1]。分布在关中的唐十八陵，尽管我们难以用风水术语道出其中玄妙，但它们在唐人眼里是不可多得的风水宝地，是经过术士们用八封堪舆而定的。唐代帝王陵墓大多分布在渭北高原的山梁上，采用因山为陵之制。唐太宗李世民在位时，曾对侍臣说："昔汉家皆先造山陵，既达始终，身复亲见，又省子孙经营，不烦费人功，我深以此为是。古者因山为坟，此诚便事。我看九嵕山孤耸回绕，因而傍凿，可置山陵处。朕实有终焉之理。"（《唐会要》卷20）玄宗李隆基在开元十七年(729年)因祭其父睿宗李旦的桥陵，经过金粟山一带，"见金粟山岗有龙盘凤翥之势，复近先茔，谓侍臣曰：'吾千秋后宜葬此地，得奉先陵，不忘孝敬矣。'"[2]。因此，我们可以看出，帝陵选址的风水龙脉是主要条件。

4.3.1.3 关中帝陵具有较高的建筑文化价值

帝陵建筑可以分为地上和地下两个部分，帝陵地上的建筑主要是神道、献殿、各种石人以及石马等大型石刻等，地下主要是陪葬墓以及各种壁画、文物等。唐代帝陵，尤其是乾陵和昭陵是关中帝陵的地面建筑的集大成者和典范。帝王陵前巨大的石刻群号称"唐代露天雕刻馆"；石刻的内容反映了唐朝社会的真实面貌[3]。汉代陵墓建筑文化主要体现在其石刻群和彩绘陶俑等。它的历史文化价值独一无二，具有不可取代性；西汉11陵出土文物如茂陵的石刻群以及阳陵的彩绘裸体陶俑不仅在国内而且在国际都有很高的艺术观赏价值[4]。

关中帝陵的陪葬品众多，成为印证历史的重要资料。陕西省关中地区帝陵建筑文化内涵丰富，具有极高的历史价值。当年巍峨的陵墓，壮观的陵邑早已在2000余年的沧桑之中，化作了村庄、乡野，今日仅仅在乡野里，还可依稀可见断破了的城墙、孤独的土丘，然而在那广袤而深厚的黄土里却埋藏着数不清的珍贵文物。秦代的秦始皇陵及其陪葬墓，文物价值极高，仅仅是兵马俑墓坑

[1] 贺云翱、郭怡．古代陵寝 [M]. 北京：文物出版社，2008:136.
[2] 张始峰．关中东部帝王陵墓考证 [J]. 渭南师范学院学报，2006,21（4）:51-54.
[3] 王晓如，员大强．唐代陕西陵墓与旅游文化 [J]. 西安联合大学学报，2004,7（3）:14-18.
[4] 张娟飞．浅谈西汉帝王陵墓旅游资源的开发 [J]. 中国商贸 ,2011,29:161-162.

出土文物就已经令世界震惊，秦陵园内地上、地下的遗迹、遗物分布密集，已发现的主要遗址有帝陵封土、地宫、铜车马坑、寝殿、便殿、陪葬墓区、飤官遗址、园寺吏舍遗址、珍禽异兽坑、石铠甲坑、百戏俑坑、文吏俑坑、陵墙、东西门阙、廊房等[1]。西汉帝陵的墓葬形制以及出土文物等具有非常高的历史文化价值和艺术价值。唐代陵墓作为历史遗存，既是历史的见证，又补充了文字史料的不足，纠正了文字史料中的错漏，给我们展现了一个更真实、更完整、更确切的唐朝历史画卷[2]。它反映了当时社会的政治、经济、军事、文化的各个方面。陕西帝王陵墓中出土的随葬品非常丰富。

4.3.2 关中帝陵的旅游利用价值

地域之间的差异是客观存在的，对于不同的地区景观的发展必须探求适合自身条件的途径，即所谓的“殊途”，表达自己的个性与特色。要保持景观的“异质化”或“多元化”，把握地域性特征，重视与地域自然环境、地域文化、历史文脉等因素结合，重构性地创造具有民族自尊的地域性特色景观，从而实现地域表达，创造出一种从文化和生态上都可持续发展的景观[3]。

历史人文景观是人类历史发展过程的产物。凡在历史上适合人类生存和社会发展需求的自然区域，必然成为历史人文景观的密集区。关中就是这样一个在中国历史发展过程中起过特殊作用的地区。帝陵文化是中国传统民族文化的重要组成部分，每一座帝陵都反映了帝王人物的背景和辉煌，它们都有着极大的旅游吸引力。在保护好文物古迹的前提下，应该对帝陵文化遗产进行合理利用，创造出适合地方旅游特色的文化和生态的可持续发展的帝陵遗产景观。关中帝陵文化遗产有着非常丰富的文化内涵，其旅游利用价值也非常可观。“人文陕西，山水秦岭”的宣传语，道出了陕西人文的博大，而帝陵文化是其中很重要的分子。帝陵文化遗产旅游是陕西旅游的重要部分。陕西省作为旅游大省，旅游业是其经济发展的重要组成部分。陵墓旅游作为陕西特有的旅游资

[1] 段清波．秦始皇帝陵园相关问题研究 [D]. 西安：西北大学，2007:28.

[2] 陕西名胜古迹 [M]. 西安：陕西人民出版社，1986:31.

[3] 廖莹，沈一．地域文化下的城市陵墓生态湿地公园可持续发展探析：成都“十陵印象”规划案例 [J]. 安徽农业科学，2012,40(7):4135 -4137,4149.

源，其境内帝陵文化遗产众多，秦始皇陵（包括兵马俑）、西汉帝陵、关中18唐帝陵等构成了完整的陵墓群。陕西省作为文化遗产资源大省，如何活化和利用这种“遗产旅游资源”，将成为陕西省文化转型的重要抓手，文化兴省，文化立省，使文化与旅游实现更加紧密地结合和互动。具体来讲，关中帝陵文化遗产在旅游开发利用方面具有重要的价值。

第一，关中帝陵所在地，环境优美，交通便捷。正如前文所述，关中帝陵大部分选址在形胜优美的绝佳之地，这成为吸引旅游者“眼球”的一大亮点。黄帝陵所在的桥山，秦始皇陵所在的骊山，汉帝陵所在的咸阳原上以及唐帝陵所在的九嵕山、梁山等俱是风景绝佳的风水宝地。陕西省区位优越，有利于吸引旅游者来陕西旅游。按照我国东、中、西三大地带的划分，陕西是东西地带的接合部，是西北地区的东大门；而从南方和北方的划分来看，陕西处在南北分界的区位上[1]。而经济发展的大好机会又会给陕西提供大量的商贸旅游和其他旅游流的契机。外部的利好加上关中地区本身交通便利，高速公路、铁路、航空干线交织，是我国西部交通网络最为密集的地区和北方内陆重要的交通中枢地区。关中帝陵又主要分布在西安、咸阳、富平、蒲城、三原、礼泉6个县、市地区，距离古城西安地理位置都比较近。西安是西北地区最大城市又是我国十大旅游城市之一，是大多数来陕国际旅游者和国内旅游者的首选之地。来陕西旅游的旅游者中70%的旅游者只游西安。由此可以看出，帝陵遗产旅游有很大的开发潜力，如果能够把70%的旅游者吸引到关中帝陵遗产旅游区，那对于陕西省的旅游发展助推作用是很大的。

第二，关中帝陵，墓主和帝陵的知名度都较高，能够形成名人效应。前述关中帝陵无论在墓主知名度还是帝陵知名度方面，66.67%的帝陵都属于墓主知名度、帝陵知名度双高的“明星”陵墓类型。典型的如：秦始皇陵、汉高祖陵、文帝陵、景帝陵、武帝陵、唐太宗陵、高宗陵、玄宗陵、隋文帝陵等。以“明星”帝陵为主打造遗产文化主题公园吸引旅游者成为关中帝陵未来发展的方向。秦文化帝陵主题公园、汉文化帝陵主题公园以及唐文化帝陵主题公园等都是帝陵遗产旅游的必然之路，未来整个帝陵文化遗产旅游区将是“人文遗

[1] 李映青 . 认识陕西地理区位，振兴映西经济 [J]. 当代经济科学，1994,72（2）:60-64.

产”与“生态自然”的完美结合，既能够顺应现今旅游者亲近大自然的心理又能够合理保护帝陵文化遗产景观。

第三，关中帝陵丰富的建筑文化成为帝陵文化遗产旅游的根本[1]。中国遗产旅游理应成为传播中华文化和文明的有力工具，在当代中国有着特殊的精神重要性。关中帝陵文化遗产是中国周、秦、汉、唐等朝代更迭的历史缩影，是十分重要的文化财富。黄帝陵是中华民族统一和团结的象征，是炎黄子孙的精神家园；秦兵马俑坑被誉为“世界第八大奇迹”，汉帝陵享有“中国金字塔”的盛誉；“昭陵六骏”驰名中外，乾陵的墓葬壁画、石刻等都是不可多得的瑰宝。关中帝陵出土的文物包括西周的青铜器，秦代的砖雕，西汉的陶器、陶俑、石刻和玉雕,唐代的石刻、砖雕、字画、三彩俑和墓室壁画,构成了完整的时代特点。关中帝陵文化遗产是伟大的中华民族的大智慧、大思想以及传统价值观的体现，通过关中帝陵文化遗产，认识中华文明的起源、发展和演进的历史，强化自主国家意识形态和价值观；通过关中帝陵文化遗产，认识中华民族形成和发展的历史进程[2]。

[1] 徐嵩龄 . 我国遗产旅游的文化政治意义 [J]. 旅游学刊，2007,22（6）:48-52.

[2] 徐嵩龄 . 我国遗产旅游的文化政治意义 [J]. 旅游学刊，2007,22（6）:48-52.

第 5 章　关中三陵文化价值与旅游利用模式

关中地区帝陵众多，民间有谓：“南方才子北方将，陕西黄土埋皇上。”在众多帝陵中，因为类别不同而具有不同的代表性，有的属于有陵无墓的类型，有的属于有陵有墓却因帝陵建筑形制不同的，“因山为陵”的类型，“覆斗方上”的类型等。本文选取了较有代表性的三类帝陵作为研究对象，一是黄帝陵，作为中华炎黄子孙的精神家园，具有重要的纪念意义：二是秦始皇陵，作为“覆斗方上式”陵墓的创始，又因其个人在历史上的丰功伟绩，以及秦兵马俑等具有世界符号意义；三是唐乾陵，作为唐高宗和女皇武则天的合葬墓，也作为“因山为陵”墓式的典范，具有研究价值。所以，我们在研究关中三陵的时候，以此为研究依据。

5.1　黄帝陵文化价值与旅游利用模式

5.1.1　黄帝陵概况

黄帝陵是中华民族始祖轩辕黄帝的陵寝，简称黄陵，位于陕西省黄陵县桥山之巅（关于黄帝陵有不同的说法，本文以黄陵县的黄帝陵为研究对象）。早在春秋战国时期，炎黄子孙就开始了对黄帝陵庙的祭祀活动。这从孔子、孟子的文章以及他们与学生的对话语录中，都能够得到充分的证明。据《吕氏春秋·安葬篇》《七国考》《山海经》等这些古代典籍记载，“墓设陵园”在秦代开始才形成一种制度，因此黄帝陵园也最早建于秦代。西汉前期在桥山西麓建“轩辕庙”。唐代宗大历五年至大历七年，对轩辕庙进行了重修扩建，并栽植柏树1140株。宋朝开宝二年将轩辕庙由桥山西麓迁移至桥山东麓黄帝行宫。元明清诸朝也对黄帝陵庙进行多次修缮。整个陵区分为黄帝庙（轩辕庙）和黄帝陵两个部分[1]。1961年国务院公布的古墓葬文物中，黄帝陵被列为第一号古墓葬，是华夏子孙祭祖谒陵的场所，是海内外中华儿女尊崇和向往的圣地。自从黄帝被尊为华夏的祖先开始，在这里的祭祀活动便成为一种传统，历史悠久且绵延不断。黄帝是那个时代的英雄，成为中华民族历史上第一个共主。我们通常所说的上下五千年的中华文明，就是从黄帝时代算起的。

黄帝陵古称桥陵。是由于沮河水由西向东呈“U”形绕此山而过，站在山上朝下看，东边有河，西边亦有河，就像水从山底穿过，故此山名之曰桥山。陵因山而得名，曰桥陵。宋乐史《太平寰宇记》云：“桥山，《山海经》云：蒲谷水源其山下，水流通，故谓桥山。”(《太平寰宇记·关西道·坊州·中部县》)清人顾祖禹在其所撰《读史方舆纪要》中说：“沮水至县北，穿山而过，因以桥名。”(《读史方舆纪要·陕西·延安府》)清代毕沅更于陵前题碑“古轩辕黄帝桥陵”。自此以后，桥陵之称更为闻名。1942年，陕西省第三行政督察区专员公署考虑到黄帝声名远播的崇高地位，加之为了与陕西蒲城丰山唐睿宗之桥陵相区别，遂改桥陵为黄帝陵。此年冬天，国民党中央委员会委员长蒋介石题写“黄帝陵”三个大字，匠人勒石成碑，置于黄帝陵墓之前。自此以后，黄帝陵一名沿用至今，黄帝陵所在地的县名也随之由中部县改称为黄陵县。

1992年，国家决定于当年的清明节奠基并开始重新修整完善黄帝陵。对于此次黄帝陵的修整工程，范围包括了黄帝陵所在地桥山及其附近的山水、城镇，面积约达3.24平方公里。整修工程以保护现存的文物古迹和柏林为前提，为柏林的生长提供了良好的生态环境，同时体现了黄帝陵的宏伟、壮观、古雅、庄严，工程建筑借山川水势与陵墓地势，融山、水、陵庙与城市于一体，充分体现了人与自然的和谐一致；整个陵墓修整努力与黄帝陵庙的所有建筑风格统一，在吸收传统思想精髓的基础上力求达到汉代建筑粗犷古朴的风格。整个工程规划将黄帝陵和轩辕庙作为重点保护范围，其总体结构由6个部分构成：前区、庙、功德场、神道、陵区、县城以及外围景观。这些部分构成了祭

[1] 王双怀．陕西帝王陵 [M]. 西安：西安出版社，2010:3-8.

祀谒陵的完整的建筑群系统，其中的庙院广场以石雕石刻点缀，记录着华夏5000年文明的精华，从而增加我们对华夏始祖的敬意，增强人们对于身处文明古国的自豪感。黄帝作为炎黄子孙的共同祖先，给后人点燃了文明之火，照亮了华夏后人未来的征途。

黄帝陵的建筑主要有享殿和龙驭阁。

享殿，又称祭亭，民国三十三年(1944年)建。1959年，陕西省人民政府拨款重新整修。现在的祭亭，宽10米，深6.15米，建筑形式为歇山顶，飞檐起翘，器宇轩昂。亭前置放供桌、祭器与各种供品等，亭中置一高大石碑，碑高4.3米，宽1.2米，上刻“黄帝陵”三个大字，为郭沫若于1958年5月手书。该亭由八根柱子支撑，上部四角卷起处系有风铃，微风起时，风铃齐鸣，悦耳动听。亭柱上有两副楹联“奠华夏宏大业基始祖恩德泽万世，树炎黄浩然正气民族精神炳千秋。”“中华国脉承龙脉，黄帝英魂壮民魂。”祭亭地面铺以白色花岗岩石，显得纯净明亮，朴素庄重。每年清明、重阳节祭祀大典，都在这里举行。

龙驭阁，位于陵轴线的最北端，建于2002年，是耸立在桥山之巅的标志性建筑。建筑形式取材于汉代阁楼，造型具有仿木构筑特征，阁为五层，总高20米，建筑面积160平方米。龙驭阁地处海拔994米之处，为陵区外围远望桥山的标志。于此登高远眺，祭拜始祖，眺望桥山、印池，自然会引发人们遐想黄帝“驭龙升天”。龙驭阁为长、宽各4.2米的方形建筑物，坐立于长9.9米、宽9米的平台之上，因处于最高点，也兼有防火瞭望的功能。龙驭阁正立面向南，上书汉隶“龙驭阁”三字，古朴雄浑，雅拙劲健。龙驭阁周围设置造型古朴，通高1.7米的石灯18个，四周用花岗岩沿地形铺人行慢道，连接龙驭阁东西入口平台。古柏稀疏处补种的柏树和常绿灌木及花草，使环境景观更具特色[1]。

古代文献中记载着黄帝的众多发明创造，是中华文明开创期的伟大成就，是已经为考古发现所证实的。黄帝时代大致处于考古学的仰韶文化后期和龙山文化初期。从黄帝时代的历史特征出发，经过几千年来不断总结和发展，形成

[1] 何炳武，刘宝才．陕西省志：黄帝陵志 [M]. 西安：陕西人民出版社，2005:79-82.

了今天所谓的“黄帝精神”。“精神”本是多义词，它与“黄帝”组合，则别生外延更窄而内涵殊深的、仅属“黄帝”独有的含义，非止于《词典》所诠的“人的意识、思维活动和一般心理状态”。所谓“黄帝精神”，至少拥有三层特殊含义：一是总体。高居任何“个人”之上，专指中华民族总体精神。二是一脉。隶属历史范畴，一脉纵贯古今，因时而就，集时以成。三是本源。交叉“中华民族精神（习称‘民族精神’）”之本源。三“义”构成了“黄帝”卓然独特的思想风范。学术意义上的“黄帝精神”应是作为人文初祖的“黄帝”，在其肇造中华文明的漫长岁月里，表现出来的容、实、创、持人文精神。“黄帝精神”之“容”，非同一般，广涵从“和与合”出发的包容、兼容、宽容多义；“黄帝精神”之“实”，义蕴现实、笃实、踏实等方面。《史记》未将“黄帝”列入“三皇”，而作“五帝”之首，其至要原因即在黄帝拥有他“帝”所无之“实”。黄帝已远离“虚幻”传说，而为实实在在之“人王”。其所思所念、所作所为，尽皆面对“实”际、脚踏“实”地、着眼“实”用、笃求“实”惠，不浮躁，不弄虚，始终以“实”为律己准绳、治世根本；黄帝精神”之“创”，由勇创、先创、独创组成三维立面。孙中山赞黄帝“中华开国”之“开”，即“创立”之谓。黄帝“开国”，以“创”为本，“创”在开勇决、开先河、开独到。“黄帝精神”之“持”，旨在“力持”，表现为持正、持重、持久。黄帝“顺天地之纪”，“持”平正之心，“置左右大监，监于方国”，设置官职，巡视四方，首开民不怀私、官不习伪、市不虚价、城郭不闭，风雨应时而来，“凡日月普照之下，均为黄帝之民”的“极治”[1]。总之，“黄帝精神”是中华民族的开创精神和凝聚精神。开创精神就是善于开创新事物，以满足历史发展的需要；凝聚精神就是不断增强中华民族的团结。有了这种精神，中华文化才能一脉相传地发展到今天，中华民族才能屹立于世界民族之林。我们今天祭祀黄帝，纪念黄帝，是在表达一种民族感情，更是在表达一种中华民族追根溯源的文化认同。

黄帝祭祀，作为一种追缅先人的祭祖仪式，根源于人类普遍而基本的心理

[1] 李耀宗．论“黄帝”界说与黄帝精神：兼谈陕西黄陵甲申“中华大祭祖”[J]. 中央民族大学学报：哲学社会科学版，2005，32（2）:64-74.

需求——对自我身份进行确认。个体的人，作为社会的一分子，首先是历史遗产的继承者。他的族群经过亿万年自然和社会选择而传递下来的基因，赋予他生物学的遗产。而他从出生的那一刻开始就必须面对的物理和人文环境，是其所属群体千万年文明活动的产物，这些又构成了他所继承的文化的遗产。祭祖则是对我们所继承的历史遗产的创造者和传递者的缅怀，它实质上是一种对自我身份进行确认和肯定的仪式。它体现的是一种高度理性的认识，给予个体以不屈身于神性的庇护之下而获得心理归依和灵魂安顿的可能。而作为一种群体行为的黄帝祭祀典礼，是有归属感的社会传承有序的辨别力和秩序性的表征，是民族心理和民族文化成熟的标志。通过黄帝祭祀可以增加民族认同感，寻找共同的优秀价值观，有利于整个社会的和谐、健康、稳定和发展。黄帝祭祀文化，正在新的时代一如既往地体现它厚重持久的影响力，也必将在未来的岁月里发挥更为重要的作用。“甲申大祭”将祭陵仪式规范化、程序化,使一年一度的清明公祭黄陵典礼成为层次最高、影响最大的祭祀活动。甲申“中华大祭祖”，以其成功的筹谋、运作、良好的功效和影响载入拜祭黄帝的光辉史册，汇入“文化自觉”的世界大潮。它以毅然复归祭祖“精神”的里程碑风采，告慰中华先祖，21世纪龙的传人正沿着“黄帝精神”开创的“中华文明”的历史轨迹,走向更加昌盛、辉煌的新时代文明。

轩辕庙是祭祀黄帝的主要场所，位于桥山东南麓半腰之处，坐北面南，总体呈长方形，古柏院长140米，宽84米，总面积 11760平方米。其主体建筑按南北轴线逐次排列，有山门、过亭(现诚心亭)、碑亭、大殿，东侧有碑廊，西侧有接待室和文物陈列室。其外围原用红色砖墙围护，现改成花岗石砌筑围墙。

5.1.2 黄帝陵的文化价值

黄帝陵遗产地的人文景观资源以古墓葬、古庙宇为主体，以碑碣、古迹遗址、摩崖石刻为补充，从而构成首屈一指的人文景观，这些人文景观资源与黄帝陵冢共同形成了陵区深厚的历史文化底蕴，体现了陵区的特色。

第一，根祖文化的维系平台。黄帝陵冢的人文内涵围绕着黄帝文化展开，展现了黄帝在中国历史文化中的重要地位，普遍呈现了厚重的历史文化特性。

因此从黄帝文化的层面来揭示黄帝陵的内在价值和意义成为黄帝陵历史文化价值的核心所在。

黄帝陵祭祀有利于强化民族“本根”意识，提高民族凝聚力，有利于继承优秀传统，弘扬和培育民族精神，促进海峡两岸的统一，感召海外华人参加祖国社会主义现代化建设。黄帝是中华民族的人文始祖，是中华民族始兴的根与本，为中华民族的形成和壮大，中华文明的产生和发展做出了重大贡献。不论是在国家的兴盛时期，还是在朝代的更迭时期；不论是在民族的危难之际，还是在历史的转折关头，都要举行声势浩大的祭祝活动，且越往后，其祭祀典礼越隆重，规模越大，次数越多。以此表明不忘“本根”，宣扬黄帝文化和精神，强化其统治与国家的大一统局面。黄帝陵已经成为跨越时空，跨越意识形态，寄托全球华人民族情感，认同中华民族传统文化，寻根祭祖的圣地，成为团结海内外华人的强大纽带，具有激发爱国主义情感，增强民族凝聚力，提高民族素质的独特作用。“面对世界范围各种思想文化的相互激荡”，民族精神的复兴就显得更为重要。黄帝的祭祀，作为一种文化活动，有别于其他文化活动，它具有广泛性、官民共同参与性、庄严神圣性等特点。这些特点，决定了黄帝的祭祀文化活动，在继承优秀传统文化，弘扬和培育民族精神方面具有特殊的作用。黄帝文化的影响力早已不再局限于国内，而且也不仅仅表现出传统历史意义上的祖先崇拜，基于文化与环境的相互作用，黄帝陵必然与当代社会经济、科技、行为模式相适应。通过祭祀活动，可以体验到黄帝文化和黄帝精神的生命力、感召力、凝聚力所在，感受到中华传统文化和中华民族精神的博大和伟大，对增强人们爱国主义思想，纯洁人们心灵情感，激励人们昂扬向上，都能起到积极的作用[1]。

同时，鉴于黄帝陵文化的特殊性，以黄帝陵庙为核心的文物古迹、历史与民俗文化以及风景名胜等寓教于旅游的观光游览活动也日益发展壮大，成为吸引文化旅游者的重要因素。

第二，黄帝陵具有较高的风水文化价值。黄帝陵是中华民族的祖陵圣地。

[1] 霍彦儒．黄帝祭祀的文化意蕴 [J]. 华夏文化 ,2004,2:11-12.

它的自然山水格局具有独一性的特点，典型性意义很强。汉刘歆认为轩辕黄帝陵选之于桥山，是“居北辰之关中”， 在历史文献记载中，言及轩辕黄帝陵墓所在地点时，又必然谈及子午山及桥山，凤凰岭与沮水等具体的形胜之势。这充分说明与轩辕黄帝地位相宜的陵墓环境，实是风水绝佳之地。黄帝陵所在的桥山子午岭，是渭北高原中孟家塬向南延伸的一支主脉。其前有两条支脉伸向山脚下的沮水河畔。“黄帝陵墓冢置于凤凰岭中段(海拔高为997.8米)，是为九二之地。沿轴线向上有龙首山(海拔高为1020米)可依，是为九一之地。沿岭向下于凤凰尾处立庙，是为九五之地。山下沮水环绕，黄帝陵坐落于龙首凤尾之间，呈贵祥之地势。黄帝陵整体风水格局，从龙、虎、龟、凤四类具备，这是上古原始的典型风水格优选，黄帝必居天下之中。遵照“玄武(北面)垂头，朱雀(南面)翔午，青龙(东面)蜿蜒，白虎(西面)驯俯(俯伏)”。由此对功能有明确界定，在黄帝陵山水格局中已经得到了充分的体现。周围的山脉(凤凰山、印台山、龙首山、西山)对为黄帝陵“藏风聚气”起到屏障作用，有利于形成小气候环境。轩辕庙位于“青龙”位，“青龙在左”即绿色神龙居左镇守，综领东方七宿这完全符合中国古代风水学理论，在这里天、地、人的条件中，处于齐备而和谐。在四象龙、穴、砂、水（即地势、位置、环境、贫富）的条件中，均占有绝佳的形胜之地。这是黄帝陵具有宏伟、庄严、古朴、肃穆之先天条件[1]。

因此从风水理论分析，核心区山水格局内各个景观要素符合传统风水学中理想模式，这其中的任何一个要素，都是黄帝陵山水格局有机组成部分，核心区布局能够满足“龙穴砂水无美不收，形势理气诸吉咸备”，遵从了“山环水绕、负阴抱阳”的风水格局。核心区背后龙山重岗、开屏列帐，陵区负阴抱阳，避免冬季寒风。左右护砂，环抱拱卫，溪水分流，藏风聚景。近案似几，远朝如臣，使建筑物前后对景，遥相呼应（图5－1）。

[1] 佟裕哲．陕西古代景园建筑 [M]. 西安：陕西科学技术出版社，1998,:120-121.

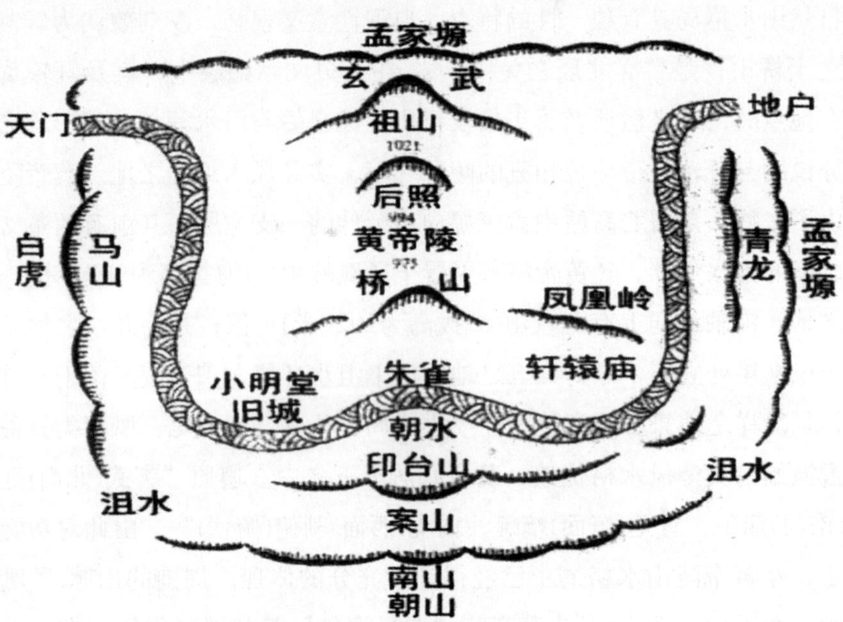

图5－1　黄帝陵风水

Figure 5－1　huangdi tomb feng shui schematic diagram

来源：《黄帝陵　祖陵圣地 历史 · 现在 · 未来》

5.1.3　黄帝陵的旅游利用模式

作为“有陵无墓”的一类帝陵遗产，黄帝陵给予世人的更多的是一种精神导引。黄帝作为一种“精神”，千百年来，受人推崇，世人敬仰。更多的是构建一种中华文明的象征和“中华精神”形象。形象导向的帝陵旅游利用模式是黄帝陵遗产旅游利用的范式，打造人文初祖，构建祖陵圣地旅游是黄帝陵旅游利用的一种重要模式。

黄帝陵区是中华民族的祖陵圣地，是集历史文化、自然景观与经济、社会发展为一体的管理保护区。是中华民族人文始祖轩辕黄帝之陵庙所在地，黄帝陵则被列为我国古墓葬第1号和重点文物保护单位，1998年被陕西省列为首批旅游区，并被定为全国首个爱国主义教育基地之一。黄帝陵作为中华民族根之所在和华夏文明的发祥地，千百年来受世人的崇敬和祭奠。我国各族人民历来都把黄帝奉为自己共同的祖先，视为中华民族勤劳、勇敢、智慧、团结的象征。黄帝陵已成为海内外炎黄子孙跨越时空和意识形态，谒陵祭祖，凝聚民族情感，团结全球华人的重要场所和纽带。

黄帝陵，作为中华民族根之所在和华夏文明的发祥地，千百年来受世人崇敬和祭奠。轩辕黄帝以山为陵，古老幽静、庄严肃穆的黄帝陵园，是整个风景名胜区的主题和核心所在，具有不可替代的文物历史和人文观赏价值。黄帝陵是华夏民族的神圣殿堂，是维系海内外炎黄子孙的精神纽带。

以“根祖文化”旅游为主要形式的帝陵旅游成为重要的诉求。保护这种“有文化意味的空间”也成为黄帝陵旅游利用的主要模式。1998年10～11月，在联合国教科文组织的第155次大会上，首次使用了“文化空间”这个术语。“文化空间”是“具有特殊价值的非物质文化遗产的集中表现”。“文化空间”作为一种遗产类型，它关注的是人的特定活动方式发生的空间和共同的文化氛围，因此兼具空间性、时间性和文化性[1]。这类遗产的提出有助于人们对“有文化意味的空间”的关注、研究和保护，那些用于特定活动，如节庆、宗教、礼仪的场所，其空间本身与在该空间存在的其他文化形式共同建构了一种文化遗产类型。也即关注遗产空间环境是特定遗产得以延续的保证。黄帝陵作为帝陵文化遗产，其特有文化的发展演进是在作为文化主体的人与文化本身及环绕二者的环境之间互动的历史，三者构成了一个文化—环境—人的复合生态系统，文化就是在三者动态平衡的时空中不断演进的[2]。文化的发展离不开其生存的环境，这里的环境包括自然地理环境，也包括社会文化环境。特有的地域文化、文化圈、文化带等都是文化生存与发展的社会文化环境。文化生态是以文化为核心，更多关注的是文化，强调文化的条件，其任务在于把握文化生存与文化环境的联系。文化环境体现了各种社会关系的群体构成。

科学合理的旅游利用模式是确保黄帝陵区可持续发展的战略思路。黄帝陵区的性质定位为中华民族的祖陵圣地。它是以黄帝陵庙为核心的生态环境、人

---

[1] 陈虹．试谈文化空间的概念与内涵 [J]. 文物世界，2006(1):44-46;64.

[2] 魏美仙．文化生态：民族文化传承研究的一个视角 [J]. 学术探索，2002(4):106-109.

文环境及景观环境的管理保护区，也是特殊的、具有现代文明水平的以旅游业为主导产业的经济和文化社区。黄帝陵景区是特有的以祭祀文化为主的“文化空间”遗产，离开文化因素，许多传统环境就无从理解。保有这种遗产的文化生态氛围，以黄帝陵庙为核心，通过中华民族传统的寻根祭祖活动以及相关的文化旅游活动来丰富和发展旅游地是黄帝陵未来发展的正途。民俗活动，是民族文化的集中展示。在文化传承中的意义是以其文化的浸润为铺垫的，我们无须人为地设定缺乏文化内蕴的民俗活动，但要充分挖掘传统民俗活动所负载、散发文化信息的潜力，为文化传承提供一条最有效的途径。诸如通过黄帝陵祭祖观光游（主要是在黄帝陵区内进行）、“中华五千年文明史”游、史前文化游、空中黄帝陵“风水”文化游等来满足旅游需求。通过这些体验旅游项目，把黄帝陵区建成弘扬中华文化、凝聚民族情感、进行爱国主义教育的特殊旅游基地和特色鲜明的国际化旅游点，使黄帝陵区成为世界华人的圣地。这是黄帝陵区未来发展的方向和使命所在。

5.2 秦始皇陵文化价值与旅游利用模式

5.2.1 秦始皇陵概况

秦朝是我国历史上第一个真正统一的封建王朝。它存在的时间虽然只有短短15年(公元前221—前206年)，但它奠定了此后2000多年中国封建社会的政治基础，对中国古代历史进程的发展产生了巨大的影响。秦始皇便是这个王朝的第一个皇帝。秦始皇陵坐落在陕西省临潼县城东5公里处，南依骊山，北临渭水，规模宏大，气势宏伟。在中国古代帝王陵墓中，秦始皇陵以制度严密、规模宏丽、结构复杂、藏物丰富而著称。这座巨大的帝王陵墓是秦王朝动用大量的人力物力修成的。整个陵园设计巧妙，布局奇特，当其盛时，地面建筑鳞次栉比，与周围优美的自然环境相映成辉；地下宫殿雕梁画栋，上具天文，下具地理，显得异常神秘[1]。

秦始皇陵是一项巨大的工程，前后修了39年。其规模宏大非同一般，仅陵

[1] 王双怀．陕西皇帝陵 [M]. 西安：西安出版社，2010:25.

的封土，据说当时高五十丈（115.5米）。经过2000多年的雨水冲刷和人为的破坏，现在从陵前的碑底实测，它的高度为47.6米，陵园面积56.25平方公里。近年来，从秦陵陵园内发掘出了兵马俑坑、铜车马坑、马厩坑、珍兽坑、陪葬墓、寝殿、飤官遗址建筑等遗址和文物，使秦陵一下名驰世界，饮誉中外。

秦始皇继承战国以来的厚葬风气，并把它大大地发展、系统化，以至于秦始皇陵的规模和格局，成了以后帝王修建陵墓的蓝本。秦始皇陵建筑分为地面建筑和地下建筑两部分（图5－2）。秦始皇陵的地面建筑很多，主要有高大的封土、宏伟的宫殿和坚固的城垣等。这些建筑绝大部分分布在秦始皇陵园中，高大、雄伟、庄严、肃穆，在骊山脚下构成了一处奇特的人文景观。可惜存在的时间太短。秦陵的建筑像一座都城，在高大的封土外围，用夯土筑起内外两重城墙，呈南北向的长方形。内城墙长1355米，宽940米，周长387米；外城

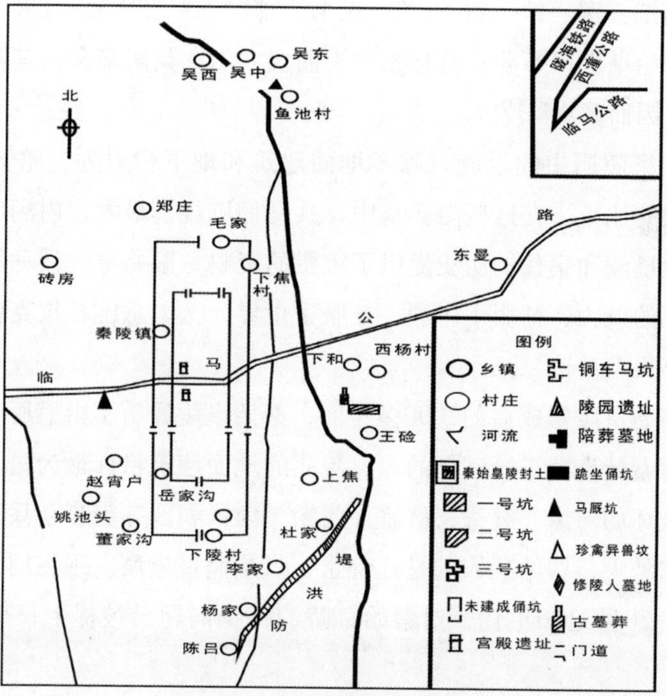

图5－2　秦始皇陵园平面分布

Figure 5－2　The Plane distribution diagram of Emperor Qin Shi Huang Mausoleum

墙长2165米，宽940米，周长6210米。城墙的四个角上，建有角楼。每个门前都有阙楼。封土的北边，是帝陵的寝殿建筑。在墓的一边建寝殿，也是始于秦始皇，以后历代帝王也在陵旁建起了寝殿。在秦陵以东，距秦陵约七八里的地方，即现在临潼县大王镇的东南，有残存的秦阙。这些都是秦陵地面建筑的一部分[1]。

秦始皇陵园中，地宫是最神秘的地方。《史记 · 秦始皇本纪》："始皇初即位，穿治骊山，及并天下，天下徙送诣七十万人，穿三泉……"，"初即位"，当指年十三，庄襄王死，政代立为王。嬴政自登上王位就开始为自己营建陵墓。及至统一天下后，充分发挥国家机器的职能，从全国范围内大规模地征发劳动力，大大地加快了陵墓工程的步伐[2]。由于尚未发掘，秦陵地宫的宝藏只能根据文献进行探索。《三秦记说》：蓝田"有川，方三十里，其水北流。出玉、铜、铁、石"(《后汉书 · 郡国志》注引)。《水经 · 渭水注》则说，"秦始皇大兴厚葬，营建冢圹于丽戎之山，其阴多金，其阳多玉。始皇贪其美名，因而葬焉"[3]。

秦始皇陵园中的设施，除了地面建筑和地下宫殿外，陪葬坑在陵园中占有相当大的比重。在这些陪葬墓中，兵马俑坑规模最大，内涵也相当丰富，为研究秦始皇陵和秦代的历史提供了宝贵的资料。秦始皇陵兵马俑以其宏伟的气势，非凡的魅力，征服了中国，征服了世界，法国总统希拉克盛赞秦始皇陵为"世界第八大奇迹"。

在秦始皇陵修成后的2000多年间，秦始皇陵经历了由盛而衰的过程。项羽是最早对秦始皇陵进行破坏的人。陵园的地面建筑目标最为显著，是首先遭到洗劫和破坏的对象。寝殿、飤官、门阙、角楼和园寺吏舍在兵燹中无一幸免。在这些遗址上，留给后人的是红烧土，真是满目疮痍。现在的秦始皇陵日益受到重视。20世纪50年代，对秦始皇陵的保护问题已被提上议事日程。1956年

[1] 王学理 . 秦始皇陵研究 [M]. 上海：上海人民出版社，1994:20.

[2] 武伯纶，张文立 . 秦始皇帝陵 [M]. 上海：上海人民出版社，1990,3:13-18.

[3] 王学理 . 秦始皇陵研究 [M]. 上海：上海人民出版社，1994:1.

8月，秦始皇陵被列入“陕西省名胜古迹第一批重点文物保护单位”。1961年3月，国务院正式公布为第一批全国重点文物保护单位，并树立了保护标志。1962年3月，建立“秦始皇帝陵”碑亭，在其背面刻着有关陵园的资料及图形，从而使广大观众从中获得不少知识并了解到保护的意义。为了保护秦兵马俑和接待参观以及研究的需要，1979年10月1日正式成立了“秦始皇兵马俑博物馆”。1987年12月被联合国教科文组织列入《世界遗产名录》，使之成为世界人民共有的文化财富。

5.2.2　秦始皇陵的文化价值

秦始皇陵是中国古代帝王陵墓中规模最大、埋藏物最丰富的一座大型陵墓。它是一座地下的文物仓库，也可说是秦帝国兴盛时期拥有天下财富的一个缩影。秦始皇为了显示帝王的权势，实行厚葬，按照自己生前的享受设计地下的陪葬，无意中把在秦代已经高度发达的人类文明留给了我们。整个秦始皇陵是我国秦代人民血汗和智慧的结晶，它反映了一代人类文化。这些遗址和出土文物，为我们了解古代的政治、经济、军事、文化、艺术、科学技术和民俗，提供了重要的实物资料。这些文物不仅能够增长人们的历史知识，增强人们热爱祖国、奋发向上的精神，还能给人以美的熏陶，陶冶人们的情操[1]。

5.2.2.1　秦始皇陵文化遗产是中国古代文明的巅峰杰作和代表

秦始皇陵是我国历史上第一个皇帝陵园，也是中国古代帝王陵墓中规模最大、埋藏最丰富的一座大型陵园。其地下丰富的文物内涵，凝聚了秦代政治、经济、军事、科技、社会和文化等各个领域最具代表性的重要实物资料，对于秦代社会、经济、技术、艺术、科技等领域的研究具有重要的价值。经过2000多年的岁月流逝，历史上盗走的陵园文物已流落海内外很多。而通过文物考古工作者辛勤发掘而获得的文物实物资料研究秦代社会，对窥探古代文明具有积极的作用和价值。

由于目前尚未知晓秦陵地宫的情况，秦兵马俑坑的发现具有重大的历史意义。它的宏伟气势和众多出土文物，首先给历史研究者和自然科学工作者提

[1] 武伯纶，张文立．秦始皇帝陵 [M]. 上海：上海人民出版社，1990:13.

供了大量实物资料，使人们对秦代政治、军事、文化的研究，有了许多突破。兵马俑的实物使得研究者关于古代军队的队列、服饰以及战车的编制等有了清晰的了解，也为普及历史知识提供了形象逼真的材料。由于秦代的焚书坑儒，其文化艺术几乎是一片荒漠。兵马俑坑的发现揭开了人们认识秦代文化艺术的新窗口。秦俑作为我国雕塑艺术史中承前启后划时代的雕塑作品，在我国艺术史上占有重要一页。它以中华民族的传统雕塑，与古希腊、古罗马雕塑东西并峙，各秀一枝，是中国文化艺术史的光辉里程碑。秦俑和秦陵铜车马的雕塑艺术，已为中外艺术史家所注意，成为我国古代艺术的不朽杰作。在秦陵出土的陶文，有秦小篆、秦隶。它古朴、苍劲，富于变化，是书法艺术上不可多得的珍品。秦始皇陵出土的瓦当、方砖、空心砖等建筑材料，有云纹、叶纹、夔纹、几何纹等数十种，变化多姿，图案美丽，自成一代珍品，为艺术史家所珍爱，成了研究中国文化艺术史的宝贵实物资料[1]。

5.2.2.2 秦始皇陵文化遗产是文明的见证和传承历史的重要途径

通过秦始皇陵文化遗产，我们可以清晰地看到，它翔实地展现出秦代社会文明的承上启下的历史地位。从青铜冶炼、陶俑创作、防锈技术等各方面，都可以看到它的发展足迹。古代人创造的艺术珍品，对现代人具有美的陶冶。面对这些文物，现代人从中获得了历史的反思。它用潜移默化的力量，激励现代人奋发有为。这便是秦始皇陵文物的历史启迪和它的价值所在。中国作为世界四大文明中唯一一个延续至今的文明，与世界其他文化一起，共同缔造了人类社会的发展进程。在中国5000年的文明演进过程中，秦始皇建立了统一的封建制国家——秦，他统一了文字、度量衡、货币，建立了中央集权制的官僚管理体系，这些开创性的功绩奠定了此后中国延续了2000多年的封建制度。但是历经2000余年的风雨沧桑和战乱破坏，能够反映这一人类社会发展进程中重要阶段的实物资料已经是少之又少，无法让我们全面、真实、系统地了解和研究这一重要的历史时期。而秦始皇陵的发现正好补充了历史的不足。通过秦始皇陵，我们能够了解历史、认识历史。它成为传承历史知识的重要途径。

[1] 武伯纶，张文立．秦始皇帝陵 [M]. 上海：上海人民出版社，1990:93-96.

5.2.2.3　秦始皇陵文化遗产是中华民族精神家园的寄托，成为追寻历史记忆的有效载体

我国的文化遗产蕴含着中华民族特有的精神价值，体现着中华民族的生命力和创造力，是民族智慧的结晶和人类文明的瑰宝。遗产成为人类历史的记忆，“借助于记忆，我们可以时刻与过去和未来相结合。如果没有记忆，我们便无法进行学习，我们所面临的每一种情绪都像初次面临的那样”[1]。法国建筑理论学家亚当·杰迪德指出，“任何建筑，不论是旧建筑或是新建筑，只要拥有其真实的、特别的存在过程，便拥有其历史”[2]。随着时间的流逝，建筑遗产作为这个过程的物证，成为人们解读遗产自身历史的参照。意大利史学家克罗齐说“历史是从生活出发的，并且是归结到生活的；是从实在出发的，并且是归结到实在的。因此，一切真历史都是当代史”[3]。历史决不是关于死亡的历史，而是关于过去人们生活的历史。认识、了解历史，不仅是知道前人做了什么，也是知道前人有什么作为在我们身上起作用。回顾历史实践，重温人类行进的历史步伐，在心灵中重演过去的思想，总结历史盛衰、兴亡的经验教训，往往会对我们今天的新生活提供一种精神动力和支撑。过去的历史，用现代思想的活水去浇灌、滋润，用新生活的阳光去照耀，就会在两种视界的交融、碰撞中使历史再度发言，迸发出思想的火花，从而充实、丰富我们的精神家园。即要在历史建筑中充分挖掘出其对当下时代意义的内容，并使其充分体现出来。陕西的文化遗产就像一条经久不息的历史长河，绵延不断地传续了中华文明、中华传统的历史文脉；陕西的文化遗产也真实地记录了中华民族几千年兴衰的历史进程，成为追寻周秦汉唐历史的载体。秦始皇陵作为陕西文化遗产的突出代表，是目前陕西省唯一一处独有的世界遗产，“因残垣断壁的存在再度唤醒人们长时间处于休眠状态的、被遗忘的记忆”，“岁月的痕迹”使得遗产拥有了岁月的价值。

---

[1] 考夫卡．格式塔心理学原理 [M]. 黎炜，译．杭州：浙江教育出版社，1997:556.

[2] YEDID P A. Know and create[J]. Technique and Architecture, 475:86-92.

[3] 何兆武，陈啓能．当代西方史学理论 [M]. 上海：上海社会科学院出版社，2003:139.

5.2.2.4 秦始皇陵是早期风水文化的典范

秦始皇陵南依骊山，北临渭水，地形高敞，东西各有数条河溪环绕，陵区地势宽广。渭河U形蛇曲，横贯关中平原，至此处逶迤曲转，似银蛇横卧。形势之美，环境之秀，为关中之冠。渭水、始皇陵、骊山1302米高峰三者一线呈南北分布，气势磅礴壮观，可谓是得天独厚的风水宝地。它处在背依山峰，面临平原的山冲之地，是骊山北坡的大水沟和风王沟之间的开阔地带，位处渭水南岸三级阶地与骊山山地之间的台原地，不但地势较东西高而且受东西两侧水流的拱卫，是一处极为理想的墓地。郦道元在《水经注·渭水》中曾指出："秦始皇大兴厚葬，营建冢圹于骊戎之山，一名蓝田，其阴多金，其阳多美玉。始皇贪其美名，因而葬焉。"[1]秦始皇将自己的陵墓选定在距自己的父亲秦庄襄王陵以东10公里处的骊山脚下，不仅符合依山傍水的风水观念，也恪守了晚辈居东的礼制。

秦始皇陵园的布局巧妙地利用了自然环境。一是把陵与山、水相结合，三者浑然一体。二是把墓冢及城垣等重点设施放在最高的土塬上，其他附属设施则放在较低的土塬上，以自然河道相分割，从而使主从关系高度清晰。三是城垣的设计，随形就势，呈长条形，与地形地貌协调一致。四是陵南修筑防洪大堤，显现了陵园设计与地理环境的关系，"师法自然，而又高于自然"，顺乎自然而又改变自然，达到趋利避害的目的。五是在总体布局上，不求绝对的均衡对称，而是利用地形的高低起伏，求一种"自然美"，把主次不同的陵园设施随自然的地形、地貌延展开来。在中国历代陵园发展史上，秦始皇陵园是陵与自然环境和谐一体的典范[2]。

古代帝陵的建造往往模仿其宫殿建筑。秦始皇陵园布局突出特征是围绕秦始皇陵一个核心，以秦始皇陵的封土为轴线，内、中、外三个层面展开进行的。秦始皇陵园像一幅都邑图，高大的封土及其下的地宫象征着生前的咸阳宫；周围的内外两重夯土墙垣，象征着京师的内外城或名之曰大小城；外城垣

[1] 彭博．中国文化知识读本：秦始皇陵 [M]. 长春：吉林文史出版社，2010:20-25.

[2] 袁仲一．秦始皇陵发现考古与研究 [M]. 西安：陕西人民出版社，2002:8.

东侧的兵马俑坑，象征着守卫京城的宿卫军；上焦村的小型马厩坑群及西内外城垣之间的大型马厩坑，象征着京师的宫廷厩苑；陵封土西侧的铜车马坑，象征着宫廷的乘舆，为始皇的车驾卤薄；西内外城垣之间的一批珍禽异兽和跽坐俑坑，象征始皇生前的囿苑，供其狩猎和游乐[1]。而封土的覆斗状形制亦表现了天圆地方的天地观念。“中国古代思想的一个原初点，它通过一系列的隐喻，在思维中由此推彼，人们会产生在空间关系上中央统辖四方、时间顺序上中央早于四方的观念。当这种观念延伸到社会领域，就会成为中央帝王领属四方藩臣的政治结构的神圣性与合理性依据。”[2]秦始皇将封土建为此等形制一方面有通神法天模拟宇宙的含义，另一方面也蕴含了自己作为中央帝国之王主宰四方的思想。

5.2.3　秦始皇陵的旅游利用模式

秦始皇陵是“覆斗方上式”的土墓葬，是“封土墓葬”的代表。秦始皇陵遗产是属于“地下气象万千，地上一无所有”的遗址。由于其建筑材料多为土木结构，加上中国历史上多次农民战争、农民起义，这些遗产遭受了不同程度的毁损，中途消失很多，即使遗留下来的也仅留下遗址，或者是仅有历史记载。可感知性、可理解性和体验性差，直接影响到遗产的感知和传播[3]。建设秦始皇陵遗址公园成为秦陵旅游利用的重要模式。遗址公园导向帝陵旅游利用模式成为秦始皇陵未来发展的方向。

如何对秦始皇陵文化遗产进行保护性体验旅游开发成为必须考虑的问题，而遗址公园模式无疑给出了一个可行性的答案。遗址公园是大遗址保护和城市公园休闲功能的融合，注重景观设计对于大遗址遗迹的文物保护要求，并且吸收了城市公园设计的经验模式。通过建设遗址公园，能够再现大秦辉煌的历史，恢复遗产的原真信息，传播遗产地精神，并且能够有利于遗产保护和旅游

[1] 袁仲一 . 秦始皇陵发现考古与研究 [M]. 西安：陕西人民出版社，2002:393-396.

[2] 葛兆光 . 中国思想史 [M]. 上海：复旦大学出版社，2002:45.

[3] 张建忠，孙根年 . 遗址公园：文化遗产体验旅游开发的新业态 : 以西安三大遗址公园为例 [J]. 人文地理，2012,123（1）:142-147.

发展的和谐共生，实现遗产保护和旅游发展共赢[1]。

西安市旅游局前几年制定的《西安市旅游发展总体规划 (2006—2020)》，给予临潼区的旅游发展战略定位是：世界唯一的秦兵马俑旅游目的地与国际著名的盛唐御汤文化度假目的地。基于此总体规划确定的产品开发方向为：以秦始皇陵遗产游、御汤度假、梨园艺术、风景名胜游览、红色旅游为主要产品，以自然生态旅游、修学旅游、郊野休闲为支撑产品[2]。可以说这样一个总体规划，为临潼区的发展提供了思路，更为秦始皇陵文化遗产地的发展指明了方向。以秦始皇陵遗址公园为核心打造世界唯一的秦始皇陵遗产地成为秦始皇陵未来发展的方向。遗址公园模式，能够带动文化旅游业的发展，增强了文物古迹可感知性、可理解性和可参与性，通过局部复原、改建重建、模型展示、虚拟再现等手段，将旅游体验主题化、可视化和舞台化，以普通旅游者可感知的方式强化主题，实现了遗产旅游新的突破，创新了遗产旅游模式，开创了遗产保护和旅游发展的新业态。秦始皇陵文化遗产地应该作为西安遗址公园“活化”的典型案例，因为它有着极其重要的代表性。

随着旅游资源及其产品向纵深层次和全方位的发展，传统的观光游览活动已不能满足和适应旅游者及现代旅游业发展的需求。21世纪是文化制胜的世纪，是文化大交流的世纪。而文化旅游正以展示民族历史的瑰宝、人类文明的精神历程和指引回归精神家园的途径，逐步成为生命力旺盛的新兴旅游项目。有着深厚文化底蕴的秦文化正好满足了人们这种愿望与需求。先民们坚韧不拔的奋斗精神，对文化艺术的献身精神，对美好生活和理想的追求精神都会对现代人的思想和感情产生强烈的影响，使他们产生震撼和共鸣，从而得到熏陶和启示。以“秦韵”著称的秦文化的开发也必将给整个西安的旅游增光添彩。随着近几年文化旅游热的发展，在人们经历了思想巨大解放，又经历着不断解放思想新课题的进程中，我们应坚持经济文化互动发展原则，挖掘秦文化的现

[1] 张建忠，孙根年．遗址公园：文化遗产体验旅游开发的新业态：以西安三大遗址公园为例 [J]. 人文地理，2012,123（1）:142-147.

[2] 西安市旅游局．西安市旅游发展总体规划 (2006-2020)[EB/OL].[2016-09-05].http://wwwxian-tourism.com/guanFangFaBu/news.

代旅游价值，坚持“古为今用”的思想，以秦文化为母题，加强人文生态设施建设，建设先进文化，更要抓住这个机遇大力弘扬秦文化，我们突出秦都文化自然、大气的特点，继承、展示秦文化遗产，重塑具有秦风秦韵的城市新形象[1]。促进西安乃至西部经济的发展来促进陕西经济发展。秦始皇陵走遗址公园的模式是历史的选择。

1987年秦始皇陵和兵马俑博物馆列入《世界遗产名录》之后，秦兵马俑盛名在外，从世界看，它被称为“世界第八大奇迹”，荣登“世界遗产清单”；1978年法国总统希拉克、1984年里根和夫人南希、l984年联邦德国总理科尔都来博物馆参观兵马俑。1998年，时任美国总统的克林顿参观兵马俑。普京总统2004年访华参观秦兵马俑。新加坡前总理李光耀参观兵马俑时说“秦兵马俑是中华民族的骄傲”，兵马俑已经成为世界旅游符号。从中国看，它被列入中国名胜“四十佳”，西安十大名胜之首；从事实看，每年接待几百万的旅游者；2002年评为4A级景区，又于2007年被评为5A级景区。名人游名地，名地名人游，名人游过凡人来，成了一种互动效应。众人争游，蜂拥而至。这一世界“旅游符号”必将秦代的历史、文化、社会风俗、科技水平、秦人的艰苦卓越的拼搏精神、秦始皇的丰功伟绩和残暴统治等告诉世界观众，让观众在参观中思考，得到无形的思想上的收获，增强其社会效益。兵马俑所体现出来的军事文化是我们研究古代军事文化的好去处；铁器、青铜器等是古代人民劳动智慧的结晶；秦俑文化展现了秦代雕塑艺术的高度成就……这一切都体现了秦文化的巨大旅游价值，都成为吸引旅游者参观旅游的重要文化旅游资源。兵马俑遗址公园模式也必须依仗这一世界“旅游符号”，“活化”遗产资源，让兵马俑“活”起来，让世界“动”起来。

5.3　乾陵文化价值与旅游利用模式

5.3.1　乾陵概况

唐朝帝王陵墓区，分布于关中盆地北部，陕西渭水北岸的乾县、礼泉、泾阳、三原、富平、蒲城一带山地，东西绵延300余里。唐陵的特点是“依山为

[1] 王朝晖 . 试论秦都文化及其发展 [J]. 规划师，2006,1:92-94.

陵”，不像秦汉陵墓那样采用人工夯筑的封土高坟，而开“山陵”之先河。18座唐陵中，仅献陵、庄陵、端陵、靖陵四陵位于平原，余均利用天然山丘，建筑在山岭的顶峰之下，居高临下，形成“南面而立，北向为朝”的形势。

乾陵位于陕西乾县城北6公里的梁山上，是唐高宗李治与女皇武则天的合葬陵。始建于683年，到705年武则天入葬为止，前后共建了23年。由于陵的方位处于长安西北，在八卦的“乾”位上；而据《易经》，“乾”又有“天”意。因此埋葬高宗“天皇大帝”的陵称为乾陵，它也是唐代帝王在陕西关中地区“十八陵”中保存得比较完整的一座，也是唐陵中具有代表性的陵墓。城垣分为内外两重：内城占地230万平方米，外城“周八十华里”。陵园规模宏大，建房378间，堪称“历代诸皇陵之冠”，也是后世帝王陵墓仿效的楷模。陵园内竖立着124尊大型露天石雕文物，陵园东南方分布着两个太子、三个亲王、四个公主、八个大臣的陪葬墓，被誉为“东方第一封建陵园”和“世界第九奇迹”（图5－3）。1961年3月4日乾陵被国务院确定为全国第一批重点文物保护单位之一。2001年元月，乾陵又被确定为国家4A级旅游景区。

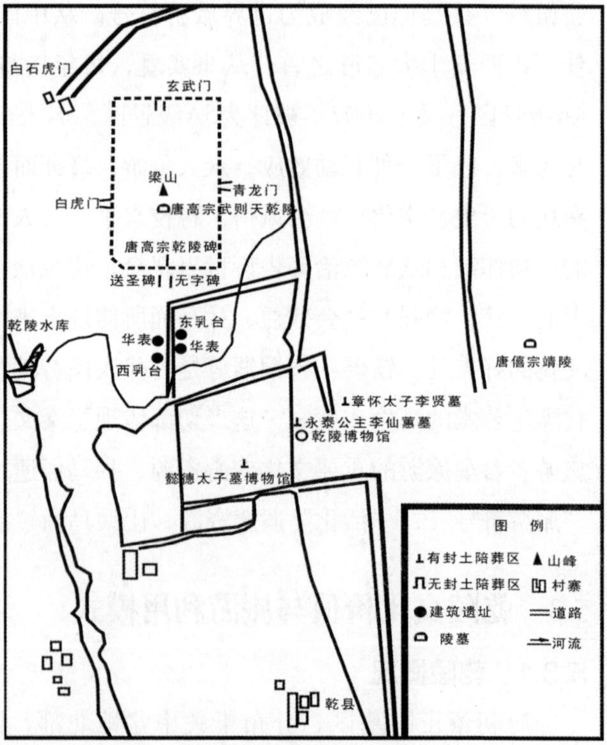

图5－3　乾陵陵园及陪葬墓分布

Figure 5－3 The Plane distribution diagram of Qian Mausoleum and Tombs

文物是人类文明的历史见证，是华夏文化亘古绵延的重要载体，是历史与现实对接的桥梁。乾陵遗产文化品位高，存量大，类别丰富。1960～1972年先后发掘了永泰公主墓、章怀太子墓、懿德太子墓等5座陪葬墓，出土大批珍贵文物4300件、独步天下的唐墓壁画1200平方米、石椁线刻画150平方米以及色彩艳丽、造型生动的唐三彩和陶俑不胜枚举，陵园气势磅礴，建筑高大壮观，阙楼为历代帝王陵墓门阙之最，陵园中的石刻个体规模宏大、形体硕大，无字碑、述圣纪碑为历代群碑之冠。陪葬墓之内的石椁、石门、石墓志等举世罕见。乾陵的地宫在内城中部，坐北朝南，乾陵墓道在陵墓的正南方，墓道呈斜坡形，道长63.10米，宽3.90米，用厚石条堆砌，层叠于墓道口到墓门。石条是交错砌压的，石条之间平面用铁拴板固定，又浇筑铁汁。陵园的东南部、第一道门和第二道门之间的东部，分布王公大臣的陪葬墓17座，已发掘的三座唐代地下宫殿，其等级之高、规模之大、营造质量之高，是唐代墓葬中的典型代表。其中章怀太子墓的三彩镇墓兽，官宦俑、武士俑、鞍马和骆驼等，身材高大，釉色艳丽；永泰公主、懿德太子墓的金铜镏金、玉饰品形状多种多样，雕刻非常精细。墓内壁绘制的彩色壁画更是引入注目，内容主要有：青龙、白虎、步骑仪卫、狩猎、打马毬、男侍、女侍等，内容十分丰富。特别是在章怀太子墓道西壁的打马毬图极为珍贵。这些文物昭示着博大精深的盛唐文化，具有很高的历史价值、艺术价值和科学价值。

众所周知，乾陵本来是武则天为唐高宗修建的陵墓，其中有许多精美的大型石刻。如果乾陵里仅仅埋葬的是唐高宗，也许它只是一座普通的唐帝陵而已。但是，由于武则天的入葬，极大地丰富了乾陵的内容，改变了乾陵的格局，使乾陵成为中国唯一的帝王合葬墓，加之史书上关于关中帝陵保护情况的种种记载，从而大大提升了乾陵的影响力和知名度。在唐代，乾陵松柏掩映，雄伟庄严，“宫阙台阁，既峻且丽”，犹如一座环境优美的城池。经过1000多年的风雨沧桑，乾陵虽失去了唐时的风采，但透过数以千计的文化遗存，我们依然可以想见它在昔日的荣光。从文献记载和考古资料来看，乾陵的建筑布局是以神道为南北中轴线来安排的，地面建筑主要有方城阙、封丘、寝宫、游殿、下宫和陵署等。乾陵在“关中十八陵”中并不是规模最大的陵墓，但它却被誉为“关中唐陵之冠”，最根本的原因就在于乾陵气势宏伟，有丰富的地面遗存，有保存完好的地下宫殿，还有许许多多尚未解开的谜[1]。可以说，自从有了乾陵，便有了乾陵文化的载体、乾陵文化的宝藏。乾陵墓穴在最高的北峰南麓穿山开凿而成，陵墓本是一个圆锥形石灰质的山峰，海拔1047.9米，蔚为壮观。三峰耸立，最高山峰为陵的主体，南面二埠较低，东西对峙，形成乾陵的天然门户，气势雄伟。郭沫若先生在咏乾陵的诗中写道："南对乳丘思大业，下临后土望长安。"乾陵地面上依山的形势，对称排列着精美的石刻群，从南面的第一对土阙起，向北有呈八棱柱形的华表1对，卷云纹双翼马1对，高1丈5尺，浮雕朱雀1对，高6尺，鞍蹬饰的马5对，高9尺，有头戴冠，腰束带，手握剑的石人像10对，高1丈5尺。陵的西侧有武则天撰文，中宗李显楷书的"述圣纪碑"，是歌颂唐高宗文治武功的，这碑高6.3米，上有庑殿式的顶盖，下有线刻兽纹的基座，碑身为5段，共7节，亦称"七节碑"，碑上刻字的笔画内，填以金屑，至今看上去，尚有金光闪闪之感。在"述圣纪碑"的东面，有武则天为自己立的"无字碑"，古人说，这是她表示自己"功高德天"，难以用文字表达。也有人说，武则天遗言，己之功过，由后人评说，因而一字不刻。然而，当初的无字碑变成了有字碑。可惜，刻满字的碑，竟因经年的风霜雪雨的侵蚀，字迹已难辨认[2]。

乾陵无论是地面上的建筑石刻，还是地下墓穴的施工，以及整个陵园的规划设想，都充分显示出我国古代劳动人民的聪明才智。雕刻艺术的精湛技巧，代表了唐代高度的文化与科学技术水平。墓室内的文物珍宝，异常丰富，一旦发掘出来，必将使人们大开眼界。

5.3.2 乾陵的历史文化价值

乾陵的文化内涵非常丰富，乾陵文化是中国陵墓文化的典型之一，是盛唐文化的精品荟萃，是大唐帝国的一个缩影。乾陵的历史文化价值之高世界罕见。乾陵的营建是我国古代人民对大自然景观的改造与利用的杰出代表，因而被称为唐代帝王陵墓的代表作，也是中国古代最宏伟的帝陵之一。

[1] 樊英峰 . 乾陵文化研究 : 三 [M]. 西安：三秦出版社，2007:1-15.
[2] 新惠 . 人界与灵界 : 中国陵墓文化 [M]. 北京 : 朝华出版社 ,1992:48-50.

5.3.2.1 乾陵具有见证突出文明的普遍价值——建筑文化价值

乾陵是7世纪东亚“依山为陵”纪念性建筑工程的杰作，陵墓体现了古人对高山景仰的崇拜，这是世界上其他陵墓所没有达到的高峰。唐乾陵创建了一个围绕山峰整体安置灵寝的自然效果，奠定了唐代“依山为陵”葬制的基本模式，它与周围的自然环境和谐地融为一体。乾陵南北中轴线和左右对称相结合的布置建筑组群，使整个陵区交替出现三次建筑艺术的高潮，从任何一个景区都能看到主峰顶巅，提升了祭拜者对皇帝敬仰的心理[1]，为后世陵墓设计者所沿袭仿效，证明唐代纪念性建筑规划的理念和实践具有很高的水平。唐乾陵的建立对中国古代陵寝建筑制度的演变具有重要的昭示作用，关中18陵中有14座依山为陵，以昭陵为开创，以乾陵为定制。这种以巍峨峭拔山峰为不朽陵寝的做法，是东亚北方陵墓建筑设计的最佳典范，也是已消失的唐代草原文化和农业文明融合的独特见证。乾陵大体上是模仿唐高宗生前的生活环境所设计的，所以在封域之内有两重城郭。第一重城郭是地宫和寝殿的所在地，相当于皇帝居住的宫城；第二重城郭是朝仪的所在，相当于国家机关所在的皇城。皇城之外、封域之内的大片地方为陪葬墓区，相当于外郭城或百姓居住的地方。唐乾陵是唐代帝王陵墓中唯一发现有双重城垣的墓葬，反映了当时中国古代都城的整体格局。陵墓坐北而朝南，看上去十分壮观。由于年代久远，加之自然的破坏和人为的破坏，乾陵的地面建筑已不存在，但建筑遗迹仍依稀可辨。从文献记载和考古资料来看，乾陵的建筑布局是以神道为南北中轴线来安排的，地面建筑主要有城阙、封丘、寝宫、游殿、下宫和陵署等。

5.3.2.2 乾陵具有独特的艺术文化价值[2]

乾陵是中国帝王陵墓中第一次出现大量种类繁多石刻的陵园，124件石雕艺术作品表现了不同题材的内容，特别是61尊蕃王石雕像真实记录了7世纪唐帝国与周边民族政权以及与亚洲各国的政治文化交流状况，反映了中外文化互动的高潮，这是其他历代陵墓所少见的稀世物证。它是唐王朝实行“亲近抚

[1] 葛承雍．唐都建筑风貌 [M]. 西安：陕西人民出版社，1987:196.

[2] 樊英峰．乾陵文化研究：三 [M]. 西安：三秦出版社，2007,9:18-19.

远”民族政策的成果的体现，而这也正是儒家思想所强调的“修文德以来之，既来之，则安之”思想的实例，也体现了四海升平、八方来朝的隆盛景象[1]。

乾陵 17 座陪葬墓是迄今为止所有唐陵陪葬墓中规模最大、等级最高的，在懿德太子墓中第一次发现了唐皇室玉质填金哀册，永泰公主墓则是发掘最早等级较高的女性墓葬，唐墓壁画有一半精品集中在乾陵陪葬墓中，章怀太子墓第一次发现了 7 世纪《外国蕃使图》(《客使图》)、《马毬图》等。可以说，唐乾陵稀世珍品繁多，文化底蕴深厚，建筑、绘画、雕塑皆反映出当时流行的艺术风尚与美学特色，表达了当时人们深邃的精神世界，无疑是一曲凝固的眷世音乐。唐乾陵作为人类遗迹和地下宝藏，特别是作为 7 ～ 8 世纪人类社会发展史上东方帝王顶级权势造就的伟大陵墓，唐乾陵历经千余年始终没有被盗掘过，有一些陪葬墓未发掘，一旦文物保护技术达到永久无损高水平，沉睡地下的宝藏未来经考古出土的可能性极大．必将引起全世界的关注。

乾陵不仅以规模宏大著称，而且以石刻众多闻名。在乾陵陵园中，有数以百计的石刻。这些石刻或高大雄伟、气势磅礴；或鬼斧神工、玄妙莫测；或造型逼真，栩栩如生，都是珍贵的艺术品。无论从数量还是质量上来看，都远远地超过了前代陵墓石刻，并对后世产生了重要影响。可以说乾陵石刻在中国古代帝王陵墓石刻中具有划时代的历史意义，集中反映了唐代石刻艺术的最高成就，同时也在一个重要的侧面反映了唐朝的历史状况和唐代文化的特点。从有关资料来看，乾陵石刻是按照唐代帝王生前的仪卫制作的。主要有华表、瑞兽、祥鸟、仗马、侍臣、狮子、蕃像和石碑等十余种。这些石刻以现实生活中的侍臣和仪马为主，又增加了体现符瑞思想的祥鸟瑞兽。根据这些石刻所反映的内容，大体上可将这些石刻划分为四类：陵墓标志、祥瑞鸟兽、仪卫人马和纪念性石刻。在有唐一代，这些石刻曾发生过一系列变化。通过这些变化，可以清楚地看出唐代雕刻艺术发展的轨迹[2]。

---

[1] 樊英峰 . 乾陵文化研究 : 三 [M]. 西安：三秦出版社，2007,9:18-19.
[2] 樊英峰 . 乾陵文化研究 : 一 [M]. 西安：三秦出版社，2004:12.

5.3.2.3　乾陵的风水文化价值

中国古代墓葬传统从“天人合一”的认识出发，产生了“因山为陵”的习俗，追求自然景观与人文景观的有机联系。这在盛唐时期发展成熟，并形成规制。如乾陵建造在雄伟庄重的梁山山腹，四周群峰环绕，草木苍翠，陵墓的寝殿庑廊皆进伸有序，宽阔绵长的神道自南坡向山上起伏伸展，两侧排列着许多大型的“象生”仪卫，总体上和谐而呼应，蔚为壮观。其所在的梁山位于渭河以北的北山南端。北山分属于子午岭和黄龙山山脉，总面积约2500平方公里。在北山脚下，除梁山以外，还有岐山县以北的岐山，礼泉县东北部的九嵕山，泾阳县西北部的仲山、嵯峨山，富平县东北部的将军山、凤凰山、天乳山，旬邑县以东的石门山，铜川市金锁关以北的庙山，蒲城县东北部的金粟山、尧山、丰山和金炽山，合阳县西北部的武帝庙山，韩城县西北部的龙门山等。梁山为境内各山之祖脉，梁山主峰从黄土高原的台地上拔地而起，这种独特的自然地形，在其他诸山中难以看到，唯乾州境内的梁山所独有。虽比不上九嵕山高大巍峨，秦岭恢宏的气势，但也不失其挺拔峻秀、气势雄伟之特点，不愧为“一州大观”。乾陵的修建，巧妙地利用了梁山的地理形势。北峰是乾陵的主体，是神秘地宫所在。围绕北峰修筑高大的城垣称为宫城，东南西北四面各辟一门，门外设置石刻和阙楼。朱雀门外利用低凹地带修筑了一条宽阔的神道，神道两侧竖立众多的石刻，神道南端直到乳峰脚下，两乳峰之间，形成陵园天然门户，乳峰之巅建有阙楼。它与神道两侧的华表、翼马、朱雀、石人等石雕艺术品共同营建了陵前的建筑环境，同地宫上的天然山峰——北峰，形成强烈的空间对比[1]。

乾陵“因山为陵”，利用自然山势，创造特有的陵墓建筑空间。我们将乾陵的平面布局与周敦颐的“太极图”作一比较：至高无上的“太极”恰恰是墓冢所在；而与“五行”相对应的，则是述圣记碑——碑身五节，取金、木、水、火、土之意；再往下，自然是“万物化生”的文武百官及驭手、坐骑之类了。毫无疑问，乾陵的建筑空间构成体现了“太极—阴阳—五行—万物”的宇

[1] 樊英峰．乾陵历史地理初探 [J]. 中国历史地理论丛，2000，3：183-196.

宙模式和“无所逃于天地之间”的封建伦理观[1]。

5.3.3 乾陵的旅游利用模式

乾陵是“因山为陵”的典范，也是“有陵有墓”的帝陵遗产的其中一类。乾陵地面遗存众多，有石人石马等石像生，有各种碑刻；有各种陪葬墓的出土文物，各种壁画等。乾陵是人与自然“天人合一”的典范。乾陵遗产的旅游利用应该走园林公园导向模式的方向。建设乾陵遗址森林公园是乾陵文化遗产活化利用的较好模式。

陵墓遗址保护与利用两者之间是辩证统一的关系，保护陵墓遗址并不排斥对其进行合理利用[2]。乾陵遗址的旅游利用就是要充分挖掘乾陵陵墓遗址的各种文化价值，从而使得乾陵的文化遗产保护能够坚持稳步发展的道路。乾陵是全国第一批重点文物保护单位、国家 5A 级旅游景区，也是非常独特的旅游资源，它的保护、利用、发展得到各级党委和政府的高度重视[3]。

2009 年 6 月在国务院批准的《关天经济区发展规划》中乾陵被列入旅游产业发展中的唐文化旅游区重点建设项目，同时陕西省政府出台的《关于进一步加快旅游产业发展的决定》中把乾陵确定为咸阳汉唐帝陵文化旅游区重点建设项目。《陕西省国民经济和社会发展第十二个五年规划纲要》中也强调乾陵作为唐历史文化资源和唐文化旅游区要重点开发和精心打造，形成陕西旅游的系列品牌和十大文化特色园区。

乾陵目前只是按照文物遗存的自然形态而构成文物景区，是以博物馆模式经营的旅游景区。乾陵旅游发展存在许多的不均衡。地下资源很多，地上可展示的、可看的东西比较少；参观的空间比较多，心灵的空间、联想的空间比较小。虽然乾陵在全国文物景点中很有知名度，但还不是一块旺地。把生地变成熟地，我们现在做到了，要把熟地变成旺地，我们还需要努力[4]。

[1] 秦保国，韩生存．中国古代伦理思想与陵墓建筑略论 [J]. 大同职业技术学院学报，1999,13（3）:27-28.
[2] 郑育林．我国大遗址保护与利用相关问题的研究 [J]. 西北大学学报：哲学社会科学版 ,2010 ,40（3）:40-46.
[3] 景雪峰．乾陵：探索大型帝王陵墓遗址开发新路 [N]. 中国旅游报，2011-07-04 (7).
[4] 樊英峰．乾陵文化研究：三 [M]. 西安：三秦出版社，2007:8-10.

乾陵以博物馆模式经营，在初期起到了一定的推动作用，而发展到一定程度，这种模式对于乾陵旅游发展已经凸显出很大的弊端，突破传统博物馆模式的局限性，“去博物馆化”经营，把乾陵当作一个世界级的大型文物遗址旅游景区和吸引旅游者来陕西旅游的一线核心景区与独立旅游目的地来打造，建设乾陵遗址森林公园未尝不是一种选择。乾陵旅游区性质的特色是突出的，具有市场优势的核心产品就是唐帝陵遗址的文化旅游产品，在这个核心产品的条件下进一步考虑产品的结构调整问题。乾陵旅游区的文化旅游产品的核心层次是乾陵遗址的原真性地貌和各种遗存。“乾陵作为中国的帝陵之冠，是一个跨时代的帝王陵，体现了中国人的生死观，它是人的永恒观的新表现，以大自然的造化体现伟大，体现永恒。乾陵可贵的是它放在这样一个宇宙观、生死观的一个创新帝王园林的格局之中，这才是它的特殊意义。”[1]因此，将整个乾陵遗址及其外围地区按照一个完整的综合性景区来进行规划、控制与利用，充分展示文物遗址的空间形态、人文形态和自然形态，形成多维的、大尺度的游览体验空间，从而结构一种全方位的以唐文化为主题的乾陵遗址森林公园。第一，在文物保护的基础上，文化研究与文艺程式、文艺的展示相结合；第二，在文物保护的基础上，文物事业适当地向文化产业转化。现在对乾陵物态还不能开发，我们能不能做动态的、文化的开发，唤醒武则天，复活武则天，让历史走进今天，走进未来。这不是光乾陵博物馆能够承担的，这是要文物旅游部门，以及社会各部门、当地政府共同来承担的，是一个综合的、系统的问题。

乾陵，其陵园经历了从皇家禁苑到当地居民生活生产场所的演变，虽然经历了地位与用途的变化，但是陵墓依托的梁山主峰以及周边的台源地貌基本维持原状，遗迹周边的环境均无根本性的变化，基本保持原有的历史形态。从而较为完整地保存了乾陵的原有风貌，同时亦体现了历史的变迁。建设以唐文化主题的乾陵遗址森林公园应是乾陵未来发展的方向。森林公园的建设主要适用于城市郊区的遗址区，尤以墓葬区为主，将陵墓的保护与城市森林公园的建设有机融合，不仅可以有效防止遗址区的水土流失，还能改善城市的生态环

[1] 樊英峰．乾陵文化研究：三 [M]. 西安：三秦出版社，2007:24.

境[1]。乾陵位于乾县近郊的梁山中，在探查清楚乾陵的建筑规模及文物遗存的前提下，可以从建设陵区生态林业入手，实施大面积的森林覆盖，建设成为乾县乃至陕西的唐文化遗址森林公园，创造出更大的生态环境效益和经济效益，也有利于培育新的经济增长点。

[1] 郝良真．关于赵邯郸故城遗址保护的思考 [J]. 文物春秋，2003(1)：34-38.

第6章 关中三陵旅游产品开发及其绩效分析

一种真正新颖的思维方式，即生成性的思维方式，其标志之一就是它不仅能超越它最初被公之于世时受各种因素限定的学术情境和经验领域，从而产生颇有创见的命题，而且还在于它能反思自身，甚至能跳出自身来反思自身。

——皮埃尔·布迪厄《时间与反思》

文化是旅游的灵魂，策划让灵魂闪光。

——海洋

6.1 帝陵旅游产品开发理念及原则

建筑的存在是人类为生存而对空间环境所作的营建行为以及过程的成果。建筑中既包含着客体的存在，也包含着主体在此中的情感。从关系论的角度来重新认识建筑的基本问题，将建筑同人的生活活动过程与生命活动联系起来考察，并始终以人的生存意义与价值作为自己的目标指向，“天人合一”将成为建筑的终极本体。帝陵建筑尽管经历风雨沧桑，但在其中蕴含的人文化思想、理念并没有因为时间的流逝而衰减；相反，这种文化符号代代传承，成为后世的丰富遗产。因此，帝陵遗址旅游产品的开发必须深层次挖掘这种文化内涵，才能真正体现建筑的“凝固的音乐”的魅力，才能真正使遗产“有形有声，有神有韵”。

中国古代建筑总是时时处处体现出“天人合一”的理念。在中国古代建筑师看来，中国的空间概念永远是两种对立的力量和谐而又动态地共存于统一体之中：虚实、有无、大小、对隔、曲折、左右、色空、起伏、动静、刚柔、敛放等阴阳对立的力量始终处于一个互相对峙、转化、周而复始、无限运化的关系之中。群体美、环境美与亲和自然之美有机统一。统一之中有变化，变化之中有统一，是美学的最高法则。

时间创造了历史上的建筑，使其拥有了生命。但同时，时间的流逝，也使得历史上所有的建筑不可避免地经历着一次次由新建筑向历史建筑过渡、演变，最终成为“建筑的黄叶”[1]，即废墟的过程。帝陵遗址就是历史的见证。随着人类更加渴望将历史建筑作为某种“自然的整体”而加以理解，对岁月价值的日渐重视，催生了对于这类建筑拥有的岁月价值的崇拜。“重视和正确评价岁月价值，并不意味着保持历史建筑不做任何的更改”，而是应使其处于不断变化、转换中[2]。帝陵遗址建筑也是在不断变化和转化的。帝陵遗址旅游产品开发必须能够体现出帝陵的内在文化、内在意蕴，使其内在的文化意蕴外显化，静止的文化活态化，能够达到“合理利用、永续利用”。

6.1.1　帝陵旅游产品的开发理念

体验经济时代的消费者市场凸显的重要特点之一就是高级精神需求。这种需求更多地关注产品的文化内涵，或者说追求产品文化内涵的展示。体验经济滥觞于当代绝非偶然，有其内在的历史必然性。在西方，早就有相关学者对未来的新经济形态进行探索。20世纪70年代美国著名的未来学者阿尔温·托夫勒在《未来的冲击》一书中提出人类经济发展可以分为产品经济时代(包括前经济时代和后经济时代)、服务经济时代和体验经济时代三个阶段，首次提出了体验经济这一概念[3]。1998年，美国学者B.Joseph James和H.Gilmore合著的*The Experience Economy*《体验经济》一书认为，继农业经济、工业经济、服务经济之后，体验经济已逐渐成为第四个经济发展阶段。体验经济的提法日益受到人们的关注。这种新的经济形态要求经营者的首要任务是把整个企业运作

[1] 余秋雨 . 文化苦旅 [M]. 北京：知识出版社：1992:223.
[2] 周卫 . 历史建筑保护与再利用 [M]. 北京：中国建筑工业出版社，2009:28.
[3] 周艳榕 . 有关“体验经济”若干问题的研究 [J]. 改革与战略 ,2004(7):76-79.

过程当作一个大戏院，因此，当务之急是设置一个“大舞台”，这个舞台的表演者说不定就是消费者自己，吸引消费者参与，感同身受地扮演人生剧作中的一个角色，沉醉于整个情感体验过程之中，从而得到满足，进而心甘情愿地为如此美妙的心理感受支付(或额外)一定的费用[1]。体验经济的核心支撑，就是创造难忘的体验。体验是一种经历，也是一种感悟，“经历”跟人们对外部世界的某种感觉联系在一起，“感悟”是人们对世界内部本质的一种深入认识和领会。我们应当从这个角度去发掘体验的真实意义，去把握体验的本质属性，才能更为准确地为体验型产品作定位。

旅游作为“体验”的，是通过用眼看、用耳听、用五官去综合感受外部世界的美妙形象，进而由表及里地洞悉和体悟内在意蕴的过程。体验经济时代的旅游产品也是要满足这一需求的体验型产品。在体验经济中，旅游产品就是旅游经营者提供的旅游体验，是旅游经营者依托商品和服务提供给旅游者体验，满足旅游者的旅游欲望和需要的过程。旅游经营者是体验的生产者，旅游者是旅游体验的消费者，旅游体验是提供给市场进行交换的，生产的目的是满足旅游者的旅游欲望和需要，产品的内容有形与无形兼备[2]。现代市场营销理论认为，一切产品都是围绕消费者需求为中心发展而来的整体概念，是指人们为留意、获取、使用或消费而提供给市场的一切东西，以满足某种欲望和需要，包括有形物体、服务、人员、地点、组织和构思，都由核心部分、形式部分和延伸部分所组成。产品是以满足人们的某种欲望和需要为前提条件的，即产品必须能为最终购买它的顾客带来某种利益或好处。产品的形态范围广泛，包括满足顾客某种欲望和需要的一切因素。这一产品的整体性概念明确突出了以消费者需求为中心，以市场为导向的现代市场营销观念，是市场营销理论的重大发展。核心产品是指产品满足消费者需求的基本效用和价值，是消费者购买和消费的主体部分[3]。在体验经济中旅游产品的核心已经演变为旅游体验，它们是

[1] 庄志明 . 旅游经济文化研究 [M]. 上海：立信会计出版社，2005:141-142.

[2] 李文杰 . 体验经济视角下的旅游产品再分析 [J]. 内蒙古师范大学学报：哲学社会科学版，2007,36(3)：119-122.

[3] 科特勒 . 营销管理：分析、计划、执行和控制 [M]. 上海：上海人民出版社，1997:629-630.

旅游者选择旅游的目的，而旅游资源和旅游服务演变为旅游产品的形式部分，旅游售后服务、信息咨询等则变为旅游延伸产品。

旅游产品有着多种属性，可以从不同的角度将其划分成不同的细类[1]。从消费形式上看，可以分为住宿、饮食、交通、游览、购物和娱乐6类；从物理形态上看，可以分为旅游吸引物、旅游设施和旅游服务（包括基础服务和辅助服务）3类；从劳动表现形式上看，可以分为实物、服务和旅游吸引物3类；从旅游需要上看，可以分成基本需要和非基本需要2类；衡量旅游产品价值有两个重要维度：一是产品特质，也叫“核心产品”；二是产品利益，意思是购买该类产品能够给旅游者带来的正价值的心理体验。旅游者所购买的是在活动中所得到的舒适温馨的感受。因此，旅游产品价值具有和其他实物性的产品不同的特殊性[2]。它的价值主要是与其他相关要素结合在一起表现出来的。

第一，服务质量与劳动量、文化素质的相关性。旅游产品中的服务质量的高低，不仅与服务人员所投入的劳动量有关，更重要的是与各类服务人员的素质、文化水平、知识水平和工作态度有关。后者直接影响旅游者心理满意度的高低。

第二，文化遗产价值与其历史文化底蕴的相关性。旅游产品中的文化遗产，主要是前人劳动的结晶，“化动为静”是前人动态生活流程的凝练化表现形态，后人通过想象，变静为动，在“心”中再造活生生的历史场景，从而得到难以言尽的人生启迪和感悟，因此，文化遗产具有无可估量的价值。

第三，各种非人类劳动成果的资源形态的价值与其人文化因素的相关性。构成观光旅游产品重要基础的自然旅游资源不是人类劳动的直接成果，社会旅游资源形态（如社会文化、民俗风情、时令节庆等）中的人类劳动也很难用“社会必要劳动时间”的标尺来度量。其价值构成的重要基础是其与人文化的人类社会实践过程密切相关。

帝陵旅游产品是帝王陵墓经过规划、开发、建设而形成的旅游产品，属

---

[1] 黄辉实 . 旅游经济学 [M]. 上海：同济大学出版社，1999:31 -33.

[2] 庄志明 . 旅游经济文化研究 [M]. 上海：立信会计出版社，2005:131-137.

于文化遗址类旅游产品的一种，多数属于人文类旅游产品。帝陵旅游产品主要研究以中国古代帝王陵墓为中心的系列旅游产品的规划、形象、营销以及品牌运行战略，在此基础上形成能够满足旅游者文化遗产旅游体验的体验型旅游产品。帝陵旅游产品的核心是帝陵文化遗产体验。帝陵文化遗产旅游地是一种特殊的旅游目的地，帝陵旅游产品必须结合遗产旅游者的需求和帝陵旅游资源自身的特点，打造具有特色的体验型文化遗产旅游新产品，这样才能开创帝陵文化遗产旅游的新业态。遗产旅游的独特魅力在于它不仅能够提供一种现实生活所没有的全新体验，全方位触摸历史，感受过往，还在于它可以让我们生动见证一种文明的历程，可以让我们增长见识[1]。

文化主题是体验经济的灵魂，具有针对特定市场细分的主题，使得诉诸感官的形象及相应的参与性活动变得妙趣横生、诗意盎然和意味深长。主题是体验的基础，旅游主题确定之后，就必须筹划创设由此生发开来的产品支撑系统构架。如同散文的“形散而意聚”，主题统摄性意味着产品构架可以丰富多彩，却不允许跑题，游走于主题之外。在由表及里的旅游产品文化设计和策划过程中，探究所得的底蕴，酝酿所得的主题，都必须成形，必须载体化，必须落到实处，凝结在看得见摸得着的产品之中，形成带有巨大的视觉冲击力和心理召唤性的产品意象[2]。旅游产品意象是个意义的世界，“一个艺术家地位愈高，他也就愈深刻地表现出心情和灵魂的深度，而这种心情和灵魂的深度却不是一望而知的，而是要靠艺术家沉浸到外在和内在世界里去深入探索，才能认识到”[3]。当人们抓住审美对象的“统于内而形诸外”的基本形象特征加以玩赏之际，就像盯着蒙娜丽莎的微笑，聆听贝多芬“命运”的敲门声，由表及里捕捉和领会内在的某种无限意味的时候，实际上已经沉浸在特定情境的喜怒哀乐之中了[4]。特有的旅游产品意象不仅回响着历史的回音，而且昭示着现代人对

[1] 王新文，刘克成，王晓敏 . 基于保护的考古遗址公园旅游产品设计初探 [J]. 西北大学学报 : 自然科学版 ,2012，42（4）:658-662.

[2] 庄志明 . 旅游经济文化研究 [M]. 上海：立信会计出版社，2005:102-110.

[3] 黑格尔 . 美学 : 第一卷 [M]. 朱光潜 , 译 . 北京 : 商务印书馆 ,1979:35.

[4] 庄志明 . 审美心理的奥秘 [M]. 上海：上海人民出版社，1983:171-194.

历史的回顾、反思和新的认识、发现——这里有着哲学的、美学的、文化学的观照领悟。这种意象的凝结必须是对我们祖国古老民族的命运和精神世界的高度洞察，是以简洁的艺术语言昭示存在于这个文化中的永远让人迷惑、诱人沉思的主题。它不仅仅是对历史遗产的简单归纳和复制，更多的是心灵与心灵的对话，人性与人性的交感[1]。

帝陵文化遗产旅游是一种深度文化体验。在体验与旅游互动双赢的基础上，其利用模式的最终目标是要求人与自然、文化与环境的和谐共生，其具体设计方向是让旅游者在差异化体验和活动中追求身心的享受，获得难以忘怀的经历和回忆[2]。文化意象是注重形神兼备的意象，是遗产旅游的灵魂，是帝陵文化遗产体验旅游的核心。意象是指由景观空间在观赏者心中所生成的审美形象，或全部心理活动的过程，其中尤以想象、联想和再创意为重点。意象正是人对客观世界的主观理解，是外在形象和内在意蕴的有机统一。

意象 (image) 概念是由 Boulding[3] 在 1956 年首先提出的，意象本身是个心理学概念。Reynolds[4] 最早将“意象”应用于旅游研究中。意象是意蕴化的形象，是充盈着丰富精神文化内容的形象。大多数国外学者开始是从心理学角度来定义的，Gunn（1972）[5]，Gartner（1993）[6]，Baloglu、Mccleary（1999）[7]；Gallarza（2002）[8]，

[1] 赵本加 . 独照之匠，窥意象而运斤：《东方佛都》设计方案研究 [J]. 乐山师专学报：社会科学版，1994,1:11-18；73.

[2] 郑耀星，周富广 . 体验导向型景区开发模式：一种新的旅游开发思路 [J]. 人文地理，2007,98（6）：16-20.

[3]BOULDING K E. The Image [M].Ann Arbor University of Michigan Press, 1956: 10-11.

[4]REYNOLDS W H. The role of the consumer in image building [J] California Management Review, 1965(7):69-76.

[5]GUNN C A. Vacation scape[J]. Designing Tourist Regions, 1972.//Echtner C M, Ritchie J R B. The Meaning and Measurement of Destination Image. Journal of Tourism Studies, 2003, 14(1):37-48.

[6]GARTNER W C. Image formation process [J]. Journal of Travel and Tourism Marketing, 1993, 2(2): 191-215.

[7]BALOGLU S,Mc CLEARY K W.A model of destination image formation [J].Annals of Tourism Research, 1999, 26(4): 868-897.

[8]GALLARZA M G, Saura IG, Carc í aH C. Destination image: Towards a Conceptual Framework [J].Annals of Tourism Research, 2002, 29(1)：56-78.

Frias（2008）[1],Martin 、Bosque（2008）[2] 研究了旅游目的地意象的形成过程。国内，旅游地意象的研究始于 20 世纪 90 年代。主要是从旅游供给者的角度，以定性研究为主,集中在旅游地意象的设计和塑造等方面。熊凯[3]、文涛[4]等最初涉及旅游意象。蒋志杰、吴国清、白光润[5]，李瑞[6]将旅游意象与规划结合。庄志民[7]、白凯[8]探讨了旅游目的地意象概念。刘建峰[9],肖亮、赵黎明[10]等进行了旅游目的地意象构建;贾跃千[11]、汪芳[12]对旅游意象的实际操作进行研究。但前述诸位研究者都没有能够从文化意象的视角切入去研究旅游深度体验。戴湘毅[13]认为文化意象更为强调文化的作用，是指在文化影响下形成的意象。文化意象概念的引入，是对文化遗产“有形”与“无形”的高度概括。但戴湘毅并没有就文化意象做系统的阐述和深入的研究。

在前述有关意象的基础上，笔者认为，旅游文化意象就是基于本土文化特质中最能显示自身特性、且最具视觉冲击力和心理召唤性潜能的元素的一种组合和凝结。旅游文化意象具有形神兼备的特征，是外在的“象”与内在的

[1] FRÍAS M, RODRÍGUEZ M A, Blas S S. Internet vs.travel agencies on pre-visit destination image formation :An information processing view[J].Tourism Management, 2008, 29(1): 163-179

[2] MARTÍN H S, IGNACIO A R B. Exploring the cognitive-affective nature of destination image and the role of psychological factors in its formation [J].Tourism Management, 2008, 29(2): 263-277.

[3] 熊凯 . 乡村意象与乡村旅游开发刍议 [J]. 地域研究与开发，1999(3):70-73.

[4] 文涛 . 旅游审美意象论 : 试析西双版纳的风情旅游 [J]. 思想战线 ,2000(3):67-70.

[5] 蒋志杰，吴国清，白光润 . 旅游地意象空间分析 : 以江南水乡古镇为例 [J]. 旅游学刊，2004(2):32-36.

[6] 李瑞 . 城市旅游意象及其构成要素分析 [J]. 西北大学学报 : 自然科学版，2004(4): 494-498.

[7] 庄志民 . 论旅游意象属性及其构成 [J]. 旅游科学，2007(3): 19-26.

[8] 白凯 . 旅游目的地意象定位研究述评 : 基于心理学视角的分析 [J]. 旅游科学，2009(2): 9-15.

[9] 刘建峰，王桂玉 . 基于表征视角的旅游目的地形象内涵及其建构过程解析 : 以丽江古城为例 [J]. 旅游学刊，2009(3): 48-54.

[10] 肖亮，赵黎明 . 互联网传播的台湾旅游目的地形象 : 基于两岸相关网站的内容分析 [J]. 旅游学刊，2009(3): 75-81.

[11] 贾跃千，宝贡敏 . 基于国籍差异的杭州市入境旅游市场目的地感知形象研究 [J]. 经济地理，2009(3): 510-515.

[12] 汪芳，黄晓辉，俞曦 . 旅游地地方感的游客认知研究 [J]. 地理学报，2009(10): 1267-1277.

[13] 戴湘毅 . 历史街区的文化意象及其旅游发展研究 [D]. 福州 : 福建师范大学，2008.

“意”之结合体[1]。文化意象的塑造要鲜明生动、“好看”，足以吸引人们的眼球，具有视觉的冲击力；意蕴的提炼要求的是意味深长，有丰富内涵而“耐看”。要尽量把产品的形象塑造成为形神兼备的意象(Image)：“形”，鲜明生动，使得感官折服；“神”，意味深长，足以统摄心灵。我们必须清楚了解的是，消费者正是冲着好看、好玩、耐看、耐咀嚼的心理，花钱来买一份好心情的。成熟的体验经济时代的服务目标，是能让顾客“身”和“心”两方面全都满意。因此，我们的体验商品(产品)的销售过程，既要场面得体，博得人们青睐，又要内蕴深刻，如同咀嚼橄榄，越嚼越有味道。特有的遗产地的文化意象必须具有特定的主题和独特的文化内涵。单纯的物化要素并不能完全概括旅游文化意象特征，它是内在的文化要素在各维度上组合而形成的，以各种方式展示出来，为人们所认知的图谱，即意态文化意象、物态文化意象和行为文化意象的综合。不同的遗产旅游地，意象成分按照不同的方式和秩序来组合，形成不同图谱，具有可识别性和可意象性，成为遗产旅游地区别于其他旅游地的重要表征。因此，当我们探讨一个遗产旅游地的特色和价值时，即在意态、物态和行为上的三种意象的有机统一和有效集合[2]。

6.1.2 帝陵旅游产品的开发原则

帝陵旅游产品作为特殊的旅游产品在其开发过程中除应遵循一般旅游产品开发的基本原则外，如市场导向原则，经济利益原则等。同时，受文化遗产旅游活动特殊性的影响，帝陵旅游产品开发还应遵循其特殊的原则。

6.1.2.1 原真性原则

原真性是国际公认的文化遗产评价标准和保护标准，也是我国文物保护界多年来发展的一种遗产保护原则。一般的遗产保护都会涉及遗产的真实性和完整性的内容，即保护原生的、本来的、真实的遗产原物、原貌，也会涉及遗产完整性内容，即任何遗产的保护都是与其环境联系在一起的，与环境共存，因此保护遗产就必须对周围的有机组成环境进行统一规划，保持其整体风貌。

[1] 庄志民．旅游意象塑造的操作指向论析：旅游文化设计探索 [J]. 旅游科学 2008，22(5)：54-58.

[2] 张建忠，孙根年．基于文化意象视角的宗教遗产地旅游文化内涵挖掘：以五台山为例 [J]. 人文地理，2012,127（5）：148-152.

文化遗产也存在完整性的问题：一是范围上的完整(有形的)。建筑、城镇、工程或者考古遗址等应当尽可能保持自身组分和结构的完整，及其与所在环境的和谐、完整性。二是文化概念上的完整性(无形的)。帝陵作为中国陵墓文化的一组典型代表，它们具有文化概念上的完整性，以及相应地体现在地理位置上的相互关联性。帝陵遗产的外部形态需要保护，内在的文化价值也需要保护，突出了文化遗产伴随实物而来的概念上的完整性[1]。如何保持帝王陵寝的原真性已经不仅仅是技术问题，还是一个规划管理问题，需要从规划管理角度加以理解。在各种利益缠绕在一起的情况下，非常容易在决策中产生偏差，而原真性原则的贯彻可以作为一个强有力的标准加以约束。

另外，还应处理好遗产原真性和体验原真性关系。“原真性”概念经历了“客观主义—建构主义—后现代主义—存在主义”的发展过程[2]。就文化遗产原真性来说，是一种本体意义上的原真性，强调旅游者体验的真实性。而体验原真性是从旅游者体验的角度，研究遗产旅游活动中旅游者对原真性的感知，是一种存在意义上的原真性。原真性体验是旅游活动的本质要求，可以满足旅游者“求知”和“求真”的需求，获得心理上和精神上的深层次满足。遗址公园的开发应以旅游者的旅游体验为核心，以独特的遗产文化为线索，以文化遗存为支撑，依托丰富的体验载体的展现，增强旅游活动的“易感知性”和“可理解性”，从而强化旅游者对遗产文化的体验，给旅游者一个跨越时间与空间对话遗产文化的原真体验。围绕原真性，努力做好遗产的保护、展示和解说工作，是实现遗产本体价值和社会价值统一的重要途径。对于保存完好的遗产，属于原真性强景区，我们要客观、真实和强化，营造一种客观、真实的体验。对于遗产赋存状况一般的景区营造一种原真性的旅游体验。对于遗产原真性弱景区，它仅有文献记载，所以必须还原历史，营造一种存在真实来激化旅游者热情，打造存在真实的原真性体验。对于遗产原真性一般景区，基本上已破坏殆尽，仅留的遗

[1] 张成渝，谢凝高．“真实性和完整性”原则与世界遗产保护 [J]. 北京大学学报：哲学社会科学版，2003,40（2）：62-68.

[2] WANG N. Rethinking authenticity in tourism experience[J]. Annals of Tourism Research, 1999,26(2):349-370.

址或者是地上建筑破坏较大，只有部分保存。这类遗址原真性构建更多的在于组织构建、真情参与的结构真实体验。通过划分核心区、外围区分区经营，核心遗产从而得到重点保护，又能通过外围的活动建构，为社区居民和当地经济发展做出贡献。遗产保护和旅游领域的原真性概念是一个动态、多元和复杂的概念，通过各种不同赋存状况的遗址开发会不断充实这一概念体系[1]。

6.1.2.2 独特性原则

旅游是一种文化活动，旅游者正是在这种文化差异的驱动力作用下产生旅游愿望和动机的。旅游趋同和旅游求异是两种不同的文化表现形式。不同的地域文化导致各地区旅游吸引物及其他资源的地域性与文化性差异，从而形成了不同的旅游特色和优势。帝陵文化遗产无论是在不同的类型，不同的地理条件区域内还是在相同的类型、相同地理条件的区域内，这些文化遗产资源都具有高度的世界独特性。因此，为了提高帝陵旅游产品的吸引力，帝陵旅游产品的开发必须保护并尽可能地突出这些地域性与文化性差异，即要突出帝陵旅游产品民族特色，增强地方特色，努力反映属于自己的历史与文化。

6.1.2.3 产品主题化原则

文化特性与地理环境有着密切的关系，黄帝陵的祭祀文化、秦始皇陵的秦文化、乾陵的唐文化资源都很丰富，这是一个遗址地区别于其他遗址旅游地的最大不同，塑造标志性的地理特征，突出主题文化成为遗址地旅游产品发展的重要内涵。根据文化特性和地理环境，赋予不同地域、时期的不同主题，在此基础上进行产品设计；赋予每个区块、每个引擎核心项目鲜明的主题，在贯穿文化线路的同时，让游赏层次更鲜明。对景区来说，创意好的景区体验主题有五大标准：一是具有诱惑力的主题必须调整人们的现实感受。二是景区的主题，能够通过影响旅游者对空间、时间和事物的体验，彻底改变旅游者对现实的感觉。三是景区体验主题必须将空间、时间和事物协调成一个不可分割的整体。四是好的景区体验主题应该能够在景区内进行多景点布局。五是景区体验

[1] 张建忠，孙根年．遗址公园：文化遗产体验旅游开发的新业态：以西安三大遗址公园为例 [J]. 人文地理，2012,123（1）:142-146.

主题必须能够符合景区本身的特色[1]。

6.1.2.4 综合性开发原则

帝陵旅游产品的综合性开发原则是由旅游活动的综合性和旅游需求的多样性所决定的。在帝陵开发的过程中，先期要进行大量的投资，追求经济效益是其开发的目的之一，然而旅游产品开发除了追求经济效益外，更重要的是要讲究社会效益和环境效益，是“三大效益”的有机结合和统一。在进行帝陵旅游产品开发时要考虑旅游目的地的经济水平、当地的风俗习惯、人们的心理承受能力等，要考虑旅游地的生态环境承受力，要以开发、促进、保护为目标，从而形成保护—开发—保护的良性循环，创造良好的生存环境。帝陵旅游产品的开发必须围绕旅游者的核心利益，提供的配套产品和服务，以满足旅游者在旅游活动中各方面的需求。

6.1.2.5 社区参与原则

社区是社会学中的基本概念，社区是旅游发展的依托，社区发展和社区支持，是旅游业持续发展的重要基础。社区是遗产地最重要的利益相关者之一，让社区参与遗产地旅游产品开发，不仅可以改善遗产地社区居民的生活水平，使得社区居民从经济收益中认识到保护世界遗产的重要性，从而为世界遗产的保护提供动力，居民参与是社区参与旅游发展的代表形式[2]。在旅游发展过程中，应尊重当地居民的态度，充分考虑居民的各种愿望，开发对居民有利的旅游产品；而且，很多文化遗产本身就存在于当地社区之中，当地居民的存在已经成为遗产不可分割的一部分，遗产由于有居民的活动而更具有活力，因而也使得遗产地更具有魅力，对文化遗产的形象的树立和宣传起到促进作用。有效的社区参与能促成旅游的可持续发展[3]，社区参与也能提高社区居民对旅游的满意度以及对旅游者的容忍度。社区居民的当地知识与经验和对旅游发展的了解能够帮助社区有效参

[1] 曹新向，郭志永 . 论旅游的体验化设计 [J]. 郑州航空工业管理学院学报：社会科学版，2005，24(3):125-128.

[2] 黄芳 . 传统民居旅游开发居民参与问题思考 [J]. 旅游学刊，2002,17(5):54-57.

[3] 保继刚，孙久霞 . 社区参与旅游发展的中西差异 [J]. 地理学报 ,2006，61(4) : 401-413.

与到旅游发展中，并在参与的过程中实现社区增权[1]。因此，我们要让文化遗产地的社区参与到旅游产品开发中来。

6.2 帝陵旅游产品绩效分析

文化遗产是发展的，因为它联系着过去和未来，这些特定地点不会在时间中静止。文化遗产发展，就是充分展示遗产价值并且被人类合理地利用。经过多年的旅游经营，这些帝陵遗产旅游地吸引了众多中外旅游者，取得了巨大经济效益和社会效益。但是对于帝陵旅游产品的开发现状、开发绩效、旅游者感知、重游率以及推荐意愿等尚未有更多的人去研究。而对帝陵旅游开发现状和开发绩效以及重游率等的研究有利于制定明确的旅游营销策略，从而提出明确的旅游地文化意象以促进帝陵遗产旅游地未来更好地发展。

6.2.1 帝陵遗产旅游开发分析

旅游地的成长是一个有生命的自组织现象，包含着发现引入、加速成长、走向成熟到最终衰退的生命过程[2]。旅游地的生命周期，是一种客观现象。旅游地生命周期是从发生学和时间演化过程对旅游地成长进行描述的重要理论，它为研究旅游预测、旅游市场营销和规划的发展演变提供了理论框架。1980年加拿大地理学家Batler的《旅游地演化生命周期的概念》一文，首次提出了旅游地生命周期的S型演化模式，将旅游地的成长过程划分为6个阶段，即探索期、参与期、发展期、成熟期、停滞期及后衰退期（或复兴期），并总结出各阶段的基本特点与开发策略[3]。本文借鉴其划分方法，将旅游地的成长过程划分为5个阶段：在开发初期，旅游地没有特别设施，接待旅游者呈不规则变化，为探索阶段；基础设施改善，旅游者增长率持续增长且稳定上升，为参与阶段；现代化基础设施完备，旅游市场成熟，旅游者增长率进入高速增长，

[1]TOSUN C.Limits to community participation in the tourism development process in developing countries[J].Tourism Management，2000，21(6):613-633

[2] 孙根年，薛刚 .25 年来秦俑馆旅游生命周期与结构变化研究 [J]. 干旱区地理，2007,30(2):283-288.

[3]BUTLER R W. The concept of a tourist area cycle of evolution: Implications for management of resources[J].Canadian Geographer, 1980，24(1):5-12.

增幅持续超过5%～10%，为发展阶段；旅游地大部分经济活动与旅游业紧密联系在一起，广告无所不在，旅游地出现娱乐商业区，旅游者增幅超过10%～15%，为巩固阶段；旅游者增幅出现负值，为衰退阶段。旅游者接待量是最直观的指标，数据容易得到，且可以直接进行变化趋势分析。因此，在一般的评判方法中，多采取旅游者接待量，也就是一个旅游地所有旅游产品的销售量[1]来判断旅游地发展状况。考虑到数据的收集、选择以年份为单位，本研究中定量判断的指标即是“年旅游者接待量”。

6.2.1.1 黄帝陵旅游开发分析

从黄帝陵旅游人数增长来看（图6－1、表6－1），黄帝陵旅游发展可分为3个阶段。

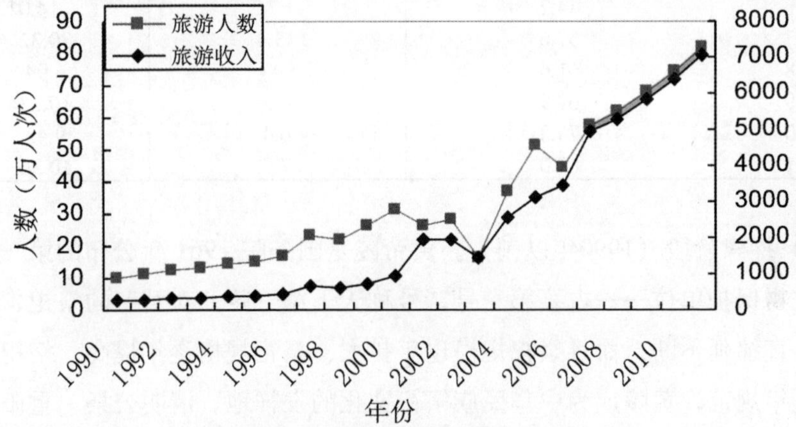

图6－1 黄帝陵旅游人数及收入统计

Figure 6－1 Huangdi mausoleum tourist arrivals and income statistics (According to Huangling County Yearbook of Shaanxi Province Yearbook finishing)

（作者据黄陵县年鉴及陕西省年鉴整理）

表6－1 黄帝陵旅游人数及增长率

Table 6－1 Huangdi mausoleum tourist arrivals and growth rate

年份	接待旅游人数（万人次）	年增长量（万人次）	年增长率（%）
1990	10		
1991	11.2	1.2	12.00

[1] 赵西萍．旅游市场营销学 [M]. 天津：南开大学出版社，2005.

（续表）

年份	接待旅游人数（万人次）	年增长量（万人次）	年增长率（%）
1992	12.4	1.2	10.71
1993	13.3	0.9	7.26
1994	14.2	0.9	6.77
1995	15.0	0.8	5.63
1996	16.7	1.7	11.33
1997	23.2	6.5	38.92
1998	22.1	−1.1	−4.74
1999	26.2	4.1	18.55
2000	31.0	4.8	18.32
2001	26.1	−4.9	−15.81
2002	28.1	2	7.66
2003	16.3	−11.8	−41.99
2004	36.8	20.5	125.77
2005	51.4	14.6	39.67
2006	44.2	−7.2	−14.01
2007	57.6	13.4	30.32
2008	61.6	4	6.94
2009	67.9	6.3	10.23
2010	74.3	6.4	9.43
2011	82.0	7.7	10.36

（1）探索阶段（1990年以前）。黄帝陵是国务院 1961 年公布的第一批全国重点文物保护单位——古墓第一号，号称天下第一陵。对黄帝的祭祀，自秦汉以来一直绵延不断，而且祭祀规模逐年扩大、祭祀规格逐年提高、祭祀仪式和程序逐年规范，黄陵成为中华民族祭祀文化的发祥地。清明公祭、重阳民祭已成为中华民族缅怀始祖功德、激发民族情感、振奋民族精神的重要节日。黄帝陵的祭祀活动已在海内外产生了深远影响。黄帝成为黄帝陵吸引广大旅游者的信息载体，成为解密传统中华文化的钥匙。据统计，1984年以前，黄陵每年接待旅游者仅4万~5万人次，从20世纪80年代中期到90年代之前，黄帝陵旅游区旅游人数也没有超过5万人次，可以说处在探索阶段。

（2）参与阶段（1990~2000年）。这一阶段，政府作为开发主体开始介入黄帝陵旅游开发和建设。在党和国家领导人及各级政府的关注下，1993年7月23日，《整修黄帝陵规划设计方案》正式颁布，规模浩大的一、二期整修工程相继实施。1997 年被中宣部命名为“全国首批爱国主义教育基地”，1998

年被陕西省列为首批旅游区，并被定为全国百个爱国主义教育基地。从此，政府加大了黄帝陵旅游区基础设施建设。黄帝陵随着整修工程进展、祭祖活动规模的不断扩大，完成了从接待型向经营型的转变，到1990年猛增至10万人次，景点收入271万元；1995年超过15万人次，景点收入407万元。由于当时黄帝陵景区可达性差，这一阶段客源市场非常狭小，旅游者主要为本省和邻近省份的居民。

（3）发展、巩固阶段（2001～2011年）。这一时期，通过旅游广告宣传、线路推荐、设施配套等多种形式，扩大了黄帝陵旅游区的旅游吸引力，客源市场不断拓展，旅游市场逐步成熟。2000年突破30万人次大关以后，除2003年因为“非典”缘故，旅游人数下降为16.3万人次以外，其余年份旅游年增长率平均在15%，旅游影响力和市场竞争力得到进一步提升。

6.2.1.2 秦始皇帝陵旅游开发分析

从秦始皇帝陵旅游人数增长来看（图6－2、表6－2），秦始皇陵旅游发展分为3个阶段。

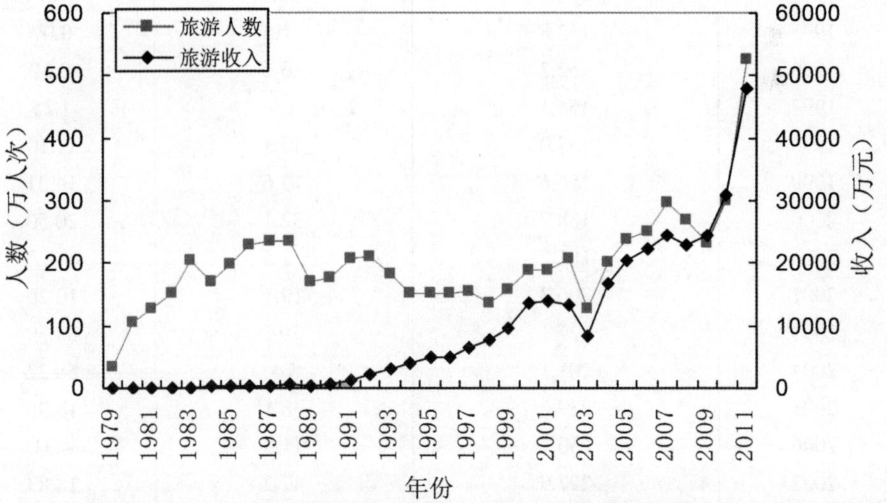

图6－2 秦始皇陵（兵马俑）旅游人数及收入统计

Figure 6－2 Mausoleum of the First Qin Emperor (Terra Cotta Warriors) the number of tourists and revenue statistics (According to the Xianyang City Yearbook of Shaanxi Province Yearbook finishing)

（作者据咸阳市年鉴及陕西省年鉴整理）

表6－2　秦始皇兵马俑旅游人数及增长率
Table 6－2　Terracotta Warriors tourist arrivals and growth rate

年份	接待旅人数（万人次）	年增长量（万人次）	年增长率（%）
1979	32.9		
1980	104.4	71.5	217.33
1981	126.6	22.2	21.26
1982	150.9	24.3	19.19
1983	204.0	53.1	35.19
1984	170.1	－33.9	－16.62
1985	198.4	28.3	16.64
1986	230.4	32	16.13
1987	234.6	4.2	1.82
1988	234.9	0.3	0.13
1989	170.8	－64.1	－27.29
1990	175.9	5.1	2.99
1991	207.4	31.5	17.91
1992	209.5	2.1	1.01
1993	183.4	－26.1	－12.46
1994	152.7	－30.7	－16.74
1995	152.8	0.1	0.07
1996	152.2	－0.6	－0.39
1997	154.1	1.9	1.25
1998	137.0	－17.1	－11.10
1999	156.6	19.6	14.31
2000	188.7	32.1	20.50
2001	187.2	－1.5	－0.79
2002	206.3	19.1	10.20
2003	127.1	－79.2	－38.39
2004	201.1	74	58.22
2005	239.2	38.1	18.95
2006	250.7	11.5	4.81
2007	297.9	47.2	18.83
2008	268.1	－29.8	－10.00
2009	232.2	－35.9	－13.39
2010	300.0	67.8	29.20
2011	527.3	227.3	75.77

（1）探索阶段（1979年以前）。陕西秦始皇兵马俑发现于1974年，经过1974～1977年的发掘和建设，1979年10月秦俑馆正式对外开放。

（2）参与阶段（1979～1999年）。这一阶段，政府作为开发主体开始介入秦始皇帝陵旅游开发和建设，秦始皇陵（主要是兵马俑）被誉为世界“第八大奇迹”，成为享誉全球新的旅游景点。1987年被列入世界文化遗产名录。随着考古发现、旅游开发和基础设施建设，旅游产品逐渐丰富和完善，1987年二号坑建设完成并对外开放，1989年三号坑建设完成并对外开放，1994年展览馆建设完成并对外开放，景区旅游产品逐渐丰富。秦俑馆景区的旅游产品包括8个景点，分别是一号坑、二号坑、三号坑、百戏俑坑、石铠甲坑、铜车马馆、展览馆和秦始皇陵等。随着旅游产品和观赏景物逐渐丰富，旅游者消费结构也随市场不断调整，使景区旅游结构发生内涵性的重大变化。从图6－2可看出，32年来秦俑馆国内旅游的发展呈“主循环—再循环”模式，经过了一个“先升—后降—再升”的过程，完成了前后相连的两个生命周期。其中，1980～1986年为旅游人数快速增长期，由1980年的104.4万人次增长到1986年的230.4万人次，平均年增长率达到15%左右，但是旅游收入持续低迷；1986～1988年旅游人数达到234.9万人次峰值；1988～1994年为旅游人次快速下降期，1994～1999年到达谷底，但由于受旅游景区门票价格上调的影响，秦俑馆旅游收入呈现出与客流量增长不同的时间变化和周期，使景区旅游收入保持持续的增长，这一时期旅游综合收入有了较大提高。

（3）发展、巩固阶段（2000至今）。这一时期，通过旅游广告宣传、线路推荐、设施配套等多种形式，客源市场不断拓展，旅游市场逐步成熟，旅游人数不断创造新高，旅游收入也节节攀升，是为客流量增长驱动期。从2000年开始复兴，进入第二个增长周期，客流量平均增长率为15.54%，旅游收入平均增长率为22. 27%，旅游收入的增长主要依靠客流量的增长驱动。在2007年达到一个小峰值。由于受全球经济危机的影响2008年和2009年小幅下挫，2010年以后旅游人数和旅游收入都大幅提升，2010年旅游人数达到300.0万人次，年增长率达29.20%；2011年旅游人数达到527.3万人次，年增长率达75.77%。旅游影响力和市场竞争力得到进一步提升。

6.2.1.3　乾陵旅游开发分析

乾陵是盛唐历史文物的集中代表。新中国成立后党和政府曾多次拨款重修，1960～1972年，文物部门先后发掘清理了永泰公主李仙蕙、章怀太子李贤、懿德太子李重润、中书令薛元超、燕国公李谨行等5座陪葬墓，出土各类文物4000余件，其中的大型壁画、石椁线刻画、唐三彩、金玉饰器、贴金铠甲骑马俑、玉质哀册、铜镜等均属罕见的文物精品，是研究唐代社会历史的珍贵实物资料。永泰公主、章怀太子、懿德太子三座墓内的1200平方米壁画，堪称“盛唐绘画艺术的地下画廊”。1961年国务院公布乾陵为全国重点文物保护单位。1991～2000年，乾陵博物馆连续十多年被评为陕西省文物旅游系统“创佳评差”最佳单位和省级文明单位。1999年陕西省把乾陵确定为盛唐文化旅游区。目前，乾陵陵园、永泰公主墓、章怀太子墓和懿德太子墓地宫四个景点全年对外开放，供中外旅游者参观。2001年1月，乾陵被国家旅游局评为国家首批4A级旅游景区，也从此成为大西安旅游圈西线汉唐文化旅游区观光游览的重要景点。

数据收集的原因，我们把1961～2000年作为乾陵旅游的探索和参与阶段。2001年至今，称为乾陵旅游的发展、巩固阶段。从乾陵旅游人数增长来看（图6－3、表6－3），这一时期，通过旅游广告宣传、线路推荐、旅游配套设施建设等多种形式，扩大了乾陵旅游地的旅游吸引力，客源市场不断拓展，旅游市场逐步成熟。2000～2005年的“近5年来，乾陵用于文物保护和基础设施建设资金就达3000万元，年均600万元以上，比旅游体制改革前的1998年增加23倍”，特别是2001年被国家旅游局首批评定为4A级旅游景区以后，乾陵旅游影响力和市场竞争力得到进一步提升。但由于乾陵营销手段滞后和博物馆化的展示，使得乾陵旅游在进入2000年以后，并没有太多的精彩之处，大大落后于同类的茂陵和阳陵等，有被边缘化的危险。2001年旅游人数为49.2万人次，以后长期低位徘徊，到2008年也仅仅为55.1万人次，到2011年达到70.2万人次。这些都说明乾陵旅游没能跟进新的旅游产品，是其旅游吸引力有所下降的缘故。

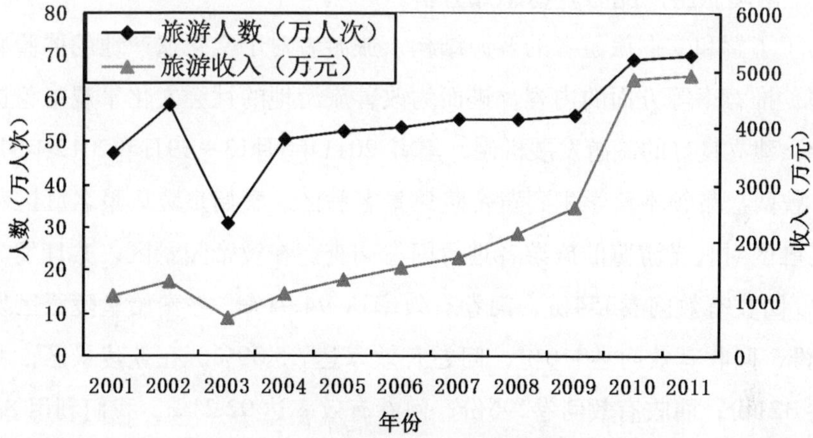

图6－3 乾陵旅游人数及收入统计

Figure 6－3 Qianling tourist arrivals and income statistics (According to the Xianyang City Yearbook Shaanxi Province Yearbook finishing)

（作者据咸阳市年鉴及陕西省年鉴整理）

表6－3 乾陵旅游人数及增长率

Table 6－3 Qianling tourist arrivals and growth rate

年份	接待旅人数（万人次）	年增长量（万人次）	年增长率（%）
2001	47.3		
2002	58.6	11.3	23.89
2003	31.0	－27.6	－47.10
2004	50.5	19.5	62.90
2005	52.2	1.7	3.37
2006	53.1	0.9	1.72
2007	55.3	2.2	4.14
2008	55.1	－0.2	－0.36
2009	56.2	1.1	2.00
2010	69.3	13.1	23.31
2011	70.2	0.9	1.30

6.2.2 帝陵旅游产品旅游者感知分析

为了了解和掌握旅游者的客源结构、旅游者对于文化遗产地的体验感知和重游率、推荐率等方面的内容，进而为改善旅游地的社会文化景观形象提供决策指导，建立良好的旅游发展机制，笔者 2011年5月13～19日和2012年5月16～22日，曾两次带领本科学生到黄帝陵风景名胜区、秦始皇陵风景名胜区和乾陵风景名胜区对观光游览的旅游者进行问卷调查。在黄帝陵景区，共计发放问卷373份，回收有效问卷354份，问卷有效率达 94.91%。在秦始皇陵景区发放问卷326份，回收有效问卷310份，问卷有效率达 95.09%。在乾陵景区，共计发放问卷 321份，回收有效问卷296份，问卷有效率达 92.21%。我们利用 SPSS软件对调查资料做了统计分析。

6.2.2.1 帝陵景区旅游者行为分析

(1) 帝陵景区旅游者的客源结构特征

“旅游资源吸引力随距离衰减”规律和地域空间位置差异，使不同地区的旅游者对特定旅游地有着不同的感知意向[1]，即旅游者亲景度差异。马耀峰教授认为亲景度(Preference Scale)是反映客源地旅游者出外旅游,对某旅游目的地(地区、城市或景点)偏好程度的统计量[2]。对三个不同景区的旅游者问卷调查的有效试卷进行统计分析（表6－4至表6－7），可以发现：

第一，帝陵旅游区客源比例渐趋合理。黄帝陵旅游区陕西省内旅游者所占比例为16.05%，秦始皇陵旅游区陕西省内旅游者比例为18.06%，乾陵旅游区陕西省内旅游者所占比例为16.89%。一定程度上说明，帝陵景区的知名度和美誉度都有了较大提升，黄帝陵、秦始皇陵和乾陵景区客源结构比较合理，国内客源中省外的客源占据较大市场，已经成长为国内知名景区。

第二，帝陵旅游省外客源分布情况。一是距离近或人均收入水平高的省区，旅游者规模比重为 47.28%，平均超6%以上。大部分是位于周边省份，如

[1] 聂献忠，张捷，吕淑芬，等 . 九寨沟国内旅游者行为特征初步研究及其意义 [J]. 自然资源学报 ,1998，13(3)：249-254.

[2] 马耀峰，李天顺 . 中国入境旅游研究 [M]. 北京：科学出版社，1999.

北京、河北、山西、山东、河南、甘肃、四川和广东等省份。这与陕西省旅游资源丰富，与北京、山西等地区文化上的认同感强有关系，也与陕西省旅游部门近几年加大在这些地区的旅游促销有关。二是距离较近或收入水平较高的省区，旅游者规模比重为12.53%，平均2.86%。诸如湖北、湖南、上海、江苏、浙江以及辽宁等省份。这些客源地每年都有大量的旅游者出游，之所以没有对陕西省的帝陵遗产旅游有一个较大的亲景度，可能与目的地在上述地区的宣传和促销有关系，旅游者(潜在)的认知度较低。三是距离远或收入偏低的19个省区，所占旅游者比重仅为 21.93%，平均仅为1.19%。大部分是西南、西北地区以及东北的黑龙江、吉林等经济较为落后的省份，与这些省份经济发展有关系，同时也与这些省份的空间距离比较远有关系。

基于上述分析，陕西省帝陵景区应该在以下几个方面打造客源市场。

第一，京畿之地是陕西省帝陵旅游的重点客源市场，也是陕西省必须加大开发的中端和高端市场。相对来说，这部分市场已经基本成熟，许多旅游者已从单纯的旅游观光发展到追求精神文化和更加深层次的旅游体验，在越来越多的旅游者眼里，是冲着文化而来。文化是旅游的灵魂，只有独特的文化体验，才会让旅游者得到深度感受，有了文化旅游品牌才更具核心价值。陕西旅游业的不断发展正是以文化取胜，只有从文化的角度进行深度开发才能确保这部分市场的份额不会发生变化。

第二，距离较近的湖北、湖南、江苏、辽宁等省是陕西省帝陵旅游未来主要客源市场。

第三，东北、西北、西南地区是陕西省帝陵旅游发展的潜在市场。这部分市场，除了四川旅游所占比例较大外，大多所占比例较小。广大的西南地区，因为人口少，经济发展较落后，再加上距陕西的空间距离又远，出现了旅游意向较为低迷状态，这些地区是陕西省旅游的潜在市场[1]。

---

[1] 张建忠，孙根年．山西省国内旅旅游者源市场分析 [J]. 山西师大学报：社会科学版，2009,36（2）：19-22.

表6－4　黄帝陵景区客源地分布情况

Table 6－4　Huangdi Mausoleum scenic source to distribution

地区	陕西	北京	河北	山西	山东	河南	四川	湖北	湖南	甘肃	江苏
人数/人	57	15	22	46	20	16	9	2	10	10	12
地区	新疆	安徽	贵州	浙江	辽宁	云南	广东	广西	海南	福建	青海
人数/人	3	6	2	10	10	6	35	7	2	5	3
地区	黑龙江	内蒙古	重庆	江西	上海	吉林	台湾	香港	天津	宁夏	
人数/人	6	7	3	4	6	5	7	1	5	2	

表6－5　秦始皇陵景区客源地分布情况

Table 6－5　Qin Shi Huang Mausoleum scenic Fountain distribution

地区	陕西	北京	河北	山西	山东	河南	四川	湖北	湖南	甘肃	江苏
人数/人	56	17	19	45	23	15	10	14	8	14	7
地区	新疆	安徽	贵州	浙江	辽宁	云南	广东	广西	海南	福建	青海
人数/人	3	7	2	10	7	3	15	8	4	3	3
地区	黑龙江	内蒙古	重庆	江西	上海	吉林	台湾				
人数/人	4	4	2	4	1	1	1				

表6－6　乾陵景区客源地分布情况

Table 6－6　scenic Qianling source to distribution

地区	陕西	北京	河北	山西	山东	河南	四川	湖北	湖南	甘肃	江苏
人数/人	50	14	14	43	15	23	6	20	8	5	9
地区	新疆	安徽	贵州	浙江	辽宁	云南	广东	广西	海南	福建	青海
人数/人	2	3	3	10	7	4	27	3	1	3	2
地区	黑龙江	内蒙古	天津	江西	上海	吉林	台湾	香港	宁夏		
人数/人	3	4	2	5	3	2	5	1	3		

表6－7　帝陵旅游景区客源市场分析

Table 6－7　Mausoleum scenic spot Market Analysis

级别	旅游者规模比重％	市场形成条件	所包含的省份
1	47.28%，平均超6%（黄帝陵36.90%、秦始皇陵52.25%、乾陵52.70%）	距离近或收入高	北京、河北、山西、山东、河南、甘肃、四川和广东
2	12.53%，平均2.86%（黄帝陵17.18%、秦始皇陵11.29%、乾陵9.12%）	距离较近或收入偏高	湖北、湖南、上海、江苏、浙江以及辽宁
3	21.93%，平均仅1.19%（黄帝陵22.53%、秦始皇陵20.64%、乾陵22.63%）	距离远或收入偏低	新疆、贵州、云南、广西、海南、福建、青海、黑龙江、内蒙古、江西、吉林

（2）帝陵景区旅游者的人口学特征

被调查的旅游者的相关信息包括旅游者的性别、年龄、文化程度、职业、月收入、家庭人口情况等(表6－8至表6－10)。在被调查旅游者对象中，我们一般采取随机发放问卷，当场回收的形式。这样保证被调查对象具有较强的广泛性和随机性，也保障了后续分析结果的可靠性。

表6－8 黄帝陵旅游景区旅游者人口特征分析

Table 6－8 Analysis of the demographic characteristics of the tomb tourist attractions tourists

调查指标		样本数目	百分比(%)
性别	男	216	61.1
	女	139	38.9
年龄	≤30	125	35.2
	31～50	173	48.7
	51～60	46	13
	≥61	11	3.1
文化程度	初中及以下	10	2.8
	高中（含中专）	75	21.1
	大专	87	24.5
	本科	154	43.4
	硕士及以上	29	8.2
平均月收入	≤1000	51	14.4
	1001～3000	113	31.8
	3001～5000	144	40.6
	5001～8000	32	9.0
	8000～10000	11	3.1
	≥10001	4	1.1

调查指标		样本数目	百分比(%)
职业	离退休人员	26	7.3
	企管人员	46	13.0
	公务员	37	10.4
	专业技术人员	51	14.4
	个体职业者	52	14.6
	教师	19	5.4
	农民	10	3
	工人	30	8.5
	学生	51	14.4
	其他	42	11.8
家庭人口	单身	78	22
	二人世界	67	18.9
	三口之家	108	30.4
	三人以上	102	26.7

表6－9　秦始皇陵旅游景区旅游者人口特征分析

Table 6－9　Qin Shi Huang Mausoleum scenic spot tourists' demographic characteristics analysis

调查指标		样本数目	百分比(%)	调查指标		样本数目	百分比(%)
性别	男	170	54.8	职业	离退休人员	24	7.7
	女	140	45.2		企管人员	60	19.4
年龄	≤30	135	43.5		公务员	23	7.4
	31～50	130	41.9		专业技术人员	40	12.9
	51～60	37	11.9		个体职业者	37	11.9
	≥61	8	2.6		教师	19	6.1
文化程度	初中及以下	15	4.8	职业	农民	7	2.3
	高中（含中专）	47	15.2		工人	22	7.1
	大专	84	27.1		学生	49	15.8
	本科	134	43.2		其他	0	0.0
	硕士及以上	30	9.7				
平均月收入	≤1000	47	15.2	家庭人口	单身	78	25.2
	1001～3000	111	35.8		二人世界	62	20.0
	3001～5000	119	38.4		三口之家	108	34.8
	5001～8000	30	9.7		三人以上	62	20.0
	8000～10000	3	1.0				
	≥10001	0	0.0				

表6－10　乾陵旅游景区旅游者人口特征分析

Table 6－10　Analysis of the demographic characteristics of Qianling tourist attractions tourists

调查指标		样本数目	百分比(%)	调查指标		样本数目	百分比(%)
性别	男	161	54.4	职业	离退休人员	28	9.5
	女	135	45.6		企管人员	38	12.8
年龄	≤30	110	37.2		公务员	28	9.5
	31～50	131	44.3		专业技术人员	34	11.5
	51～60	45	15.2		个体职业者	43	14.5
	≥61	10	3.4		教师	20	6.8
文化程度	初中及以下	18	6.1		农民	5	1.7
	高中（含中专）	52	17.6		工人	22	7.4
	大专	76	25.7		学生	39	13.2
	本科	126	42.6		其他	39	13.2
	硕士及以上	24	8.1				

（续表）

	调查指标	样本数目	百分比(%)		调查指标	样本数目	百分比(%)
平均月收入	≤1000	44	14.9	家庭人口	单身	67	22.6
	1001～3000	107	36.1		二人世界	56	18.9
	3001～5000	105	35.5		三口之家	99	33.4
	5001～8000	25	8.4		三人以上	74	25.0
	8000～10000	6	2.0				
	≥10001	9	3.0				

第一，旅游者性别构成。三大帝陵景区旅游者的性别构成没有存在较大差异。在黄帝陵355份有效问卷中，男性旅游者216份，占 61.1%，女性旅游者139份，占38.9 %，出游性别比为 1.55:1，高于全国平均出游性别比(1.27:1)[1]。在秦始皇陵310份有效问卷中，男性旅游者170份，占54.8%，女性旅游者140份，占45.2 %，出游性别比为 1.21:1，略低于全国平均出游性别比。在乾陵296份有效问卷中，男性旅游者161份，占54.4%，女性旅游者135份，占45.6 %，出游性别比为 1.19:1，略低于全国平均出游性别比。总体来看，帝陵旅游区旅游者性别结构中男性旅游者略大于女性，原因在于男性较女性有更多的公务外出机会和自由支配的空闲时间，以及男性更富于“外向型”的求奇探险心理之故。另外，黄帝陵景区男性旅游者明显居多也可能与中国传统的祭祀活动有关。

第二，旅游者年龄结构。在众多影响旅游消费行为的因素中，年龄是一项能包含所有旅游者并具有明显特征且与旅游消费行为有较高符合度的因素。不同的年龄阶段有较统一的心理特点，故其旅游消费行为也有在此年龄特征上较统一的行为特点[2]。三大帝陵景区旅游者的年龄结构有某种程度的相近性。运用SPSS数据分析软件对黄帝陵的355份有效问卷、秦始皇陵310份有效问卷以及乾陵的296份有效问卷进行年龄分析统计可以看出：旅游者年龄呈单峰状分布，黄帝陵景区≤30岁的旅游者占35.2%，31～50岁的旅游者占48.7%，两

[1] 中国旅游年鉴 (2000)[G]. 北京：中国旅游出版社，2000.

[2] 徐绍玲，司嵬，司双双 . 国内旅游者年龄特征与旅游动机相关性浅析 [J]. 技术与市场，2009,16（7）：124-125.

者共计83.9%。50岁以上的旅游者占16.1%。秦始皇陵景区≤30岁的旅游者占43.5%，31～50岁的旅游者占41.9%，两者共计85.4%。50岁以上的旅游者占14.5%。乾陵景区≤30岁的旅游者占37.2%，31～50岁的旅游者占44.3%，两者共计81.5%。50岁以上的旅游者占18.6%。可以看出帝陵旅游区旅游者总体呈年轻化，4/5以上的旅游者为中青年人。这与中青年旅游者的个性、心理、体力等有较大关系。中青年旅游者一般经济基础雄厚，大多有稳定的社会地位及较高的收入，具有一定的可自由支配时间，有强烈的出游愿望和出游条件。他们为丰富人生阅历、缓解工作生活压力、减轻身心疲劳，因此出游率较高。同时他们喜欢求知、求美、求新、求奇的心理特征也比较明显，追求新奇的强烈欲望，乐于探索求新，追求丰富多样的生活使得“乐逍遥”的年轻一族成为帝陵旅游的主力军。另外值得一提的是，中老年型旅游者(≥50 岁) 也占有1/5左右的市场，尽管目前出游比例较小，但他们是可供开发的潜在“银发”旅游市场。据我国《老龄事业发展十五计划纲要》中的数据：截至2004年，我国60岁以上的老年人口已超过1.3亿，占全国人口的10.2%，人口年龄结构开始进入老龄化阶段。今后一个时期，我国老年人口还将以较快速度增长，到2015年，60岁以上人口超过2亿，约占总人口的14%。到2040年中国将全面进入高度老龄化社会。“满足老年人不断增长的物质和文化需求，实现老龄事业与经济社会协调发展，促进社会公平和稳定，是社会主义现代化建设一项重要而紧迫的战略任务”，如此众多的老年人口，奠定了庞大的老年旅游市场的基础。随着社会的进步和经济收入的提高，老年人正在逐步抛弃“重积蓄、轻消费”“重子女、轻自己”的传统观念，花钱买健康、花钱买潇洒，趁有生之年看看名山大川、名胜古迹、世界遗产，为大多数老年人的向往和追求。

第三，旅游者文化差异。问卷分析表明：帝陵旅游区以“高知”群体为主。黄帝陵旅游区，初中文化程度的旅游者仅仅为2.8%，高中程度的21.1%，大专学历的24.5%，本科学历的43.4%，硕士及以上8.2%。整个旅游群体中，大专以上学历的占到76.1%。秦始皇帝陵旅游区，初中文化程度的旅游者仅仅为4.8%，高中程度的15.2%，大专学历的27.1%，本科学历的43.2%，硕士及以上9.7%。整个旅游群体中，大专以上学历的占到80.0%。乾陵旅游区，初中文化程度的旅游者为6.1%，高中程度的17.6%，大专学历的25.7%，本科学历的42.6%，硕士及以上8.1%。整个旅游群体中，大专以上学历的占到76.4%。这表明受教育程度与旅游者出游率正相关。一般来讲，文化程度高的旅游者的知识结构比较完善，自我意识较强，对旅游产品的文化品位要求高，对旅游目的地的精神、文化价值也更能充分感知。帝陵旅游的文化韵味、人文初祖气息、周秦汉唐遗风等可以更好地满足高学历旅游者的要求。

第四，旅游者职业构成。旅游者的职业不同，导致收入、闲暇时间的差异，从而旅游的倾向和需求不同。三大帝陵景区旅游者的职业构成比例基本趋同。问卷分析表明：黄帝陵旅游区旅游者职业构成中企管人员(13.0%)、专业技术人员(14.4%)、个体职业者(14.6%)、学生(14.4%)所占比例较大；公务员(10.4%)、离退休人员(7.30%)、工人(8.50%)以及其他比例次之。秦始皇帝陵旅游区旅游者职业构成中企管人员(19.4%)、专业技术人员(12.9%)、个体职业者(11.9%)、学生(15.8%)所占比例较大，公务员(7.4%)、离退休人员(7.7%)、工人(7.1%)以及其他比例次之。乾陵旅游区旅游者职业构成中企管人员(12.8%)、专业技术人员(11.5%)、个体职业者(14.5%)、学生(13.2%)所占比例较大；公务员(9.5%)、离退休人员(9.5%)、工人(7.4%)以及其他比例次之。从职业结构看，帝陵旅游区的国内旅游者中，企管人员和专业技术人员所占比重较大。这主要是因为这部分人员文化素质相对较高，对人文旅游资源兴趣较浓，所以求知、求休闲的特征相当明显。在加上这类人员因商务公务外出机会较大，收入水平也较高，有机会也有能力外出旅游。其次是公务员和离退休人员以及工人等也较多。这反映出帝陵旅游者的职业具有较强的复合性和多元化的特点，不同职业的旅游者的审美情趣、欣赏需求以及生活方式各不相同。此外，本次调查中工人旅游者比例也较高(三个帝陵景区平均7.67%)超过了离退休人员，与其他旅游地的相应调查数据明显不同，表明随着市场经济发展，工人收入水平提高，剩余时间增多，可自由支配的闲暇时间也增多，自然对旅游的需求增加。

第五，旅游者收入水平。旅游者可支配收入和闲暇时间是旅游活动的两个必要条件。一个人的收入水平，或其家庭的收入水平和富裕程度，决定他能否实现外出旅游及其外出旅游消费水平的高低，是其外出旅游活动实现的重要物质基础。可自由支配收入指的是在一定时期（通常指1年）内的全部收入扣除纳税、社会花费（健康和人寿保险、老年退休金和失业补贴的预支等）、日常生活必须消费部分（衣食住行等）以及预防意外开支的储蓄后的剩余部分。一般地，人们的收入水平与他们的出游力存在明显的正相关。国际经验数据表明，当一个国家或地区的人均月收入达到400美元时，就会产生国内旅游的出游需求；当人均月收入达到800美元时，出国旅游需求随之产生。这充分说明收入水平决定了旅游者的出游能力及目的地、活动类型选择、时间长短等旅游决策行为。在对帝陵旅游区的有效问卷中，三大帝陵景区旅游者的收入水平与出游比例再次证明了家庭收入对于旅游影响的重要性。黄帝陵旅游区家庭月人均收入低于 1000 元的占14.4%, 1001～3000 元的占31.8%，3001～5000 元的占40.6%，5001～8000元的占9.0%，8000～10000元的占3.1%，≥10001元的占1.1%。秦始皇陵旅游区家庭月人均收入低于 1000 元的占15.2%, 1001～3000 元的占35.8%，3001～5000 元的占38.4%，5001～8000元的占9.7%，8000～10000元的占1.0%。乾陵旅游区家庭月人均收入低于 1000 元的占14.9%, 1001～3000 元的占36.1%，3001～5000 元的占35.5%，5001～8000元的占8.4%，8000～10000元的占2.0%，≥10001元的占3.0%。显然，帝陵旅游区旅游者中以高收入者为主体消费群体(其中家庭月人均收入>1000元者占旅游者比重为 85.17%)。充分说明旅游是一种较高层次的经济文化活动，收入水平低则使出游能力降低。

第六，旅游者家庭人口情况。旅游者出游行为的发生除与旅游者个体特征密切相关外，还在一定程度上与旅游者的家庭规模、结构相关。问卷分析表明：三大帝陵景区旅游者家庭人口情况之间没有存在较为明显的差异，但都反映出家庭人口规模和结构的不同，旅游偏好有显著差异性。黄帝陵景区旅游者中单身78人，占旅游者总数的22%，二人世界67人，占旅游者总数的18.9%，三口之家108人，占旅游者总数的30.4%，三人以上102人，占旅游者总数的26.7%。秦始皇帝陵景区旅游者中单身78人，占旅游者总数的25.2%，二人世界62人，占旅游者总数的20.0%，三口之家108人，占旅游者总数的34.8%，三人以上62人，占旅游者总数的20.0%。乾陵景区旅游者中单身67人，占旅游者总数的22.6%，二人世界56人，占旅游者总数的18.9%，三口之家99人，占旅游者总数的33.4%，三人以上74人，占旅游者总数的25.0%。总体来看，单身和二人世界的旅游者所占比例共计45.23%，而三口之家及以上人口所占比例高达54.77%。这一定程度上说明：随着人们生活水平的提高，享受“天伦之乐”的家庭“文化”旅游正在日益走俏。未来文化遗产旅游地应该加大对旅游者源地的宣传促销手段。

6.2.3 帝陵旅游者的收益分析

旅游者的利益追求指不同类型旅游者外出旅游的期望与行为倾向。它突出强调旅游者在旅游活动过程中,通过对当地各项旅游产品的体验来获得身心上的满足，并对此次旅游活动的满意度作出评价，与期望值相比，决定是否重游以及对该旅游目的地意象的评价[1]。旅游者收益（tourist benefits）是旅游者通过各种途径从实地存在的核心旅游吸引物本身所获得的心理—精神收获，是关于客观世界的一种心智积累。它是衡量旅游活动中旅游资源对旅游者影响程度的客观指标[2]。旅游者的利益追求最终是以旅游者收益指标来衡量和体现的。依据其具体内容及其中的心理过程，它又可以分为三个不同层次的类型：一是初级美感－体验收益。指旅游者游览帝陵旅游区中观赏帝陵美景、感知基本环境、参与各种活动所获得的视觉美感、心理愉悦等身体的、心理的收益；二是高级理解－欣赏收益。是指对帝陵内在文化的认识、体验帝陵文化、及对帝陵文化遗产遗迹内在美的感悟；三是顶级情感－理念收益。是指欣赏美景、获得知识的同时所得到的关于自然、人生的感悟等。三类不同类型的收益效果最终要体现在帝陵遗产旅游地在旅游利用和活化方式方面的达到的体验效果，也就是如何能够满足旅游者的深层次旅游体验需求。通过体验前的期望值的均值和标准差相关分析（表6－11、表6－12），我们可以得出以下结论：

[1] 尹乐，苏勤．帝陵旅游者的结构特征及利益追求 [J]. 资源开发与市场，2005，21(4)：374-376.

[2] 彭永祥，曹小曙，吴成基．地质公园的旅游者收益及其核心影响力：以河南云台山世界地质公园为例 [J]. 地理研究，2012,31（9）：1722-1735.

表6－11　旅游者后续行为调查（1）旅游体验前的期望程度

Table 6－11　Tourists subsequent behavior survey（1）Expectations of the former travel experience

环境方面	黄帝陵景区		秦始皇陵景区		乾陵景区	
	均值	标准差	均值	标准差	均值	标准差
优美的自然景色	4.20	0.865	4.11	0.898	4.19	0.891
特色建筑	4.02	0.908	3.93	0.918	3.97	0.913
风土人情	3.81	0.928	3.71	0.959	3.73	0.971
名胜古迹	3.98	0.968	3.93	1.007	4.07	0.944
井然有序的购物环境	3.60	1.018	3.64	0.978	3.53	0.960
特色的旅游街区	3.64	1.052	3.65	1.000	3.68	1.000
环境整洁卫生	4.02	1.026	4.05	0.924	4.04	1.016
基础设施方面						
交通便利	4.21	0.846	4.17	0.868	4.15	0.887
安全有保障	4.19	0.947	4.16	0.865	4.12	0.972
休闲娱乐场所齐全有特色	3.71	0.992	3.60	0.997	3.64	0.993
良好的导游配套服务	3.95	0.883	3.92	0.894	3.95	0.906
完备的通信设施	3.86	0.955	3.77	0.981	3.79	0.977
合理的门票价格	4.16		3.95	0.896	4.02	1.020
特色有意义的纪念品	3.73	0.957	3.69	0.992	3.64	1.012
指示牌的设置	3.86	0.959	3.90	0.972	3.79	0.998
地方特色餐饮品尝	3.76	1.002	3.73	1.027	3.76	0.991
问卷共计	355	296	310		296	

表6－12　旅游者后续行为调查（2）旅游体验前的期望程度

Table 6－12　Tourists subsequent behavior survey（2）Expectations of the former travel experience

活动体验方面	黄帝陵景区		秦始皇陵景区		乾陵景区	
	均值	标准差	均值	标准差	均值	标准差
体验活动的丰富程度	3.88	0.869	3.78	0.944	3.80	0.890
体验活动的参与程度	3.79	0.914	3.65	0.949	3.72	0.943
基于民俗的体验活动	3.70	0.957	3.73	0.983	3.73	0.985
遗产地文化的体验活动	3.75	0.972	3.69	0.948	3.68	0.975
放松的夜间体验活动	3.51	0.947	3.53	1.119	3.50	1.074
提供个性化的服务	3.64	1.004	3.75	0.982	3.73	0.989
景区特色住宿或家庭旅馆	3.55	1.019	3.60	1.050	3.64	1.049

（续表）

活动体验方面	黄帝陵景区		秦始皇陵景区		乾陵景区	
	均值	标准差	均值	标准差	均值	标准差
当地居民的好客程度	3.78	0.937	3.93	0.902	3.91	0.927
收获方面						
感受当地特殊的民俗风情	3.91	0.878	3.81	0.920	3.91	0.899
感觉回归古代生活的氛围	3.76	0.945	3.72	0.970	3.69	0.945
放松心灵获得宁静	3.88	0.913	3.92	0.970	3.96	0.949
体力与精力得到恢复	3.76	0.912	3.75	0.950	3.81	0.938
增进家庭情感	3.76	1.035	3.94	0.935	3.86	0.952
增长见识	4.00	0.933	3.96	0.920	3.93	0.951
获得自我肯定	3.59	1.008	3.76	0.969	3.86	0.998

三大帝陵旅游区旅游者体验期望值在不同层次方面存在较大差异。旅游者对旅游环境和基础设施方面的期望值较高，而对旅游体验活动和收获方面的期望值相对较弱。具体表现为：

第一，旅游者对旅游环境方面的7项期望值指标中，“优美的自然景色、特色建筑、环境整洁卫生等三项期望值指标较高，均值皆大于或者接近4；风土人情、名胜古迹等期望值指标一般，均值在3.7以上。三大帝陵景区旅游者对于帝陵自然景观和特色文化景观的期望值一致很高，表明保护好帝陵特有的自然景观和以“风水文化”体现的帝陵建筑以及地方民俗文化为特色的文化内涵至关重要；井然有序的购物环境、特色的旅游街区等期望值指标感知较低，均值在3.5～3.6。特色的旅游街区虽然均值较低，但旅游者感知强烈，标准差较大。35%以上的旅游者期望其看到的是有特色的帝陵旅游区。

第二，在旅游基础设施方面的9项指标中，“交通便利、安全有保障、合理的门票价格”三项期望值指标较高，均值在4.0以上，超过45%的旅游者认为便利的交通条件，安全的旅游环境以及合理的门票价格是他们理想的文化遗产旅游目的地。帝陵旅游者看重当地的旅游产品价格，说明帝陵旅游者大多是中档消费水平,希望购买到物美价廉的商品,这样能够满足他们多样的购买欲望。同时，帝陵旅游者对供电、供水、通信等基础设施以及来旅游地的交通条件较为重视，游览观光是主要目的，但相应的必备设施也是重要的，追求全方位、多层次的享受是旅游者所看重的。“休闲娱乐场所有特色、良好的导游配套服务、完备的通信设施、特色有意义的纪念品、指示牌的设置以及地方特色餐饮品尝”的期望感知相对较弱，6项指标均值都低于4.0，但超过40%的旅游者认为良好的导游服务，指示牌的设置以及特色餐饮等是他们所期望的。帝陵旅游者对导游服务及宾馆和旅行社员工的服务水平期望值也很看重。帝陵是历史文化名镇,要想真正体味到当地独特的文化需要导游进行深入细致的讲解，旅行社的服务会使旅游者追求学习、知识的利益得到满足。服务人员的服务水平及态度是旅游者对当地旅游形象认识的“窗口”，因此要做好这方面的工作,树立良好的旅游形象。

第三，旅游活动体验方面。在旅游活动体验的8项指标体系中，“体验活动的丰富程度、体验活动的参与程度、当地居民的好客程度、基于民俗的体验活动、遗产地文化的体验活动”等五项指标较高，而对“放松的夜间体验活动、提供个性化的服务、景区特色住宿或家庭旅馆”等三项指标感知均值较低。这说明，体验旅游的观念已经深入人心，旅游者更多的希望在旅游过程中得到一种深度体验。旅游者来到文化遗产旅游地,期望得到一种通过各种感官体验的深化而得到的高峰体验，能触动内心深处的历史文化与民族文化的体验[1]。

第四，在旅游活动的收获方面。希望能够“感受当地特殊的民俗风情、放松心灵获得宁静、增长见识”等体验指标感知度较高，均值在3.85以上。而“感觉回归古代生活的氛围、体力与精力得到恢复、增进家庭情感、获得自我肯定”等指标感知度较低，均值仅在3.60～3.75。这说明，在旅游过程中,旅游者包含有地域文化间的交往需求期望，希望能够接触当地的民风民俗，而使旅游活动更加丰富多彩。当地居民对旅游者的态度对帝陵旅游者来说也较为重要,这会影响他们对当地整体旅游形象的判断及游玩情绪。

旅游者收益是旅游者满意的核心，所以运用旅游者收益的各种指标体系来验证旅游者满意度是较为正确的。通过体验后的满意度的均值和标准差相关分析（表6－13、表6－14），我们可以得出以下结论：

[1] 艾佩，梁留科．基于体验经济理论的文化遗产旅游研究 [J]. 许昌学院学报，2007，26(5)：122-125.

（续表）

表6－13 旅游者后续行为调查（3）旅游体验后的满意程度

Table 6－13 Tourists subsequent behavior survey（3）Satisfaction after the travel experience

环境方面	黄帝陵景区		秦始皇陵景区		乾陵景区	
	均值	标准差	均值	标准差	均值	标准差
优美的自然景色	3.92	0.887	3.90	0.866	3.81	0.918
特色建筑	3.77	0.909	3.78	0.913	3.63	0.987
风土人情	3.66	0.946	3.54	0.937	3.42	0.985
名胜古迹	3.78	0.968	3.81	0.945	3.76	1.011
井然有序的购物环境	3.38	0.994	3.45	0.9993	3.35	1.053
特色的旅游街区	3.47	1.050	3.41	0.961	3.45	1.024
环境整洁卫生	3.79	0.997	3.73	1.019	3.74	1.027
基础设施方面						
交通便利	3.93	0.899	3.91	0.888	3.88	0.942
安全有保障	3.91	0.970	3.84	0.954	3.83	0.995
休闲娱乐场所齐全有特色	3.49	1.082	3.39	0.988	3.47	1.064
良好的导游配套服务	3.66	0.997	3.70	0.960	3.61	0.999
完备的通信设施	3.65	0.986	3.62	0.923	3.54	0.966
合理的门票价格	3.73	1.006	3.65	0.966	3.52	1.067
特色有意义的纪念品	3.56	0.974	3.47	0.971	3.37	1.023
指示牌的设置	3.70	1.017	3.73	0.974	3.68	0.975
地方特色餐饮品尝	3.48	1.074	3.51	1.014	3．42	1.055

表6－14 旅游者后续行为调查（4）旅游体验后的满意程度

Table 6－14 Tourists subsequent behavior survey（4）Satisfaction after the travel experience

活动体验方面	黄帝陵景区		秦始皇陵景区		乾陵景区	
	均值	标准差	均值	标准差	均值	标准差
体验活动的丰富程度	3.62	1.000	3.50	1.007	3.57	0.954
体验活动的参与程度	3.51	0.990	3.43	0.995	3.35	1.015
基于民俗的体验活动	3.40	1.029	3.41	0.987	3.33	1.083
遗产地文化的体验活动	3.43	1.032	3.40	0.992	3.36	1.055
放松的夜间体验活动	3.33	1.084	3.30	1.144	3.28	1.113
提供个性化的服务	3.39	1.110	3.47	1.072	3.39	1.099
景区特色住宿或家庭旅馆	3.31	1.090	3.35	1.072	3.38	1.104
当地居民的好客程度	3.59	0.980	3.61	1.014	3.58	0.978

（续表）

收获方面	黄帝陵景区		秦始皇陵景区		乾陵景区	
	均值	标准差	均值	标准差	均值	标准差
感受当地特殊的民俗风情	3.62	0.965	3.66	1.001	3.57	0.968
感觉回归古代生活的氛围	3.58	1.045	3.57	0.982	3.46	1.004
放松心灵获得宁静	3.69	0.966	3.73	0.978	3.71	0.976
体力与精力得到恢复	3.55	0.977	3.57	1.002	3.52	1.001
增进家庭情感	3.65	0.984	3.66	0.984	3.64	0.935
增长见识	3.94	0.946	3.83	.0971	3.68	0.979
获得自我肯定	3.67	1.034	3.69	1.014	3.54	1.034

三大帝陵旅游区旅游者体验满意度在不同层次方面存在较大差异。旅游者对旅游环境和基础设施方面的期望值较高，而对旅游体验活动和收获方面的期望值相对较弱。在旅游体验后，体验满意度也呈现不同的特点。具体表现为：

第一，旅游者对旅游环境方面的 7 项期望值指标中，“优美的自然景色、特色建筑、环境整洁卫生等三项期望值指标较高，均值皆大于或者接近 4。旅游体验后的满意度也较高，优美的自然景色满意度均值达 3.88 以上；特色建筑的满意度均值在 3.73 以上；环境整洁卫生满意度均值达 3.75 以上。风土人情、名胜古迹等期望值指标一般，均值在 3.7 以上。体验后，对风土人情的满意度仅为 3.54，名胜古迹的满意度较高为 3.78 以上。对购物环境的满意度较低，仅仅为 3.38，尽管旅游者对中国的购物环境不抱有太大期望，但现实还是不能够让旅游者满意。三大帝陵景区旅游者对于帝陵自然景观和特色文化景观的旅游满意度较高，表明帝陵特有的自然景观和以“风水文化”体现的帝陵建筑以及地方民俗文化为特色的文化内涵旅游对于体验型旅游者来讲至关重要；井然有序的购物环境、特色的旅游街区等满意度指标普遍较低，均值在 3.4 左右。旅游者感知强烈，标准差较大。对于景区购物环境的整治是该搬到议事日程上来了。

第二，在旅游基础设施方面的 9 项指标中，“交通便利、安全有保障、合理的门票价格”三项期望值指标较高，均值在 4.0 以上，超过 45% 的旅游者认为便利的交通条件，安全的旅游环境以及合理的门票价格是他们理想的文化遗产旅游目的地。旅游后的满意度显示，旅游者对交通便利的满意度均值在 3.90

以上，安全保障的满意度均值在3.86以上，说明旅游者基本对帝陵遗产旅游地的交通、安全等指标满意度是比较高的，也充分说明，随着体验旅游时代的到来，遗产旅游目的地也更为注重“可达性、安全性”。帝陵旅游者关注旅游产品价格，对遗产旅游地的产品价格满意度均值较低仅3.63，说明帝陵旅游者不满意目前遗产旅游地的门票价格，希望购买到物美价廉的商品。也同时反映出目前我国旅游地门票价格虚高，到了应该治理的时候了。帝陵旅游者对旅游基础设施等较为重视，追求全方位、多层次的享受是旅游者所看重的。“休闲娱乐场所有特色、良好的导游配套服务、完备的通信设施、特色有意义的纪念品、指示牌的设置以及地方特色餐饮品尝”的满意度较低，6项指标均值中仅有指示牌一项均值超过3.7，其余的指标均值仅仅为3.4～3.67。帝陵旅游者对导游服务及宾馆和旅行社员工的服务水平满意度较低，说明作为文化遗产旅游地，作为“窗口”形象的导游工作是必须深入细致的，“润物细无声”。服务人员的服务水平及态度是旅游者对当地旅游形象认识的“窗口”，因此要作好这方面的工作，树立良好的旅游形象。

第三，旅游活动体验方面。在旅游活动体验的8项指标体系中，“体验活动的丰富程度、体验活动的参与程度、当地居民的好客程度、基于民俗的体验活动、遗产地文化的体验活动”“放松的夜间体验活动、提供个性化的服务、景区特色住宿或家庭旅馆”等指标满意度均值都较低，仅在3.30～3.55。这说明，体验旅游的观念已经深入人心，旅游者更多希望在旅游过程中得到一种深度体验。旅游者来到文化遗产旅游地，期望得到一种通过各种感官体验的深化而得到的高峰体验，而帝陵旅游地却无法满足文化旅游者的体验诉求。满足旅游者的高品质旅游体验，高品质旅游体验就是要通过“三性”，达到“三感”，满足“三求”；而“三求”“三性”“三感”的有机组合和连接，便构成了旅游体验经营的核心理念[1]。

第四，在旅游活动的收获方面。“感受当地特殊的民俗风情、放松心灵获得宁静、增长见识”“感觉回归古代生活的氛围、体力与精力得到恢复、增进

[1] 孙根年，邓祝仁．旅游体验的意义、经营理念和成功案例[J]. 社会科学家，2007,3:3-5.

家庭情感、获得自我肯定”等指标的满意度都较低，均值仅在3.50～3.75。这充分说明，在旅游过程中，旅游者包含有地域文化间的交往需求期望，希望能够接触当地的民风民俗，而使旅游活动更加丰富多彩。增长见识的满意度指标较高，说明旅游者在一定程度上学到了知识，扩大了视野。

6.3 帝陵景区旅游者旅游后续行为研究

6.3.1 帝陵旅游业发展程度总体感知

在帝陵旅游发展过程中，旅游者对于帝陵文化遗产地的感知度如何，本文在前述分析的基础上，主要从旅游业发展程度感知、对文化遗产的总体印象、文化遗产地之旅与您的期望相比、旅游目的、文化遗产地做得不足的地方等几个方面做了分析（表6－15至表6－19）。

表6－15 旅游者后续行为调查（5）

Table 6－15 Tourists subsequent behavior survey（5）

旅游业发展程度	黄帝陵景区	秦始皇陵景区	乾陵景区
非常好	50	54	24
比例（%）	14.1	17.4	8.1
好	173	162	140
比例（%）	48.7	52.3	47.3
一般	125	85	120
比例（%）	35.2	27.4	40.5
较差	7	8	10
比例（%）	2.0	2.6	3.4
差		1	2
比例（%）		0.3	0.7
问卷共计:	355	310	296

表6－16 旅游者后续行为调查（6）

Table 6－16 Tourists subsequent behavior survey（6）

对文化遗产地的总体印象	黄帝陵景区	秦始皇陵景区	乾陵景区
相当满意	34	53	25
比例（%）	9.6	17.1	8.4
满意	195	164	151

（续表）

对文化遗产地的总体印象	黄帝陵景区	秦始皇陵景区	乾陵景区
比例（%）	54.9	52.9	51.0
一般	111	85	94
比例（%）	31.3	27.4	31.8
不太满意	15	8	26
比例（%）	4.2	2.6	8.7
问卷共计:	355	310	296

表6－17 旅游者后续行为调查（7）

Table 6－17 Tourists subsequent behavior survey（7）

文化遗产地之旅与您的期望相比	黄帝陵景区	秦始皇陵景区	乾陵景区
大大超出期望	29	38	21
比例（%）	8.2	12.3	7.1
比期望稍好	136	107	85
比例（%）	38.3	34.5	28.7
与期望相符	104	100	89
比例（%）	29.3	32.3	30.1
有点失望	81	63	95
比例（%）	22.8	20.3	32.1
相当失望	5	2	6
比例（%）	1.4	6	2.0
问卷共计:	355	310	296

表6－18 旅游者后续行为调查（8）

Table 6－18 Tourists subsequent behavior survey（8）

旅游目的	黄帝陵景区	秦始皇陵景区	乾陵景区
了解文化遗产	101	86	85
比例（%）	28.5	27.7	28.7
参观古建筑	88	63	61
比例（%）	24.8	20.3	20.6
科学考察	17	17	18
比例（%）	4.8	5.5	6.1
休闲度假	114	119	97
比例（%）	32.1	38.4	32.8
行程安排	35	25	35
比例（%）	9.9	8.1	11.8
问卷共计:	355	310份	296

表6－19　旅游者后续行为调查（9）

Table 6－19　Tourists subsequent behavior survey（9）

文化遗产地做得不足的地方	黄帝陵景区		秦始皇陵景区		乾陵景区	
	人数	比例％	人数	比例％	人数	比例％
自然景色	5	1.4	4	1.3	4	1.4
人文气息	4	1.1	3	1.0	6	2.0
历史沉淀	1	0.3	1	0.3	14	4.7
景区环境	17	4.8	26	8.4	38	12.8
交通	12	3.4	17	5.5	17	5.7
饮食	83	23.4	60	19.4	50	16.9
住宿	85	23.9	62	20.0	57	19.3
购物	79	22.3	76	24.5	62	20.9
服务	69	19.4	61	19.7	48	16.2
共计:	355		310		296	

在旅游者回答问卷中，黄帝陵景区旅游者认为旅游业发展非常好或好的比例占到62.8%，秦始皇陵旅游区旅游者认为非常好或好的比例占到79.7%，而乾陵景区旅游者认为非常好或好的比例却仅为55.4%，认为一般的比例也高达40.5%。对文化遗产地的总体印象看，黄帝陵旅游区旅游者认为相当满意和满意的比例为64.5%，秦始皇陵旅游区旅游者认为相当满意和满意的比例为70.0%，而乾陵旅游区旅游者认为相当满意和满意的比例仅仅为59.4%。文化遗产地之旅与您的期望相比，乾陵旅游区旅游者认为与期望相符合超出期望的比例为66%，黄帝陵旅游者比例为75.8%，秦始皇陵旅游者比例为79.1%。对乾陵旅游有点失望的旅游者比例高达32.1%，而黄帝陵和秦始皇陵基本在21%左右。对于旅游目的指标来讲，旅游者指标中普遍认为了解文化遗产，参观古建筑以及休闲度假是主要目的。反映了体验旅游时代的旅游者诉求发生了显著变化，旅游经营模式必须进行彻底的改变才能适应旅游者的体验诉求。对于文化遗产地做得不好的地方，所有指标中，旅游者普遍对交通、饮食、住宿、购物、服务等指标不满意。黄帝陵的19.4%的旅游者、秦始皇陵19.7%的旅游者认为景区服务质量较差。乾陵景区也有16.2%的旅游者认为景区服务质量差。

显然，旅游者对于景区服务质量是非常关注的。从旅游目的地营销及旅游业可持续发展的角度考虑，应进一步提高景区的服务质量。

6.3.2 旅游者重游意愿和推荐意愿

“满意度是在购买和消费过程中所有行为实施的最终结果，不仅是对产品或服务的观察也是直接的消费”[1]满意度是顾客需要，已达到或超过想要和期望贯穿产品或服务生命周期的一种精神状态，它导致重购和忠诚[2]。是购后行为决策的依据。顾客达到满意或不满意的状态，表现出对产品/服务的认可或不认可，进而根据对产品/服务的评估结果作为未来消费行为的参考。满意或不满意与重游意愿、推荐意愿有显著的正/负相关性[3]。旅游者行为意愿包括忠诚度、推荐意愿、重游意愿，而行为忠诚往往包括了推荐意愿、重游意愿的内容。对于推荐意愿，有专家认为是“旅游者对于重游同一目的地的可能性或向其他人推荐目的地可能性的判断”[4]。通过问卷调查显示，帝陵旅游区旅游者中重游意愿和推荐意愿以及旅游感受差异较大（表6－20）。黄帝陵旅游区旅

表6－20 旅游者后续行为调查（10）

Table 6－20 Tourists subsequent behavior survey（10）

是否还会再来	黄帝陵景区	秦始皇陵景区	乾陵景区
是	227	192	158
比例（%）	63.9	61.9	53.4
否	128	118	138
比例（%）	36.1	38.1	46.6
是否推荐			
是	283	254	205

[1] OLIVER R L.Measurement and evaluation of satisfaction Proeesses in retail settings[J]. Journal of Retailing,1981，57：25-48.

[2] ANTON J.Customerrelationshipmanagement:Making hard deeisions with soft numbers [M]. Prentice-Hall,UPPer Saddle River,NJ,1996.

[3]GALLARZA M G,Saura I.GValue dimensions,Perceived value,satisfaction and loyalty:Aninvestigation of university students travel behaviour[J].Tourism Management,2006,27:437-452.

[4]CHEN C.TSAI D C.How destination image and evaluative factors affect behavioral intentions?[J].tourism Management,2007,28:1115-1122.

（续表）

是否还会再来	黄帝陵景区	秦始皇陵景区	乾陵景区
比例（%）	79.7	81.9	69.3
否	72	56	91
比例（%）	20.3	18.1	30.7
会否把旅游感受讲给朋友			
是	323	264	258
比例（%）	91	85.2	87.2
否	32	46	38
比例（%）	9	14.8	12.8
问卷共计：	355	310	296

游者中重游意愿为63.9%，秦始皇陵旅游者重游意愿为61.9%，而乾陵旅游者仅仅为53.4%。在是否愿意推荐朋友等推荐意愿指标中，黄帝陵达79.7%，秦始皇陵更是高达81.9%，而乾陵仅仅是69.3%。在是否愿意把旅游感受讲给朋友指标中，黄帝陵的指标为91%，秦始皇陵为85.2%，乾陵为87.2%。这些数据说明：帝陵文化遗产旅游区文化感知度与重游率和推荐率成一种正相关性。感知度高，满意度就高，对应的重游率和推荐率也高；反之，则低。黄帝陵、秦始皇陵景区的重游率和推荐率都比较高，说明这两个景区在文化遗产体验旅游方面比乾陵要做得更好一些。而乾陵景区这些年旅游业止步不前，长期低位徘徊与经营理念陈旧，故步自封，没有提供更好的让旅游者满意的各种因素有关。

6.3.3 结论

通过对黄帝陵、秦始皇陵、乾陵旅游风景区旅游者的实地调查和分析，可以得到如下结论：

第一，西安帝陵旅游风景区的主体客源以外省旅游者为主，本省的旅游者所占比例在16%～18%。其客源地范围较大，京畿之地北京、山西等周边省份以及人均收入水平较高的东部省份占据客源市场份额较大。其客源市场可分为三级：一是距离近或人均收入水平高的省，旅游者规模比重为47.28%（黄帝陵36.90%、秦始皇陵52.25%、乾陵52.70%）。二是距离较近的湖北、湖南、江苏、辽宁等省份是陕西省帝陵旅游未来主要客源市场。旅游者规模比重为

12.53%（黄帝陵17.18%、秦始皇陵11.29%、乾陵9.12%）。三是东北西北西南地区是陕西省帝陵旅游发展的潜在市场。这部分市场，除了四川旅游所占比例较大外，大多所占比例较小。广大的西南地区，因为人口少，经济发展较落后，再加上距陕西的空间距离又远，出现了旅游意向较为低迷状态，这些地区是陕西省旅游的潜在市场。19个省份共计市场份额为21.93%，平均仅1.19%（黄帝陵22.53%、秦始皇陵20.64%、乾陵22.63%）。这充分说明西安帝陵文化遗产旅游地属于具有大范围旅游需求的国家级风景名胜旅游地。

第二，旅游者构成中，黄帝陵景区≤30岁的旅游者占35.2%，31～50岁的旅游者占48.7%，两者共计83.9%。50岁以上的旅游者占16.1%。秦始皇帝陵景区≤30岁的旅游者占43.5%，31～50岁的旅游者占41.9%，两者共计85.4%。50岁以上的旅游者占14.5%。乾陵景区≤30岁的旅游者占37.2%，31～50岁的旅游者占44.3%，两者共计81.5%。50岁以上的旅游者占18.6%。可以看出帝陵旅游区旅游者总体呈年轻化；帝陵旅游区以“高知”群体为主，旅游者的文化程度较高，平均每个景区大专以上学历的占 77.92%，形成文化遗产旅游消费的主体。

第三，旅游者职业构成中，帝陵旅游区的国内旅游者中，企管人员和专业技术人员所占比重较大。主要是因为这部分人员文化素质相对较高，对人文旅游资源兴趣较浓，所以求知、求休闲的特征相对明显。其次是公务员和离退休人员以及工人等也较多。这反映出帝陵旅游者的职业具有较强的复合性和多元化的特点，不同职业的旅游者的审美情趣、欣赏需求以及生活方式各不相同。此外，本次调查中工人旅游者比例也较高(三个帝陵景区平均7.67%)超过了离退休人员，与其他旅游地的相应调查数据明显不同，表明随着市场经济发展，工人收入水平提高，剩余时间增多，可自由支配的闲暇时间也增多，自然对旅游的需求增加。帝陵旅游区旅游者中以高收入者为主体消费群体(其中家庭月人均收入>1000元者占旅游者比重为 85.17%)。充分说明旅游是一种较高层次的经济文化活动，收入水平低则导致出游能力降低。

第四，旅游者的出游方式以三口之家及以上人口为主，其所占比例高达54.77%。这一定程度上说明：随着人们生活水平的提高，享受“天伦之乐”的家庭“文化”旅游正在日益走俏。未来文化遗产旅游地应该加大对旅游者源地的宣传促销手段。

第五，旅游者出游更多是为了感知文化遗产、了解历史文化和增长知识。既反映了体验旅游时代的旅游者诉求变化，也要求旅游经营模式必须进行彻底的改变才能适应旅游者的体验诉求。旅游者普遍对交通、饮食、住宿、购物、服务等指标不满意，认为景区服务质量差。提高景区服务质量是未来景区生存的不二选择。

6.4 帝陵旅游产品深度开发策略

陕西省帝陵文化遗产旅游发展涉及文化、文物、旅游等多方利益。文化遗产旅游最主要、也最为关键的便是对于文化遗产的有效保护及对遗产的合理“活化”利用。帝陵旅游产品的核心是帝陵文化遗产体验，是在帝陵文化遗产保护、利用过程中形成的能够满足旅游者文化遗产旅游体验的体验型旅游产品。帝陵旅游必须结合遗产旅游者的需求和帝陵旅游资源自身的特点，打造具有特色的体验型文化遗产旅游新产品，对其进行产品深度开发，这样才能开创帝陵文化遗产旅游的新业态。实现文化遗产旅游和其他产业的共同发展、融合发展、共生发展，才能不断培育陕西文化遗产旅游新的生长极。陕西省帝陵文化遗产的深度开发，主要需要在几个方面实现突破：一是提炼陕西省帝陵文化旅游核心价值，打造陕西省帝陵文化旅游精品品牌；二是完善陕西省帝陵文化旅游服务体系；三是加强陕西省帝陵文化旅游市场营销，开发文化旅游商品。

6.4.1 深挖人文内涵，打造文化旅游精品品牌

旅游景区也是一种产品，而且是一种更需要引起人们关注与喜爱后才会“购买”的产品。因此，也就更需要有属于自己的、独特而又响亮的品牌。旅游景区品牌是指一个旅游景区由资源整合、内涵挖掘、主题提炼、形象包装、项目设计、市场营销、宣传推广等多种因素共同构成的一个具有相对的唯一性、垄断性、不可替代性，具有一定的品质与品位，能参与社会宣传与市场营销，能产生较大的旅游资源关注力与旅游市场吸引力，能达到较高的社会知名

度与公众信誉度，能保持较长久的记忆传播与持续影响的对外招牌。旅游产品的竞争不只是风光美景、服务品质、宣传营销的竞争，更是文化的竞争。文化增强旅游的核心竞争力。文化是旅游生命力的源泉，是旅游最核心的竞争力。打造旅游产品品牌就是深挖旅游文化内涵的过程，是对旅游文化进行的挖掘、提炼、包装、营销的过程。

当代旅游景区的品牌塑造，必须根据本景区所要利用和整合的旅游资源、所要开发与经营的旅游项目、所要面临和拓展的旅游市场，最大限度地体现出明确的地理区域、独特的主题形象、切实的旅游功能三大要素，从而全力以赴地达到唯一性、垄断性、不可替代性的相对最高标准。一个旅游景区，无论是资源整合、内涵挖掘，还是功能开发、项目设计，都会围绕两大核心来进行，这就是营销主题与宣传形象。而作为旅游景区核心名称的景区品牌，其核心也就是本旅游景区的营销主题与宣传形象。并且，能产生较大的旅游资源关注力与旅游市场吸引力的，就是景区品牌中所塑造的主题与形象。因此，在明确的地理区域前提下，景区品牌的核心就是独特的主题形象。

旅游主题，通常是指一个旅游景区根据自己所要利用的旅游资源，所要发展的旅游产业，所要面临的旅游市场，所要吸引的旅游客源，对其所要开发或经营的旅游项目所确定的一个主旨和标题。没有这样一个主题，旅游景区的项目开发或经营就没有方向，没有目标，就会成为脱缰野马，陷入随意开发、盲目经营的困境。因此，旅游景区品牌建设过程中必须分析竞争环境、突出资源特色、锤炼主题语言。如此才能彰显景区文化内涵和特色，打造世界的遗产旅游品牌。

第一，分析竞争环境。旅游景区塑造品牌的目的是参与旅游市场竞争。旅游市场的竞争环境是旅游景区生存与发展的土壤。在塑造旅游景区品牌时，首先要分析旅游消费需求及同类景区情况这两方面的竞争环境。通过分析，了解旅游需求的共性和个性，把握国内外旅游需求的发展变化趋势：了解同类景区的特色、策略、客源等内容，认识竞争格局的动态性及竞争激烈程度，预见新旅游景区品牌的进入时机、实力、策略等情况；准确判断竞争环境对本景区生存与发展的影响程度。分析景区所面临的优势、劣势，确定本景区所要占领的目标市场及所要吸引的目标顾客，科学地进行产业结构与市场定位。从中发现自身长处与薄弱环节，扬长避短，策划出独特的景区品牌。

第二，突出资源特色。独特的旅游景区品牌植根于独特的旅游资源。各个旅游景区的旅游资源各不相同。塑造旅游景区品牌时，必须充分挖掘旅游景区的资源特色。随着我国旅游结构由观光型向休闲度假型转变及旅游者素质的不断提高，旅游者对于旅游中的文化需求与文化要求也越来越高，因此谁拥有了先进的旅游文化谁就代表了最先进的旅游生产力，并最终在竞争中立于不败之地。旅游的开发，首先是“文化”的开发；品牌的包装，核心是“文化”的包装；项目的策划，重点是“文化”的策划。传统旅游概念中的“文物”，以其“历史价值”与“学术价值”为表象，蕴含着极其深厚和巨大的“社会价值”与“市场价值”。现代旅游概念中的“文化”，则以其“社会价值”和“市场价值”为特征，但必须具备极其深远和独特的“历史价值”与“学术价值”。两者相辅相成，相得益彰。因此，旅游文化不是文史或文物的简单复制，旅游文化要具备广泛的社会关注性，巨大的市场经济性。旅游文化开发的最高境界，是能够保护历史遗留的文化瑰宝，旅游地要打造独特的形象，就要突出自己的文化特色。突出帝陵旅游资源的文化特色就是保证帝陵文化遗产旅游永葆青春的秘籍。

第三，锤炼主题语言。不管一个旅游景区拥有多么丰富的自然风光，也无论一个旅游景区具有多么深厚的文化内涵，它的品牌都只能是言简意赅的一句主题语言。如何将旅游景区所拥有的丰富的自然风光与深厚的文化内涵以极其准确、形象、鲜明、简练地表述出来，这就需要在塑造旅游景区品牌时，深刻认识、准确把握旅游景区的资源特色与个性内涵，锤炼出最能表达旅游景区核心内容的主题语言[1]。

6.4.1.1 黄帝陵人文内涵挖掘

文物古迹旅游资源的精髓在于丰富的文化内涵，黄帝陵景区具有无以伦

[1] 海洋．灵魂之光：当代旅游文化开发的深度创意 [M]. 成都：巴蜀书社 ,2007,9:49-58.

比的人文旅游资源[1]。各种精神的、非物质的事物构成了黄陵在文物古迹旅游开发中的重要资源。非物质性资源在未来旅游开发中处于重要地位，挖掘文化内涵才能提高旅游产品的品位。目前，黄帝陵景区旅游者参与性弱，深刻的历史文化内涵被忽略：黄帝陵景区主要是祭祀和游览黄陵旅游活动，模式陈旧僵化，缺乏吸引力，从而导致旅游重游率和滞留时间不足，充分发掘无形的精神文化旅游资源能够为有形的、物质的旅游产品创造出一种新的附加值，或者开发一种新业态。

形象导向模式是黄帝陵旅游利用的重要方式，构建“人文初祖、祖陵圣地”旅游是黄帝陵旅游利用的重要途径。深入挖掘祖陵圣地的文化内涵元素，打造旅游文化精品，提升文化旅游体验项目含金量是促进黄帝陵景区文化发展的方式。

黄帝陵的文化遗产包括三个不同层面文化。处于最外层的是文化的物质层，物质层是人类在历史过程中所创造的各种物质产品，也包括物质形式的精神产品。如黄帝陵墓、汉武仙台、龙驭阁、祭祀大院、祭祀大殿、轩辕庙、龙池、历代祭祀碑文以及风水文化。文化遗产的物质层文化是旅游者能直接观赏到的，最容易感知的文化，它给予旅游者以静态旅游体验，也是黄帝陵目前旅游开发的现状——静态旅游。遗产文化的中层是思想制度层，包括隐藏在文化物质层里的人的思想、感悟和意志，如历史遗留的建筑物，绘画其中内涵的当时人们的思想、感悟和意志。这一层面里还包含着在那个时代所创造的各种各样的制度与行为规范等。黄帝架构新的部落联盟管理制度，形成国家雏形，并进行了养蚕、制衣、舟车、阵法、文字、历法、度量、宫室、武器等许多方面的发明创造，形成了中华民族最为灿烂的早期文明，也就是动态的文化遗产。动态的文化遗产需要动态的展示和“活化”，体验和感知黄帝时代的深层文化是文化内涵挖掘的一个重要方面。遗产文化的核心层是文化的心理层，包括特定时代的人们的价值观念、思维方式、审美趣味、道德情操、宗教情绪和民族性格等。文化的心理层是文化发展的动因，而价值观是文化的核心，它对中层

[1] 彭琴 . 黄帝陵旅游区旅游资源深度开发研究 [D]. 西安 : 长安大学 ,2007:15.

的制度文化和外层的物质文化有着重要的影响和决定作用。黄帝陵是中华民族的圣地，海外侨胞将其誉为“东方麦加”，它更是中华文明的象征。华夏儿女的根。黄帝文化具有十分丰富的文化内涵和极为重要的价值指向，它象征着中华民族强大的民族凝聚力，体现着中华民族的团结精神，表现为同宗共祖、四海一家的认同感和归属感。这种团结统一的精神，成为中华民族几千年凝聚而不散的核心力量。这种民族融合、和谐一体的精神是我们屹立于世界民族之林的独特优势。从1937年国共两党同祭黄帝陵开始，到现在黄帝陵祭奠活动已经被列入首批国家级非物质文化遗产名录，特别是从2004年起，黄帝陵公祭礼仪正式升格为国家级。这些丰富的黄帝文化精神内涵是黄帝陵文化遗产的精髓，是意态的旅游文化层面，它能使人们的寻根祭祖超越表面的祖先崇拜而不断向民族精神的认同深化。理清了黄帝陵内涵文化的三个不同层面才能够构筑立体的黄帝文化产品体系，从满足人们寻根祭祖的多重心理需求出发，以祭祖朝觐这一文化旅游主题产品为核心，构筑以民族文化、民俗文化及黄帝故土历史足迹为拓展的黄帝文化产品体系，形成具有绝佳品位和相当规模的以文化遗存和历史遗迹为载体的立体的黄帝陵旅游产品体系[1]。

黄帝陵的优势在于黄帝文化和黄帝陵文化遗产建筑艺术、制度文化和风水文化，其中黄帝文化是黄帝陵旅游发展的 “意”，也是超越时空、具有统摄力的文化主题。而以文物古建艺术和风水文化为代表建筑的是其发展所依托的具“象”。“人文初祖、祖陵圣地”就是兼具意象两个向度的高度结合和统一。在发展思路上，黄帝陵要定位于“神”与“深”上。在“深”的定位上，深入挖掘黄帝的动态文化内涵；在“神”的定位上，以黄帝文化为引线，将意态文化、动态文化、静态文化有机地结合起来。如是，黄帝陵旅游就真正“巨龙腾飞”[2]。

6.4.1.2 秦始皇陵人文内涵挖掘

秦始皇陵（含兵马俑）被誉为“世界第八大奇迹”，1987年被联合国教科

[1] 张宝泉．把黄帝陵打造成寻根祭祖的民族圣地 [J]. 西安文理学院学报：社会科学版，2012,15（5）：36-39.

[2] 张建忠，孙根年．基于文化意象视角的宗教遗产地旅游文化内涵挖掘：以五台山为例 [J].2012,127（5）：148-152.

文组织列入“世界遗产名录”。作为景区产品的秦始皇陵及兵马俑，由于地面建筑几乎不存在，其文化内涵是特有的秦文化以及作为载体体现的兵马俑。采取遗址公园的模式能够更真实反映其特有的遗产文化。兵马俑代表秦朝强大的军队和强盛的军事实力，同时也是对秦朝经济、文化、科技、艺术等发展状况的一种真实反映。了解中国秦文化，尤其是了解中国秦朝的政治、军事、典籍等文化，秦始皇陵可以带你“穿越历史”。因此，秦始皇陵及兵马俑景区应该将这种无形文化以有形的载体表现出来，将秦文化的深厚底蕴挖掘并展现给游客，让游客体验到秦文化丰富的内涵，从而提高旅游经历的文化品位。[1]对秦文化采取“活化”的方式，既是对遗产旅游品牌核心价值的一种成功展示，也是对遗产品牌的一种成功营销，从而成功塑造景区主题产品，打造世界品牌。“秦风、秦韵、秦始皇”，告诉你一个不一样的秦帝国。

秦始皇陵是中国历史上第一个皇帝陵，也是中国最大的皇帝陵。以“规模巨大、陪葬物丰富”居帝王陵之首。其遗址主要有陵园内的寝殿、便殿、园寺吏舍等以及从葬区的兵马俑坑，如上焦村陪葬墓、马厩坑、珍禽坑、官遗址、铜车马坑、石甲胄坑、百戏俑坑、文官俑坑、水禽乐舞俑坑、修陵人墓地等。“1974年秦始皇陵东侧发现的兵马俑坑、1980年封土西侧出土的两乘彩绘铜车马以及最近几年发现的石质铠甲坑、百戏陶俑坑、文官俑坑、含青铜水禽的陪葬坑等一系列考古发现，已震惊世界。”[2]人们已感受到蔚为壮观的秦陵陪葬坑所出土文物之盛，近年来，秦陵新考古接连不断，先后又发掘了K9801陪葬坑、K9901陪葬坑、K0006陪葬坑、K0007陪葬坑等保存比较完好的珍贵文物。这些物态化的文化遗产折射出秦帝国时期的政治、经济、文化、军事等诸多方面的深层次情况，反映出很强的历史特征、文化传承和人文理念。该部分是秦始皇陵最外层的、文化的物质层，文化遗产的物质层文化是旅游者能直接观赏到的，最容易感知的文化，它给予旅游者以静态旅游体验。遗产文化的中层是思想制度层，包括隐藏在文化物质层里的人的思想、感悟和意志，如历史

[1] 王彦锐 . 秦文化旅游价值分析与开发构想 [J]. 西安财经学院学报，2010,23（5）:94-97.

[2] 孙伟刚 . 秦始皇帝陵与兵马俑 [M]. 西安：三秦出版社，2003:8-10.

遗留的建筑物以及其中所包涵的当时人们的思想、感悟和意志。从陵区内遗址和发掘文物对秦代建筑布局、墓地葬俗、军事文化、生产生活以及反映当时人们精神文化生活的艺术品的研究来看，它属于中层的动态遗产文化层面，让游客参与到“遗产文化”活动中，深层“浸润”在秦文化中，体验秦文化。通过该层面，我们能够使“内隐文化”外显化、固态物质文化遗产“活化”、可体验化。遗产文化的核心层是文化的心理层，文化的心理层是文化发展的动因。文化具有十分丰富的文化内涵和极为重要的价值指向，“秦风、秦韵、秦始皇”的文化遗产主题是秦始皇陵的核心文化层，使我们逐渐对秦代社会历史有了一个清晰的了解，“告诉你一个，不一样的秦始皇”。秦文化意象是意态的旅游文化层面。厘清了秦始皇陵内涵文化的三个不同层面才能够构筑立体的秦始皇陵文化遗产产品体系。

6.4.1.3 乾陵人文内涵挖掘

乾陵作为中国陵墓博物馆的“领头羊”，作为中国古代最鼎盛的文化代表之一，具有陵园面积大、建筑遗址体量大以及文化意义大等优势，它的历史性、真实性和完整性都具有代表性，典型地体现了“大唐盛世”时期中国古代最高的水平。乾陵是唐高宗与武则天的合葬陵，乾陵博物馆是一个遗存博物馆，它有遗迹、遗物、遗痕，同时具备这三种特点的博物馆在我们国内很少。百年帝后无双冢，万古盛唐说两朝。把遗物、遗痕以及作为一个遗存的博物馆来定位，就形成了乾陵自己的特色。乾陵要以文化和文物研究作为依托，在名字上下功夫，既满足人们的好奇心，也推动学术研究的发展[1]。

乾陵展现给人们的是一个立体的盛唐世界，它将中国历史上最为强盛时期的政治、经济、文化、对外交往等，通过丧葬文化体现了出来。这是唐王朝留给后人的宝贵文化遗产资源[2]。

乾陵文化遗产包括三个不同层面文化。处于最外层的是文化的物质层。如气势雄伟、布局宏大、建筑美观的乾陵陵墓以及陪葬墓诸如靖陵、懿德太子

[1] 樊英峰 . 乾陵文化研究 : 三 [M]. 西安：三秦出版社，2007：21.
[2] 樊英峰 . 乾陵文化研究 : 三 [M]. 西安：三秦出版社，2007：19.

墓、章怀太子墓、永泰公主墓、李谨行墓，帝陵陵园内存有的华表、翼马、驼鸟、无字碑、述圣记碑、石狮、六十一藩臣像等大型石雕刻，成为乾陵的物态化文化遗产，被誉为“盛唐石刻艺术的露天展览馆”[1]。文化遗产的物质层文化是旅游者能直接观赏到的，最容易感知的文化，它给予旅游者以静态旅游体验，也是乾陵旅游开发的现状——静态旅游。以观光游览方式为主，相对降低了历史遗址类景点的吸引力；展示性较差，滞留时间短，重游率低；旅游产品老化，缺乏新奇性和市场竞争力；开发混乱，方式雷同，文化肤浅，内涵挖掘不足等。遗产文化的中层是思想制度层，包括隐藏在文化物质层里的人的思想、感悟和意志，如历史遗留的建筑物、绘画等其中内涵的当时人们的思想、感悟和意志。这一层面里还包含着在那个时代所创造的各种各样的制度与行为规范等。乾陵文化主要体现在壁画、石刻、唐三彩等蕴含的丰富文化内涵上。如在陪葬墓出土的仪仗图、步辇图、列戟图、客使图、仕女图和观鸟捕蝉图等构成了乾陵动态的文化遗产。壁画《客使图》《马毬图》等反映了盛唐时唐王朝与周边国家的文化交流与往来。也体现了唐代文明开放与包容的胸怀和气度。这种动态文化遗产更多体现了大唐盛世的陵寝建筑观念，“因山为陵”的生态和谐观念；这种动态文化遗产体现了大唐盛世的对外开放观念。动态的文化遗产需要动态的展示和“活化”，体验和感知大唐时代的深层文化是文化内涵挖掘的一个重要方面。遗产文化的核心层是文化的心理层，包括特定时代的人们的价值观念、思维方式、审美趣味、道德情操、宗教情绪和民族性格等。文化的心理层是文化发展的动因，而价值观是文化的核心，它对中层的制度文化和外层的物质文化有着重要的影响和决定作用。大唐文化具有十分丰富的文化内涵和极为重要的价值指向，它体现着唐王朝的恢宏和气度，是意态的旅游文化层面。厘清了乾陵内涵文化的三个不同层面才能够构筑立体的乾陵文化遗产产品体系，才能形成具有绝佳品位和相当规模的以大唐文化遗存和历史遗迹为载体的立体的乾陵旅游产品体系。

乾陵的优势在于大唐文化和乾陵文化遗产建筑艺术、制度文化和乾陵风水

[1] 韩养民．风水与唐陵 [M]. 西安：三秦出版社 ,2003:88-102.

文化，其中大唐文化是乾陵旅游发展的“意”，也是超越时空、具有统摄力的文化主题。而以陵墓建筑艺术、陵园空间布局和风水文化为代表的乾陵建筑是其发展所依托的具“象”。“珍稀乾陵，唐陵之冠”就是兼具意象两个向度的高度结合和统一。在发展思路上，乾陵要定位于“神”与“深”上。在“深”的定位上，深入挖掘大唐乾陵的动态文化内涵；在“神”的定位上，以大唐文化为引线，将意态文化、动态文化、静态文化有机结合起来。

6.4.2 加强服务管理，提升体验质量

旅游服务质量是指旅游者通过比较其接受的服务水平与期望目标得出的对某一特定服务的感知[1]。旅游服务质量是衡量旅游产品质量的重要标准，是旅游业可持续发展的基础保障[2]。旅游服务质量的高低直接影响旅游景区形象和旅游者的满意度、重游率和推荐率。国内专家、学者普遍认为：旅游交通、住宿环境、景区景点、餐饮美食、旅游购物、旅游娱乐、导游服务、硬件所需员工服务、社区和服务人员等9大因素是提升旅游服务水平的关键因素[3]。

导游服务是旅游服务过程中多种服务中的一种，然而又是诸种旅游服务中居于中心位置、始终处于主导地位的服务[4]。导游服务或旅行社服务是影响旅游服务质量的关键[5]。导游是旅游接待工作的主体之一，导游服务质量低劣直

[1] 莫里森 . 旅游服务营销 [M]. 朱虹，党宁，译 . 北京：电子工业出版社 ,2002：229.

[2] 匡翼云 . 旅游服务供应链质量因子控制的创新研究 [J]. 吉林工商学院学报 , 2011(5):14-16.

[3] 马耀峰，王冠孝，张佑印，等 . 古都国内游客旅游服务质量感知评价研究 [J]. 干旱区资源与环境，2009(6)：176-180.
郭晋杰 . 湛江国际旅游资源开发和旅游服务质量的研究 [J]. 旅游学刊，2001(1)：54-57.
许聪聪，苏晓光，刘新平 . 旅华外国游客对我国服务质量综合评价之分析 [J]. 济南大学学报：自然科学版，2008(10)：370-372.
江波，郑红花 . 基于旅游目的地八要素的服务质量评价模型构建研究 [J]. 商业研究 ,2007(8):148-153.
李琼 . 民俗旅游服务质量改善中服务剧场理论的运用 [J]. 江苏商论 , 2009(5)：67-68.
陈德良，祝海波 . 旅游服务质量信息的挖掘分析 [J]. 商业研究，2006(17)：180-182.
沈国鼎，陈德棉 . 如何提高旅游服务质量 [J]. 江苏商论，2004(8)：129-130.

[4] 王镜，马耀峰 . 提高导游服务质量的新视角：兼论我国导游管理和研究 20 年 [J]. 旅游学刊，2007,22（3）:64-70.

[5] 郭晋杰 . 湛江国际旅游资源开发和旅游服务质量的研究 [J]. 旅游学刊，2001(1)：54-57.
许聪聪，苏晓光，刘新平 . 旅华外国游客对我国服务质量综合评价之分析 [J]. 济南大学学报：自然科学版，2008(10)：370-372.

接导致降低了我国旅游服务的整体质量。在体验经济时代，追求深度的体验旅游成为旅游者的核心诉求。“旅游体验的质量是旅游企业的生命线。”只有加强服务管理，才能提升旅游体验质量。导游是旅游服务的第一线人物，导游服务作为旅游产品的一部分向旅游者出售，从旅游开始到结束，是与旅游者接触最多的关键人物。就目前而言，旅游服务质量的很多投诉源于对导游服务的不满[1]。因此，提升导游服务水平成为帝陵遗产地提升服务质量的关键。

6.4.2.1 提高讲解服务水平

文化旅游是建立在目的地文化基础之上的旅游，是一种有赖于特殊兴趣旅游，以文化为导向的旅游者以及独立性强的旅游者和受到一种基本兴趣鼓舞的回头客的地方旅游。博大精深的中华文化有许多物质载体，而其中之一就是蕴含丰富文化内涵的景点景物与文化现象，尤其是文化遗产地。陕西省黄帝陵、秦始皇陵、乾陵作为帝陵文化遗产地，其厚重的历史文化成为“流动的史书”，记载了自古代、近代传递至今天的文化信息。进行文化型导游讲解，就是要以这些景点、景物文化现象具体谈起，讲解过程充满知识性、趣味性、技巧性，能够引导旅游者体味中国帝陵文化遗产的“有神有韵，有声有形”的精彩文化内涵；要有血有肉，能够借题发挥、以景抒情、就物说事、就事论理，向旅游者显示这些物质依托所包含的丰富的文化内涵[2]。

6.4.2.2 提高导游和讲解员的自身素质

导游人员的专业素养较低，专业素质跟不上时代的发展，专门的旅游专业人才缺乏是陕西省三大帝陵旅游区存在的普遍问题。黄帝文化旅游，黄帝本来就是一个传说中的人物，导游人员如果没有一定的历史常识，游客很难从旅游中受益。黄帝陵文化有静态的物质文化、动态的制度文化和意态的精神文化。如黄帝陵墓、汉武仙台、龙驭阁、祭祀大院、祭祀大殿、轩辕庙、龙池、历代祭祀碑文以及风水文化等是静态物质文化，而各种发明、创造等体现的管理制度、理念等是动态文化，“黄帝文化”则是一种精神，中华民族团结向上的精

[1] 匡翼云．基于旅游体验视角的旅游链服务质量控制 [J]. 湖北文理学院学报，2012,33（11）:63-66.

[2] 秦楠．浅析文化型导游及其对旅游业的影响 [J]. 黑龙江对外经贸，2009,180（6）:86-88.

神。导游首先是一个“杂家”，他要对黄帝的生平及其民间关于黄帝的众多传说和神化故事都要有所了解，对黄帝本人及其创造的黄帝文化对中华民族文化和历史产生的深远影响更需要有深刻的体会和认识。这样，才能做好“窗口”工程、形象工程。乾陵文化旅游，更多体现在大唐文化的广博精深，让旅游者通过导游的讲解，明白壁画、石刻、唐三彩等艺术文化内涵的文化。这些首先要求导游通晓大唐的历史，了解大唐的文化。导游只有熟悉大唐文化、乾陵文化遗产建筑艺术、制度文化和乾陵风水文化等才能真正让旅游者体验“珍稀乾陵，唐陵之冠”的无上魅力。只有导游了解了秦文化，才能让你深层次体验“秦风、秦韵、秦始皇”，告诉你一个不一样的秦帝国，实现帝陵文化遗产的深度感知和深度体验。

6.4.3 大力开发文化旅游商品

苗学玲认为“旅游商品是指由旅游活动引起旅游者出于商业目的以外购买的、以纪念品为核心的有形商品，包括旅游纪念品、日常用品(旅游前和途中购买)和免税商品三个部分”。定义突出旅游纪念品在旅游商品概念中的核心地位，并强调地方文化特色是旅游纪念品的本质特征。它与一定地域范围内的自然地理、社会文化和经济发展状况表现出与区域以外显著不同的特点，是一种地域的相对优势[1]。自然要素分布的空间差异导致人文要素在地表也有一定的差异[2]。这种差异在人文景观要素的表现上就是建筑形式、民族风情、经济发展等方面。旅游商品的区域性特点也因此十分突出。彭建等学者认为“区域旅游商品的特色主要体现在区域历史文化积淀、民族风貌及旅游地景区特色等三方面”[3]。所以，作为帝陵文化遗产地开发旅游商品也要充分体现区域历史文化内涵，彰显文化遗产地的地域特色。陕西省是遗产大省，其旅游产业发展，也必须通过发展旅游商品业才能实现旅游产业经济增长的真正

[1] 苗学玲 . 旅游商品概念性定义与旅游纪念品的地方特色 [J]. 旅游学刊，2004,19（1）:27-31.
[2] 王荔 . 中国设计思想发展简史 [M]. 长沙：湖南科学技术出版社，2003.
[3] 彭建，陈忠晓，赵鹏军，等 . 区域旅游商品及其开发研究 [J]. 桂林旅游高等专科学校学报，2001，12(4)：44-47.

目的[1]，打破“门票经济”的怪圈。

在陕西省三大帝陵遗产地的旅游者都有这样一种感知，购物环境普遍不尽如人意，没有特色的文化旅游商品。黄帝陵旅游者中有22.3%的人认为购物环境较差，秦始皇陵旅游者中有24.5%认为购物环境较差，乾陵旅游者中有20.9%认为购物环境较差。而旅游购物是旅游者的基本需求之一，尤其是购买特色的文化旅游商品。文化旅游商品开发既要注重其文化内涵，又要体现商品的纪念性特色、艺术性特色、地方性特色、民族性特色等特点，设计时体现各地的自身特性，突出唯一性和不可替代性，力求设计制作出形态精美、内涵丰富、工艺精湛、“物美价廉”的文化旅游商品。所以文化遗产旅游地旅游商品在开发理念和实现手段上，从上述三方面特色的发掘中设计区域(景区)形象与标志，并将其应用于区域旅游商品的创新中。“一直被模仿，永远无超越”应该是文化旅游商品创意设计的理念和追求。以历史人文景观为背景，增强帝陵旅游商品文化内涵。

黄帝陵、秦始皇陵和乾陵旅游地应结合本地特有物产，拓宽商品文化内涵的反映面，在构思、取材、造型、包装等方面注入区域文化底蕴，提高商品档次，重点推出带有浓郁地方文化积淀与游览区特色的旅游商品。黄帝陵景区在旅游商品的开发过程中，应充分挖掘黄帝文化的内涵和精髓，设计并制造带有浓烈的“黄帝文化”特色并随时代不断创新的名品。把中国传统文化之根“黄帝文化”的地域特色和艺术内涵有机地表现出来。诸如，选取千年古柏群、历史悠久的陵庙、各朝各代名人名家的墓碑题词等作为开发的新主题，让它们成为黄帝陵旅游商品的精华和标志。秦始皇陵旅游商品塑造要进行秦文化遗产的形象化表达。把特有的“秦风、秦韵、秦始皇”的“秦文化”借助于产品体系打造成为旅游者看得见、摸得着、可感知的形式商品。以秦文化为主线的开发，还可包括图书、动漫、网络游戏、歌舞剧、交响乐以及博物馆等在内的系列文化产品，以再现秦文化的丰富历史内涵，开启旅游新业态[2]。乾陵景区的

[1] 梁学成，郝素．对国内旅游者的旅游商品需求差异性研究：以西安市旅游商品市场为例 [J]. 旅游学刊，2005，20（4）:51-55.

[2] 王彦锐．秦文化旅游价值分析与开发构想 [J]. 西安财经学院学报，2010,23（5）：94-97.

旅游商品要突出大唐文化特色和内涵，以大唐文化为背景，大量出土的唐代文物为原型，形成一系列唐文化旅游商品（表6－21）。

表6－21 帝陵遗产地类型及主题设置

Table 6－21 Mausoleum heritage types and theme establishment

帝陵名称	类型	主题	表现形式
黄帝陵	形象导向型	人文初祖 祖陵圣地	以“中华祭祖”这一文化旅游主题产品为核心，构筑以民族文化、民俗文化及黄帝故土历史足迹为拓展的黄帝文化；将静态、动态、意态的遗产结合起来，打造“黄帝精神”，塑造民族信仰
秦始皇陵	遗址公园导向型	秦风 秦韵 秦始皇	通过物态化的文化遗产反映秦王朝的政治、经济、文化、军事等诸多方面的情况，让旅游者深层体验秦文化，感悟秦帝国的军事辉煌，打造国际品牌市场
乾陵	园林公园导向型	珍稀乾陵 唐陵之冠	以帝陵建筑艺术、壁画艺术等大唐文化为载体，通过载体活化，增强游客的游览兴趣与停留时间；体验大唐帝王文化

第 7 章　结论和展望

本章是本书的结论部分,在总结前面研究内容的基础上,分析中国帝陵的历史文化价值以及旅游利用的实践意义，提出研究的创新点并讨论本研究存在的不足之处，最后对后续的研究提出展望。对中国帝陵文化遗产旅游的研究是一次带有明确实践指向的艰难的理论跋涉，在研究和写作过程中，拜访了文化遗产研究方面的专家学者，帝陵文化遗产的丰富性、多样性、包容性与动态发展性，既给本书的研究带来很多的挑战与困难，又在“故纸堆”里找寻历史。本书的研究是对帝陵文化遗产旅游的一种创新。“挑战无极限”，因为研究者少，所以感到“形单影只”，同时，这样的研究也促使自己不断深化对帝陵文化遗产的认知。正是在这样一种挑战和困难并存的情况之下，“战胜自我”，可以说本书基本完成了最初设计的研究任务。

7.1　研究结论

以上各章分别从文化遗产旅游研究热点问题入手，确立研究目标、思路、重点难点；研究的现状、相关概念以及研究理论基础；中国帝陵时空分布；关中三陵的时空分布以及历史文化价值及旅游价值；关中三陵的旅游利用模式以及旅游绩效分析等方面进行了研究，结合书中提到的具体研究设计思路，可以得到下列研究结论。

第一，陵墓遗产具有重要的历史文化价值，是重要的文化资源和旅游资源。应该深入挖掘陵墓文化内涵，厘清陵墓遗产历史文化价值图谱。

文化价值是一个民族文化中所包含的价值系统，或者一种文化体系所体现的价值取向。每一种文化模式都存在特定的价值系统，即社会价值和价值观念。文化遗产是人类在历史活动中的遗留物，它的存在必然有着历史的烙印，因而其基本特征就是历史性，所以其首要价值也是反映历史、证实历史、补全历史、传承历史的历史价值。文化遗产是人类历史活动的产物，不同时代、不同地域、不同国家、不同民族的文化遗产，都或多或少地反映了当时的地域、国家或民族的社会生活及其发展状况[1]。文化遗产是真实的人类遗存，因而也是确凿的历史资料，既可真切地反映人类历史，亦可确凿地证实人类历史。以其真实具体的存在和客观形象的记录补全历史记述的缺失和纠正历史认识的错误。文化遗产的历史文化价值就在于它是历史的记忆、文化的象征和文明的标志。

帝王陵墓类文化遗产相对其他历史遗迹来说，具有较强的观赏性和历史文化科研价值，在中国现代旅游开发中，是被较早开发的旅游资源之一。帝王陵墓以其丰富的地宫世界，遍布的地面遗存，记录了一个个时代的发展[2]。历史文化价值是文化遗产最为突出和普遍的价值，这是由文化遗产的本质特征所决定的。

中国帝陵具有巨大的历史遗存价值。秦始皇帝陵及兵马俑的艺术造型震惊了世界。成为记载秦文化的重要载体。乾陵陵园地面遗存的大型文物和已发掘的陪葬墓出土的珍贵文物真实地记录了7世纪唐帝国与周边民族政权以及与亚洲各国的政治经济文化交流状况，反映了中外文化互动的高潮。帝陵建筑凝结了人类社会发展至今的风水文化的智慧。帝陵建筑无论从建筑物本身或是人的原始心理，以及其外部和内部环境来说都是与“生态化”密不可分的，尤其是帝陵建筑的内在本质就是“天人合一”的体现。

第二，陵墓旅游资源是历史文化遗产旅游的重要部分，具有重要的旅游价值，是认识历史的窗口。

陵墓资源旅游景区的文化资源一般是以历史遗存的文物形态。其本身并不具备旅游价值，但由于历史上形成的陵墓遗存蕴含着深厚的文化价值、具有独特的认知审美意义，所以中国帝陵是基于丧葬习俗形成的载体，是一种集建

[1] 蔡靖泉 . 文化遗产价值论析 [J]. 三峡大学学报 : 人文社会科学版 , 2010,32（1）:76-86.

[2] 李晓玲 . 帝王陵墓类旅游产品开发研究 : 西夏陵旅游规划开发初探 [D]. 西安 : 西安建筑科技大学 , 2007:2.

筑、雕刻、绘画、自然环境于一体的综合性艺术建筑，它体现了传统的“天人合一”的理念，是一种较好的体现天—地—人关系的生态建筑。这些陵墓遗产成为旅游资源，能够引起旅游者的“眼球”，成为重要的旅游吸引物存在。许多帝陵所在景区还成为5A级景区。

体验经济时代，文化旅游的重要性日益显现出来。帝陵遗产资源作为重要的文化旅游资源，有着极其重要的旅游利用价值。帝陵文化遗产旅游成为未来旅游的重心。帝陵优美秀丽的自然环境成为旅游的绝佳去处，中国古代皇陵景观独特的空间艺术形式和空间处理手法是独到的，给人一种“大自然有大美而不言”的深邃感受。对帝王陵墓的墓主的仰慕，构成“名人效应”，促成帝王文化游。

第三，陵墓旅游只能采取保护性旅游利用的模式才能可持续发展。

我国文化遗产蕴含着中华民族特有的精神价值、思维方式、想象力，体现着中华民族的生命力和创造力，是各民族智慧的结晶，也是全人类文明的瑰宝。保护文化遗产，保持民族文化的传承，也是维护世界文化多样性和创造性，促进人类共同发展的前提。中华民族祖先留下的文化遗产，成为当代巨大的精神财富和物质财富，鼓舞着人们在实用性开发、利用文化遗产方面掀起一浪高过一浪的热情[1]。社会实用需求的攀升，拉动了文化遗产旅游的研究。构建“保护为主、抢救第一、合理利用、加强管理”的旅游利用模式成为研究的热点和难点。作为文化遗产的核心属性，可以说，文化遗产就是能够永远保存人民的集体记忆的文化特性的历史遗留下来的物品、习俗和艺术，文化遗产研究的重点应该是能够永远保存人民的集体记忆的文化特性这一核心属性[2]。

帝王陵寝，是丧葬文化的代表和集中体现，是中国传统社会政治、经济和文化艺术成就的重要组成部分。陵寝类文化遗产在中国传统文化遗产中占有重要的位置。陵墓遗产发展，就是充分展示遗产价值并且被人类合理地利用。展示价值的过程是遗产被人类认识和接受的过程；利用就是将遗产价值转换为

[1] 冯宪光．文化遗产的意义 [J]. 绵阳师范学院学报 2011,30（4）:1-3.

[2] 冯宪光．文化遗产的意义 [J]. 绵阳师范学院学报 2011,30（4）:1-3.

功能，利用的方式必须是可持续的[1]。“在保持和增强未来发展机会的同时，满足旅游者和旅游地居民当前的需要；在保持文化完整性、基本的生态过程、生物多样性和生命维持系统的同时，满足经济社会发展和美学的需要”[2]，为旅游者提供高质量的旅游感受。可持续发展是我国的基本国策，必须正确处理帝陵旅游资源保护与开发的关系。帝陵历史遗存蕴含着深厚的历史文化价值和旅游利用价值，成为重要的旅游资源和吸引物。处理好发展、利用和保护的关系，才能更好地服务于旅游业。帝陵资源吸引物首先要保证帝陵遗产资源的完整性和稀缺性。保护的基础上才能更好地利用。旅游活动有利于保护文化。旅游资源的开发过程，也是对文化的抢救过程。对于绝大多数旅游开发项目，人们都注意了文化的渗透和文化的保护。

第四，不同的陵墓资源，其旅游利用的模式是不同的。陵墓旅游产品需要活化和文化展示才能体现其内在的文化内涵。走遗产活化途径是必然的选择。

在体验经济中，旅游产品就是旅游经营者提供的旅游体验，是旅游经营者依托商品和服务提供给旅游者体验，满足旅游者的旅游欲望和需要的过程。帝陵旅游产品是帝王陵墓经过规划、开发建设形成的旅游产品，属于文化遗址类旅游产品的一种，多数属于人文类旅游产品。帝陵旅游产品主要研究以中国古代帝王陵墓为中心的系列旅游产品的规划、形象、营销以及品牌运行战略，在此基础上形成的能够满足旅游者文化遗产旅游体验的体验型旅游产品。帝陵旅游产品的核心是帝陵文化遗产体验。帝陵文化遗产旅游是一种深度文化体验。在体验与旅游互动双赢的基础上，其利用模式的最终目标是要求人与自然、文化与环境的和谐共生，其具体设计方向是让旅游者在差异化体验和活动中追求身心的享受，获得难以忘怀的经历和回忆。帝陵旅游产品必须结合遗产旅游者的需求和帝陵旅游资源自身的特点，打造具有特色的体验型文化遗产旅游新产品，这样才能开创帝陵文化遗产旅游的新业态。

陕西省帝陵文化遗产的深度开发，主要需要在几个方面实现突破。一是

[1] 李晓玲．帝王陵墓类旅游产品开发研究：西夏陵旅游规划开发初探 [D]. 西安：西安建筑科技大学，2007:17.

[2] 冯维波．试论旅游规划设计的理论基础 [J]. 旅游科学，2000,1:31-34.

提炼陕西省帝陵文化旅游核心价值，打造陕西省帝陵文化旅游精品品牌；二是完善陕西省帝陵文化旅游服务体系；三是加强陕西省帝陵文化旅游市场营销，开发文化旅游商品。突出帝陵旅游资源的文化特色就是保证帝陵文化遗产旅游永葆青春的秘籍。构建“人文初祖、祖陵圣地”的旅游是黄帝陵旅游利用的一种重要模式。深入挖掘祖陵圣地的文化内涵元素，打造旅游文化精品，提升文化旅游体验项目的含金量是促进黄帝陵景区文化发展的必由之路。“秦风、秦韵、秦始皇”的文化遗产主题是秦始皇陵的核心文化层，是秦文化意象的意态旅游文化层面。厘清了秦始皇陵内涵文化的三个不同层面才能够构筑立体的秦始皇陵文化遗产产品体系。乾陵的优势在于大唐文化和乾陵文化遗产建筑艺术、制度文化和乾陵风水文化，其中大唐文化是乾陵旅游发展的“意”，也是超越时空、具有统摄力的文化主题。

7.2 创新之处

7.2.1 研究视角的创新

帝陵遗产旅游是国内专家学者尚未更多涉足的领域，专家学者更多从消极保护的视角入手分析，尚未构建全国性的帝陵遗产图谱。文章通过文献考证，绘出陵墓遗产的时空分布，全面分析了陵墓历史文化价值图谱。帝陵遗产的总体分布特征表现在地域格局和省域分布以及沿“腾冲－黑河线”分布差异等方面。从地域格局看，帝陵遗产多分布于我国历史久远，文化盛行的区域。总体呈现带状、组团状分布。从省域分布特征来看，帝陵遗产主要分布于15个省份，相当于占全国44.12%的省份拥有全部的帝陵遗产。这样一种分布状况与中国传统的农业社会不无关系。第三沿“腾冲－黑河线”两侧分布特征。中国93.8%的帝陵遗产也分布于东南侧，形成的文化资源丰富。从陕西省关中地区来看，关中帝陵呈现出特有的分布特征。关中帝陵文化遗产主要分布在陕西省关中盆地相对富裕的平原地，其地理分布呈片状、带状、线状及点状结合，相对集中。是中国帝陵密集分布的富集区，帝陵文化遗产旅游资源丰富。秦帝陵群呈现片状分布；西汉帝陵呈“勺柄形”带状分布；唐代帝陵空间上呈弧线状分布。

7.2.2 研究理论创新

提出了遗产活化分层理论，并通过典型地区的案例分析，为帝陵遗产旅游提供了一种新思路，新方法。

遗产具有丰富的文化内涵，物质遗产、非物质遗产等都是遗产大军中重要的一员，随着旅游的发展，文化遗产成为了重要的旅游资源、旅游吸引物。但大部分的旅游地并没有把文化遗产的文化内涵外显，许多旅游地仅仅是采取“静态”展示的方式来进行，而显然这种静态展示已经不能满足体验旅游的需求。遗产“活化”要体现层次性原则。遗产的赋存状况是不同的，保存完好者、保存基本完好者、破坏殆尽者、仅存遗址者、仅存文献记载者。对于不同的遗产赋存状况，其活化的重点和层次性也是不同的。

遗产“活化”要突出“文化信息”这个核心要素，这是文化遗产的价值源；要突出“无形文化载体”（非物质）初级载体要素；突出“有形文化载体”（实物）多级载体要素，由文化信息与无形或有形文化载体（介质、实物）相结合构成“文化资源”的主体；突出“文化景观”要素，由文化信息、文化载体与文化环境要素相结合，构成了完全的“文化资源”整体。

7.2.3 提出了陵墓旅游的应时模式

模式是一种认识论意义上的确定思维方式，是人们在生产生活实践中经过积累的经验的抽象和升华。旅游利用模式就是解决文化遗产在旅游利用过程中如何实现有效保护和合理利用关系的经验总结，是阐述文化遗产如何活化的问题和如何增强旅游可体验性的一种理论思考。不同的旅游利用模式是对特有的地域的一种反应。陵墓旅游地应该因地制宜采取不同的旅游利用模式，陵墓遗产活化和可视化成为陵墓旅游发展的新选择和新业态。地域之间的差异是客观存在的，对于不同的地区景观的发展必须探求适合自身条件的途径，即所谓的“殊途”，表达自己的个性与特色[1]。重视与地域自然环境、地域文化、历史文脉等因素结合，打造具有特色的帝陵文化遗产景观地。帝陵遗产地的旅游利

[1] 廖莹，沈一．地域文化下的城市陵墓生态湿地公园可持续发展探析 [J]. 安徽农业科学，2012,7:4135-4137.

用模式也是不同的。遗产价值的核心是它的广义文化价值和知识价值，经济价值由此而派生出来，而作为旅游开发也只是一种附属价值[1]。对于这类遗产资源的旅游利用，关键是关注本真的文化价值开发，注重对于相关历史故事、事件的深入发掘，并且注重保护原址、原物的“本真性”。只有发掘好、利用好本真遗产文化，才能使之转化为动态性、参与性的旅游产品，从而更多地增进旅游者对遗产价值的理解[2]。

形象导向的帝陵旅游利用模式是黄帝陵遗产旅游利用的重要方式，构建“人文初祖、祖陵圣地”旅游是黄帝陵旅游利用的一种重要途径。黄帝陵的主要文化遗产包括“黄帝精神”文化和中华民族传统祭祀，深入挖掘祖陵圣地的文化内涵元素，打造旅游文化精品，提升文化旅游体验项目含金量是促进黄帝陵景区文化发展的必由之路。对于秦始皇陵来讲，由于地面建筑的缺失，遗址公园导向模式是秦始皇陵遗产地旅游利用模式，“秦风、秦韵、秦始皇”的文化遗产主题是秦始皇帝陵的核心文化层。使我们逐渐对秦代社会历史有了一个清晰的了解，秦文化意象是意态的旅游文化层面。厘清了秦始皇陵内涵文化的三个不同层面才能够构筑立体的秦始皇陵文化遗产产品体系。园林公园导向模式是乾陵遗产的旅游利用的方向，以乾陵遗址森林公园模式来展示乾陵的文化内涵是重要途径。乾陵的优势在于大唐文化和乾陵文化遗产建筑艺术、制度文化和乾陵风水文化，乾陵的特色在于因山为陵，优势在于陵墓与山势的结合。其中大唐文化是乾陵旅游发展的“意”，也是超越时空、具有统摄力的文化主题。而以陵墓建筑艺术、陵园空间布局和风水文化为代表的乾陵建筑是其发展所依托的具“象”。“珍稀乾陵，唐陵之冠”就是兼具意象两个向度的高度结合和统一[3]。

[1] 梁学成 . 对世界遗产的旅游价值分析与开发模式研究 [J]. 旅游学刊，2006,21（6）:16-22.

[2] 梁学成 . 对世界遗产的旅游价值分析与开发模式研究 [J]. 旅游学刊，2006,21（6）:16-22.

[3] 张建忠，孙根年 . 基于文化意象视角的宗教遗产地旅游文化内涵挖掘：以五台山为例 [J]. 人文地理，2012,27（5）:148-152.

7.3 不足及展望

对陕西省帝陵文化遗产旅游的研究涉及历史文化、风水文化、社会文化、旅游开发、文化创意等多个领域的内容，而且是一种具有明确实践指向的理论研究，加之帝陵文化遗产自身具有的复杂性、多元异质性等特征，既有物质文化遗产，也有非物质文化遗产；有静态遗产、动态遗产还有意态文化遗产，“物质文化遗产记忆的是传统中的文化，而非物质文化遗产保持的是文化中的传统”。所以对帝陵文化遗产驾驭起来有相当的难度，时刻挑战着作者的理论分析能力和实践洞察能力。本文的研究还存在局限与不足，具体表现在：

第一，对中国帝陵历史文化的研究深度不够，可能影响对帝陵文化精神、文化内涵的准确把握。

帝陵文化遗产旅游的核心价值在于帝陵的历史文化。挖掘帝陵文化遗产的文化内涵成为必需。文章尽管从建筑文化、风水文化、艺术文化等多个方面做了努力，但现有的研究深度还不够，对中国帝陵遗产文化旅游核心价值的提炼可能还不一定完全能够恰当地表达帝陵遗产文化特质。

第二，鉴于文本样地仅仅局限于陕西省三大帝陵旅游地，研究结论有待进一步完善。

鉴于本文在选择样本的时候仅仅是选取了陕西省境内的三个帝陵旅游地，有一定的代表性，但是不一定全面。今后在研究过程中宜结合全国其他帝陵旅游地的发展做一个全面的阐述。从而使得研究结论更为全面、科学和合理。

第三，对于文化遗产体验的研究还需进一步深入。

文化特性与地理环境有着密切的关系，黄帝陵的祭祀文化，乾陵的唐文化，秦始皇陵的秦文化资源都很丰富，这是一个遗址旅游地区别于其他遗址旅游地的最大不同，塑造标志性的地理特征，突出主题文化成为遗址地旅游产品发展的重要内涵。从遗产文化意象的视角进行分析是一个很好的切入点。旅游文化意象就是基于本土文化特质中最能显示自身特性、且最具视觉冲击力和心理召唤性潜能的元素的一种组合和凝练。旅游文化意象具有形神兼备的特征，是外在的“象”与内在的“意”之结合体。文化意象的塑造要鲜明生动、“好看”，足以吸引人们的眼球，具有视觉的冲击力；意蕴的提炼要求的是意味深长，有丰富内涵而“耐看”。要尽量把产品的形象塑造成为形神兼备的意象[1]。“形”，鲜明生动，使得感官折服；“神”，意味深长，足以统摄心灵。不同的遗产旅游地，意象成分按照不同的方式和秩序来组合，形成不同图谱，具有可识别性和可意象性，成为遗产旅游地区别于其他旅游地的重要表征。因此，当我们探讨一个遗产旅游地的特色和价值时，即在意态、物态和行为上的三种意象的有机统一和有效集合[2]。本书尝试就陕西省三大帝陵遗产地的文化意象进行了分析，还有待进一步深入的研究。

[1] 张建忠，孙根年．基于文化意象视角的宗教遗产地旅游文化内涵挖掘：以五台山为例 [J]. 人文地理，2012,27（5）:148-152.

[2] 张建忠，孙根年．基于文化意象视角的宗教遗产地旅游文化内涵挖掘：以五台山为例 [J]. 人文地理，2012,27（5）:148-152.

参考文献

著作类：

[1] 薛薇.统计分析方法与应用[M].北京:电子工业出版社,2004.

[2] 马耀峰,宋保平,赵振斌.旅游资源开发[M].北京:科学出版社,2005.

[3] 王仲殊.中国古代墓葬制度[M]//中国大百科全书·考古学.北京:中国大百科全书出版社,1986.

[4] 李行建.现代汉语规范词典[M].北京:外语教学与研究出版社,2004.

[5] 肖星,严江平.旅游资源与开发[M].北京:中国旅游出版社,2000.

[6] 郦道元.水经注[M].北京:中华书局,2007.

[7] 顾炎武.日知录[M].上海:上海古籍出版社,1985.

[8]十三经注疏本 [M].阮元,辑刻.北京:中华书局,1980.

[9] 刘毅.中国古代陵墓[M].天津:南开大学出版社,2010.

[10] 王艳平.遗产旅游管理[M].武汉:武汉大学出版社,2008.

[11] 周耀林,王三水,倪婉.世界遗产与中国国家遗产[M].武汉:武汉大学出版社,2010.

[12] 本尼迪克特.文化模式[M].北京:华夏出版社, 1987.

[13] 谢辰生.中国大百科全书:文物;博物馆.北京:中国大百科全书出版社,1993.

[14] 杨宽.中国古代陵寝制度史研究[M].上海:上海古籍出版社,1985.

[15] 新穗.人界与灵界:中国陵墓文化[M].北京:朝华出版社,1992.

[16] 刘沛林.风水:中国人的环境观[M].上海:上海三联书店,1995年.

[17] 王其亨.风水理论研究[M].天津:天津大学出版社,1992.

[18] 王玉德.神秘的风水:传统相地术研究 [M]. 桂林:广西人民出版

社,1991.
[19] 陕西始皇陵秦俑坑考古发掘队,秦始皇兵马俑博物院.秦始皇陵兵马俑[M].北京:文物出版社,1983.
[20] 于善浦.清东陵大观[M].石家庄:河北人民出版社,1985.
[21] 罗哲文,刘文渊,黄帐,等.中国名陵[M].天津:百花文艺出版社, 2003.
[22] 惠焕童,雷春江,崔彦,等.中国十大帝陵[M].西安:西安地图出版社,2003.
[23] 俞进化.清东陵与西陵[M].北京:北京出版社,1991.
[24] 陈宝蓉.清西陵纵横[M].石家庄:河北美术出版社,1987.
[25] 泰勒.原始文化[M].连树声,译.上海:上海文艺出版社,1992.
[26] 陈来生. 中国旅游文化[M].天津:南开大学出版社,2008.
[27] 沈祖祥.旅游文化概论[M].福州:福建人民出版社, 1999,24.
[28] 庄坚毅.中国旅游文化[M].北京:北京理工大学出版社, 2010,3
[29] 戈比.你生命中的休闲 [M].唐筝,译.昆明:云南人民出版社,2000.
[30] MACCANNELL.旅游者:休闲阶层新论[M].张晓萍,译.桂林:广西师范大学出版社,2008.
[31] 马波.现代旅游文化学[M].青岛:青岛出版社, 1998.
[32] URRY.旅游者凝视[M].杨慧,译.桂林:广西师范大学出版社,2009.
[33] 何晓昕.风水探源[M].南京:东南大学出版社,1990.
[34] 程建军.藏风得水:风水与建筑[M].北京:中国电影出版社,2005.
[35] 郭璞.葬书.台北:台湾商务印书馆,1983.
[36] 亢亮,亢羽.风水与建筑[M].北京:百花文艺出版社,1999.
[37] 刘沛林.风水:中国人的环境观[M].上海:上海三联书店,1995.
[38] 童恩正.人类与文化[M].重庆:重庆出版社2004.
[39] 妙摩,慧度.中国风水术[M]. 北京:中国文联出版公司, 1993.
[40] 宋韶光.现代风水全集[M].北京:中国华侨出版社,2004.
[41] 高友谦.中国风水[M].北京:中国华侨出版公司,1994.
[42] 高友谦.中国建筑方位艺术[M].北京:团结出版社,2004.
[43] 于希贤,于涌.中国古代的风水理论与实践[M].北京:光明日报出版社,2005.

[44] 派恩,吉尔摩.体验经济[M].夏业良,译.北京:机械工业出版社,2002.
[45] 谢彦君.基础旅游学[M].北京:中国旅游出版社,2011:238-247.
[46] 马斯洛.人本主义心理学译文集[M]//林方.人的潜能和价值.北京:华夏出版社,1987.
[47] 瑟厄波德.全球旅游新论[M].张广瑞,译.北京:中国旅游出版社,2001.
[48] 帝王陵寝建筑[M].北京:中国建筑工业出版社,2010.
[49] 刘庆柱,李毓芳.陵寝史话[M].北京:中国大百科全书出版社,2000.
[50] 刘庆柱,李毓芳.陵寝史话[M].北京:中国大百科全书出版社,2000.
[51] 陈述彭.地学信息图谱探索研究[M].北京:商务印书馆,2001.
[52] 普鲁金.建筑与历史环境[M].韩林飞,译.2版.北京社会科学文献出版社,2011.
[53] 顾江.文化遗产经济学[M].南京:南京大学出版社,2009.
[54]谢佛.唐代的外来文明导论[M].吴玉贵,译.北京:中国社会科学出版社,1995.
[55] 俞孔坚.理想景观探源[M].北京:商务印书馆,1998:20.
[56] 亢亮,亢羽.风水与建筑[M].天津:百花文艺出版社,2001.
[57] EDMUND B.Design of the Cities[J]. London: Thames and Hudson, 1974:20.
[58] JOSEPH N.Science&Civilisation in China[M].Cambridge University press, 2003,14(3):143.
[59] 萧涤非.唐诗鉴赏辞典[M].上海:上海辞书出版社,1983.
[60] 史念海.中国古都形成的因素[M].杭州:浙江人民出版社,1989.
[61] 张劲辉,张建忠,惠焕章.陕西帝王陵[M].西安:陕西旅游出版社,2000.
[62] 马克思.路易·波拿巴的雾月十八日[M]//马克思恩格斯选集:第1卷.北京:人民出版社,1972.
[63] 刘向阳.唐代帝王陵墓[M].西安:三秦出版社,2006.
[64] 王德恒.解读中国皇陵密码[M].北京:中国文联出版社,2008.
[65] 蔡达峰.历史上的风水术[M].上海:上海科技教育出版社,1994.
[66]焦南峰.西汉帝陵考古发掘研究的历史及收获[M]. 西安:三秦出版社,2006.

[67] 贺云翱,郭怡.古代陵寝[M].北京:文物出版社,2008.
[68] 陕西名胜古迹[M].西安:陕西人民出版社,1986.
[69] 何炳武,刘宝才.陕西省志:黄帝陵志[M].西安:陕西人民出版社,2005.
[70] 佟裕哲.陕西古代景园建筑[M].西安:陕西科学技术出版社,1998.
[71] 王双怀.陕西皇帝陵[M].西安:西安出版社,2010.
[72] 王学理. 秦始皇陵研究[M].上海:上海人民出版社,1994.
[73] 武伯纶,张文立.秦始皇帝陵[M].上海:上海人民出版社,1990.
[74] 考夫卡.格式塔心理学原理[M].黎炜,译.杭州:浙江教育出版社, 1997:556.
[75] 何兆武,陈啓能.当代西方史学理论[M].上海:上海社会科学院出版社,2003.
[76] 彭博.中国文化知识读本:秦始皇陵[M].长春:吉林文史出版社,2010.
[77] 袁仲一.秦始皇陵发现考古与研究[M].西安:陕西人民出版社,2002.
[78] 葛兆光.中国思想史[M].上海:复旦大学出版社,2002.
[79] 樊英峰.乾陵文化研究:一[M].西安:三秦出版社,2004.
[80] 樊英峰.乾陵文化研究:三[M].西安:三秦出版社,2007.
[81] 葛承雍.唐都建筑风貌[M].西安:陕西人民出版社,1987.
[82] 张世英.新哲学讲演录[M].桂林:广西师范大学出版社,2004.
[83] 余秋雨.文化苦旅[M].北京:知识出版社,1992.
[84] 周卫.历史建筑保护与再利用[M].北京:中国建筑工业出版社,2009.
[85] 庄志明.旅游经济文化研究[M].上海:立信会计出版社,2005.
[86] 科特勒.营销管理:分析、计划、执行和控制[M].上海:上海人民出版社,1997.
[87] 黄辉实.旅游经济学[M].上海:同济大学出版社,1999.
[88] 庄志明.旅游经济文化研究[M].上海:立信会计出版社,2005.
[89] 黑格尔.美学:第一卷[M].朱光潜,译.北京:商务印书馆,1979.
[90] 庄志明.审美心理的奥秘[M].上海:上海人民出版社,1983.
[91] 赵西萍.旅游市场营销学[M].天津:南开大学出版社,2005.
[92] 马耀峰,李天顺.中国入境旅游研究[M].北京:科学出版社,1999.
[93] 中国旅游年鉴(2000)[G].北京:中国旅游出版社,2000.

[94] 海洋.灵魂之光:当代旅游文化开发的深度创意[M].成都:巴蜀书社,2007.
[95] 韩养民.风水与唐陵[M].西安:三秦出版社,2003.
[96] 孙伟刚.秦始皇帝陵与兵马俑[M].西安:三秦出版社,2003.
[97] 莫里森.旅游服务营销[M].朱虹,党宁,译.北京:电子工业出版社,2002.
[98] 王荔.中国设计思想发展简史[M].长沙:湖南科学技术出版社,2003.
[99] 徐金星.洛阳市文物志[Z].洛阳市文化局,1985.

期刊及其他类：

[1] 国务院确定我国文化遗产日[EB/OL].(2006-04-11)[2016-08-23].http://www.cctv.com/history/special/C15515/20060411/101702.shtml
[2] 中国文化遗产日[EB/OL]. [2016-09-05].http://www.baike.com/wiki/中国文化遗产日
[3] 文化遗产[EB/OL]. [2016-09-05].http://www.baike.com/wiki/文化遗产
[4] 田青.非物质文化遗产保护三议[J]. 文艺研究,2006,5:30-36.
[5] 热贡艺术成功入选人类非遗代表作名录[EB/OL]. [2016-09-05].http://www.ccnh.cn/zhqywh/cygywh/cywhkx/7321234303.htm
[6] 冯宪光.文化遗产的意义[J]. 绵阳师范学院学报,2011,30（4）:1-3.
[7] 刘香丽.文化遗产旅游开发与保护研究:以曲阜为例[D].大连:辽宁师范大学,2008.
[8] 张宏梅.国外旅游问卷调查及数据分析的有关问题[J].安徽师范大学学报,2006,29（1）:88-93.
[9] 和西芳.陕西帝王陵墓旅游资源评价研究[D].长沙:中南林业科技大学,2008.
[10] 王镜.基于遗产生态和旅游体验的西安遗产旅游开发模式研究[D].西安:陕西师范大学,2008:11-12.
[11] 徐红罡.文化遗产旅游商业化的路径依赖理论模型[J].旅游科学,2005,19（3）:74-78.
[12] 杨志刚.中国世界遗产事业发展历程回眸:关于三个阶段的划分及其特点[EB/OL]. [2016-07-26].http://blog.sina.com.cn/s/

blog_51f09b8601009zqy.html

[13] 黄明玉.文化遗产的价值评估及记录建档 [D].上海:复旦大学,2009: 12-13.

[14] 张天新,山村高淑.从“世界遗产”走向“世间遗产”[J].理想空间, 2006,15:13.

[15] 孙美堂.从价值到文化价值:文化价值的学科意义与现实意义 [J].2005,7:44-49.

[16] 蔡靖泉.文化遗产价值论析[J].三峡大学学报:人文社会科学版,2010, 32(1):76-86.

[17] 陈来生.苏州世界文化遗产可持续发展研究[J].苏南科技开发2004, 6:24-26。

[18] 郑孝燮.世界遗产的不可再生价值[J].现代城市研究,2004,6:27-29.

[19] 徐嵩龄.我国遗产旅游的文化政治意义[J].旅游学刊,2007,22(6):48-52.

[20] 梁学成.对世界遗产的旅游价值分析与开发模式研究[J].旅游学刊, 2006,21（6）:16-22.

[21] 西安宣言[EB/OL]. (2005-12-02) [2016-09-05].http://www.gmv.cn/ content/2005-12/02/content

[22] 喻学才.遗产保护新思维:信息性保护和经济性保护[J].建筑与文化, 2009,6:9-11.

[23] 陈前云,韩秀君.历代帝王陵墓:上 [J].承德职业学院学报,2006,2:136-141.

[24] 王双怀.关中唐陵的地理分布及其特征[J]. 西安联合大学学报,2001,4 (1):63-66.

[25] 樊英峰.乾陵历史地理初探[J].中国历史地理论丛,2003,3:183-196.

[26] 曹齐.中国古代陵墓思想设计[J].美术研究,1993,70（2）:60-62；67.

[27]居阅时.帝王陵墓建筑的文化解释[J].同济大学学报:社会科学版, 2004,15(5):12-15.

[28] 程建军.中国古代皇陵选址的风水艺术[J].资源与人居环境,2005,34-37.

[29] 胡武功.关中帝陵[J].中国西部,2002,1:78-85.

[30] 王子今.说“高敞”:西汉帝陵选址的防水因素[J].考古与文物,2005,1:33-37.
[31] 焦南峰,马永赢.西汉帝陵无昭穆制度论[J].文博,1999,5:51-58.
[32] 邸楠.西汉帝陵布局浅析[J].榆林学院学报,2007,17（1）:30-35.
[33] 张始峰.关中东部帝王陵墓考证[J].渭南师范学院学报,2006,21(4):51-55.
[34] 段清波.秦始皇帝陵园相关问题研究[D].西安:西北大学,2007,4.
[35] 徐卫民.秦帝王陵墓制度研究[J].唐都学刊,2010,26(1):43-52.
[36] 刘鹏.北京明十三陵[J].北京档案,2006,11:42-43.
[37] 张赛娟.扬州陵墓旅游资源的开发利用初探[J].东南大学学报:哲学社会科学版,2004,6(l):79-81.
[38] 龚良.论明祖陵遗址的保护利用[J].东南文化,2002,3:85-96.
[39] 葛国庆.宋六陵遗址60年变迁及其思考[J].东方博物,2012,2:56-67.
[40] 高晓东.论北宋的皇陵制度[J].鸡西大学学报,2012,12(6):141-143.
[41] 佚名.世界十大古墓秘闻[J].中国地名,2009(6)：40-41.
[42] 闻奇.印度的泰姬陵[J].建筑博览,2002(4):37.
[43] 杜忠潮.陕西关中地区帝陵遗产资源保护与旅游开发研究[J].咸阳师范学院学报,2011,26（6）:54-62.
[44] 熊琳.秦始皇陵园人造景观浅析[J].桂林旅游高等专科学校学报,2000,1:45-47.
[45] 屈茂稳,田新民,李国填,等.独具魅力的乾陵旅游地学资源[J].长安大学学报:社会科学版,2002,4（4）:29-32.
[46] 祝建华,邓士祥.奇特的明代帝陵:显陵的建筑艺术[J].江汉考古,1999,2:87-97.
[47] 陈力丹.走马观花十三陵[J].地图,2003,5:62-73.
[48] 王亮,孙虎,李剑.古陵墓旅游资源的特征及开发模式初探:以陕西咸阳帝王陵为例[J].江西农业学报,2010,22(1):180-183.
[49] 侯兵.基于旅游价值的陵墓资源开发研究:以扬州为例[J].资源开发与市场,2007,23(4):378-380.
[50] DROST A. Developing sustainable tourism for world heritage sites[J].

Annals of Tourism Research,1996,23:479-492.

[51] MEETHAN K. Consuming the civilized city[J]. Annals of Tourism Research, 1996,23(2):322-340.

[52] JOHNSON N C. Framing the past time, space and the politics of heritage tourism in Ireland[J]. PoliticalGeography,1999(18):187-207.

[53] VAR T, KORZAY M.Heritage multiculral attractions Annals of Tourism Research,2000,27(2):534-535.

[54]RICHARD C. Prentice,Stephen F. Witt,Claire Hamer. Tourism as experience The case of heritage park[J].Annals of Tourism Research,1998,25(1)：1-24.

[55] SIMONS M S. Aboriginal Heritage Art and Moral Rights[J].Annals of Tourism Research,2000,27(2):412

[56] TEO P, HUANG S. Tourism and Heritage Conservation in Singapore [J]. Annals of Tourism Research (S0160 7383), 1995, 22 (3): 589-615.

[57] 阎友兵.试论发展旅游与文物保护的关系[J].湘潭大学学报:哲学社会科学版.1996,1:91-93.

[58] 张进福.旅游资源开发和保护的辩证关系探析[J].北京第二外国语学院学报,1999,91(4):55-58.

[59] 周彤萃.论文物保护与文物旅游的平衡发展[J].桂林旅游高等专科学校学报,2000,11(3):49-51.

[60] 吴必虎,李咪咪,黄国平.中国世界遗产地保护与旅游需求关系[J].地理研究,2002,21(5):617-626.

[61] 王兴国,陈刚亮.旅游资源开发、保护与管理中几个主要问题的探析[J].科学·经济·社会,2002,3:51-54.

[62] 罗佳明.保护为先是永恒的主题:从世界遗产保护与旅游的关系谈乐山大佛的保护[J].理论与改革2001,5:67-69.

[63] 张文斌.文物保护与旅游开发要协调发展[N].中国旅游报,1999-03-11.

[64] 李媛苑.旅游开发与文化遗产保护的关系:以鹤壁浚县大还山风景区为例[D].郑州:郑州大学,2010

[65] 赵金瑞,黄群.基于历史发生学解读下的陕西历史文化资源创新开发

研究[J].人文地理,2009,24(3):80-82.
[66] 陈晓娟,寇世强,陈辉.秦中帝陵旅游区林地风景建设探讨[J].陕西林业科技,1994,4:20-22；29.
[67] 陈晓娟,陈辉,寇世强,等.秦中帝陵旅游区生态园林绿化初探[J].西北林学院学报,1995,10(3):44-48.
[68] 权东计,赵荣.唐顺陵遗址现状与规划营建探讨[J].西北大学学报:自然科学版,2002,32(1):93-96.
[69] 张沛,佟庆,倪用玺.秦始皇帝陵旅游发展的若干关键问题研究[J].西安建筑科技大学学报:社会科学版,2003,22(1):20-25.
[70] 朱思红.世界文化遗产:秦始皇帝陵的保护[J].西北大学学报:哲学社会科学版,2004,34(3):76-79.
[71] WANG K L,SUN X K.Integration of Cultural Elements: the Non-movableTourism Development of Heritages:example of World Cultural Heritage,the Xian Tomb Mingin China[J].Internationa Journal of Tourismseienees, 2003(1).
[72] 杨军,樊琳.去博物馆化:大型文物遗址类旅游资源开发的一种新思路:以陕西乾陵为例[J].咸阳师范学院学报,2008,23(4):67-70.
[73] 杨尚英,李玲.五陵原帝陵文化遗产主题体验精品旅游走廊开发探讨[J].安徽农业科学,2010,38(19):10304-10473.
[74] 龚良.遗产保护 · 记忆 · 美好生活[J].东南文化,2011,3:6.
[75] 尚改珍.世界文化遗产:清西陵的保护与发展[J].城市,2002,3:56-58.
[76] 苏林忠.论文化与旅游的融合:再论河南文化旅游发展战略[J].决策探索,2007,7:26-27.
[77] 于光远.旅游与文化[,J].瞭望周刊,1986,14:35-36.
[78] 王德刚.试论旅游文化的概念和内涵[J].桂林旅游高等专科学校学报,1999(4): 39-42.
[79] 于光远,马惠娣.关于文化视野中的旅游问题的对话[J].清华大学学报, 2002(5): 13-18.
[80] 郑迎红.论旅游的文化性[J].河北学刊, 2007(4): 240-242.
[81] 刘凝芳.旅游与文化应合二为一[J].当代经济,2001,8:15.

[82] 谢鹤林.我国旅游的文化特色[J].旅游学刊,1998,3（3）:64-66.
[83] BENNEET S j. Patterns of the sky and earth: the Chinese science of applied cosmology[J].ChineseScience,1978,3:1096-1909.
[3]FEUCHTWANG S.An Anthropological Analysis of Chinese Ceomancy[J].Vientance, Laos: Vithagna,1974:14
[84]伍铁牛.中国传统风水理论的分析与现代思考[D].武汉:华中师范大学,2007.
[85]罗哲文,骆中钊.风水学与我国古代建筑的规划营造[J].古建园林技术,2008,2:10-16.
[86]胡安水.生态价值的含义及其分类[J].东岳论丛,2006,27(2):171-174.
[87]孟涛,郝赤彪.论中国传统风水理论中的美学特征[J].山西建筑.2006,32(5):25-26.
[88]程建军.中国古代皇陵选址的风水艺术[J].资源与人居环境,2005(8):34-37.
[89]姜晓萍.中国古代陵墓建筑的文化心理特征[J].文史知识,1996,4:11-18.
[90]谢新华.体验经济及其基本特征[EB/OL].(2003-07-30)[2016-08-23].http//www.amteam.org/print.aspx?id=468691.
[91]谢彦君,吴凯.期望与感受:旅游体验质量的交互模型[J]. 旅游科学,2000(2):1-4.
[92] 谢彦君.旅游体验:旅游世界的硬核[J]. 桂林旅游高等专科学校学报,2005,16(6):5-9.
[93] 谢彦君.旅游体验的情境模型:旅游场[J].财经问题研究,2005(12): 64-69.
[94] 谢彦君. 旅游体验的两极情感模型:快乐—痛苦[J].财经问题研究,2006(5):88-92.
[95] 邹统钎,吴丽云. 旅游体验的本质、类型与塑造原则[J].旅游科学,2003(4):7-10,41.
[96] 宋咏梅,孙根年. 论体验旅游的理论架构与塑造原则[J]. 社会科学家,2006(6):115-119.

[97] 袁国宏,张月芳．基于体验经济理论的旅游产品价值分析[J]．桂林旅游高等专科学校学报．2006,17(4):399-403.
[98] 张宁宁,庄志民．体验经济视野中的节事类旅游产品设计研究[D].上海:华东师范大学,2004:7,8-9.
[99] 孙根年.论我国主题公园建设的几个理论问题[J].陕西师范大学继续教育学报, 2006, 23 (2):121-124.
[100] 张建忠,孙根年.遗址公园:文化遗产体验旅游开发的新业态:以西安三大遗址公园为例[J].人文地理,2012,27（1）:142-146.
[101] 孙根年,邓祝仁.旅游体验的意义、经营理念和成功案例[J].社会科学家, 2007,3:3-5.
[102]宋咏梅.关于体验旅游的特点与设计原则[J].特区经济,2007,1:178-179.
[103] 艾佩,梁留科.基于体验经济理论的文化遗产旅游研究[J].许昌学院学报,2007,26(5):122-125.
[104]喻学才.遗产活化:保护与利用的双赢之路[J].建筑与文化,2010,6:16-20.
[105] 喻学才.遗址论[J].东南大学学报:哲学社会科学版, 2001,3(2): 45-49.
[106]张建忠,孙根年.基于文化遗产视角的陵墓遗址旅游开发:以乾陵、西夏王陵和明十三陵为例[J].经济地理,2011,31(11):1937-1942.
[107]徐嵩龄.论碧峰峡旅游开发模式的意义[J].四川师范大学学报,2005,(1):41- 47.
[108]中国古迹遗址保护协会.第十五届国际古遗址大会发表《西安宣言》[EB/OL].[2016-09-05].http://www.ieomosehina.org.en/ggfb/24843.aspx
[109]喻学才,王健民.世界文化遗产定义的新界定[J].华中建筑,2008,26(1):20-21.
[110] 阎文儒.“周陵”为秦陵考辨[J].考古与文物,1980,2:26-29.
[111] 罗西章.西周王陵何处觅[J].文博,1997,2:68-73.
[112] 宗贤.中国古代陵墓建筑的文化心理特征[J].美术观察,1997,1:49-51.
[113]李自智.试论秦始皇陵园布局对古代帝陵的影响[J].文博, 1990,5:

151-157.
[114] 帝陵[EB/OL].[2016-09-05].http://www.baike.com/wiki/帝陵
[115] 李克建.中国民族分布格局的形成及历史演变[J] 西南民族大学学报:人文社科版,2007,193（9）:26-31.
[116] 高蓓.有关建筑的忧生乐死[J].室内建筑与装修.2003,(4):18-22.
[117] 郑度,欧阳,周成虎.对自然地理区划方法的认识与思考[J].地理学报,2008,63(6):563-573.
[118] 韩国河.东汉陵墓踏查记[J].考古与文物,2005,3:13-21.
[119]杨再年.丹阳南朝陵墓及石刻[J]. 江苏科技大学学报:社会科学版,2006,6（4）:34-40.
[120] 王志高.六朝帝王陵寝述论[J].南京晓庄学院学报2004,30(3):24-31.
[121] 李秀清,李宏松.三峡工程淹没区文物古迹的价值评估(一)(二) [J].长江流域资源与环境,1998,7(2/3).
[122] 刘庆余,李娟,张立明,等.遗产资源价值评估的社会文化视角[J].人文地理,2007,94（2）:98-101.
[123] 贺云翱.文化遗产学初论[J].南京大学学报,2007,3:127-139.
[124] 刘向阳.唐乾陵文化景观的内涵与特性研究[J].文博,2011,5:45-51.
[125] 候冬华.宋理宗墓碑记被“破译” [EB/OL].(2006-08-11)[2012-10-15].http://www.hsm.com.cn/zhwh/kgfj.
[126] 杨官忠.世界文化遗产:奇特的明显陵[J].地图,2001,3:44-46.
[127] 李冰,李桂文.陵园建筑场所精神的探寻[J].建筑学报,2007,2:92-95.
[128] MARCH A L. An Appreciation of Chinese Geomancy[J]. Journal of Asian Studies,196827(2):253-267.
[129]杨先艺,刘婷.中国帝陵的文化意蕴与建筑特色[J].科教文汇,2007,1:151-152.
[130] 宗贤.中国古代陵墓建筑的文化心理特征[J].美术观察,1997,1:49-51.
[131]杨宽.中国古代陵寝制度的起源及其演变[J].复旦大学学报,1981,5:59-68.
[132]张建忠. 旅游文化的经济效应分析[J].中国城市经济,2011,4:312-313.
[133] 陕西[EB/OL].[2016-09-05].http://baike.baidu.com/view/6510.htm

[134] 陕西省旅游局.陕西概况[EB/OL].(2008-09-27)[2016-08-23].http://www.sxtour.com/portal/sxyx/detail.jsp?contentId=3015.
[135] 李健超.古都西安的地理、历史和文化:一[J]. 三门峡职业技术学院学报,2010,9（1）:27-37.
[136] 中国十大帝王陵墓[EB/OL].[2016-09-05].http://chn.chinamil.com.cn/sklx/2011-08/16/content_4648115.htm.
[137]田有前.试论秦陵墓制度的演变特征[J].秦汉研究,2011(5):139-149.
[138] 胡武功.关中帝陵[J].文化,2002:78-85.
[139] 吴志毅,刘向阳.唐十八陵文化艺术宝库[J].中国西部,2003,(1):100-104.
[140]分类[EB/OL].[2016-09-05].http://www.baike.com/wiki/%E5%88%86%E7%B1%BB
[141]王晓如,员大强.唐代陕西陵墓与旅游文化[J].西安联合大学学报,2004,7 (3):14-18.
[142]内地风水升温背后:探究“生死”是其永恒的主题[EB/OL].[2016-09-05].http://blog.sina.com.cn/s/blog_5fc9c4be010011sr.html
[143] 秦朗.风水中国[J].南方人物周刊,2007,21:42-44.
[144]张始峰.关中东部帝王陵墓考证[J].渭南师范学院学报,2006,21(4):51-54.
[145]张娟飞.浅谈西汉帝王陵墓旅游资源的开发[J].中国商贸,2011,29:161-162.
[146]廖莹,沈一. 地域文化下的城市陵墓生态湿地公园可持续发展探析:成都“十陵印象”规划案例[J].安徽农业科学,2012,40(7):4135- 4137,4149.
[147]李映青.认识陕西地理区位,振兴映西经济[J].当代经济科学,1994,72(2):60-64.
[148] 李耀宗.论“黄帝”界说与黄帝精神:兼谈陕西黄陵甲申“中华大祭祖”[J]. 中央民族大学学报:哲学社会科学版,2005,32(2): 64-74.
[149] 霍彦儒.黄帝祭祀的文化意蕴[J].华夏文化,2004,2:11-12.
[150] 陈虹.试谈文化空间的概念与内涵[J].文物世界, 2006(1):44-46；64.
[151]魏美仙.文化生态:民族文化传承研究的一个视角[J].学术探索,2002(4):106-109.

[152]YÉDID P A . Know and create[J]. Technique and Architecture, 475:86-92.

[153]西安市旅游局.西安市旅游发展总体规划 (2006-2020)[EB/OL]. [2016-09-05]. http://wwwxian-tourism.com/guanFangFaBu/news

[154] 王朝晖.试论秦都文化及其发展[J].规划师,2006,1:92-94

[155] 樊英峰.乾陵历史地理初探[J]. 中国历史地理论丛,2000,3:183-196.

[156] 秦保国,韩生存.中国古代伦理思想与陵墓建筑略论[J].大同职业技术学院学报,1999,13(3):27-28.

[157] 郑育林.我国大遗址保护与利用相关问题的研究[J].西北大学学报: 哲学社会科学版, 2010 ,40(3):40-46.

[158]景雪峰.乾陵:探索大型帝王陵墓遗址开发新路[N].中国旅游报, 2011-07-04(7).

[159] 郝良真.关于赵邯郸故城遗址保护的思考[J],文物春秋,2003,(1):34-38.

[160]周艳榕.有关“体验经济”若干问题的研究[J].改革与战略,2004,(7):76-79.

[161] 李文杰.体验经济视角下的旅游产品再分析[J]. 内蒙古师范大学学报:哲学社会科学版,2007,36(3):119-122.

[162] 王新文,刘克成,王晓敏.基于保护的考古遗址公园旅游产品设计初探[J]. 西北大学学报:自然科学版,2012,42(4):658-662.

[163]赵本加.独照之匠,窥意象而运斤:《东方佛都》设计方案研究[J].乐山师专学报:社会科学版,1994,1:11-18;73.

[164] 郑耀星, 周富广.体验导向型景区开发模式: 一种新的旅游开发思路[J]. 人文地理,2007,98（6）:16- 20.

[165] BOULDING K E. The Image [M].Ann Arbor University of Michigan Press, 1956: 10-11.

[166] REYNOLDS W H. The role of the consumer in image building [J] California Management Review, 1965(7):69-76.

[167] GUNN C A. Vacation scape. Designing Tourist Regions [M]//Echtner C M, Ritchie J R B. The Meaning and Measurement of Destination

Image [J].Journal of Tourism Studies, 2003, 14(1):37-48.

[168] GARTNER W C. Image formation process [J]. Journal of Travel and Tourism Marketing, 1993, 2(2): 191-215.

[169] BALOGLU S,McCLEARY K W.A model of destination image formation [J].Annals of Tourism Research, 1999, 26(4): 868-897.

[170] GALLARZA M G, Saura I G, CarcíaH C. Destination image: Towards a Conceptual Framework [J].Annals of Tourism Research, 2002, 29(1):56-78.

[171] FRÍAS M, RODRÍGUEZ M A, Blas S S. Internet vs.travel agencies on pre-visit destination image formation :An information processing view[J].Tourism Management, 2008, 29(1):163-179.

[172] MARTÍN H S, Ignacio A R B. Exploring the cognitive-affective nature of destination image and the role of psychological factors in its formation [J].Tourism Management, 2008, 29(2):263-277.

[173]熊凯.乡村意象与乡村旅游开发刍议[J].地域研究与开发,1999(3):70-73.

[174]文涛.旅游审美意象论:试析西双版纳的风情旅游[J].思想战线, 2000(3):67-70.

[175] 蒋志杰,吴国清,白光润.旅游地意象空间分析:以江南水乡古镇为例[J].旅游学刊,2004(2):32-36.

[176] 李瑞.城市旅游意象及其构成要素分析[J].西北大学学报:自然科学版,2004(4):494-498.

[177] 庄志民.论旅游意象属性及其构成[J].旅游科学,2007(3):19-26.

[178]白凯.旅游目的地意象定位研究述评:基于心理学视角的分析[J]. 旅游科学,2009(2):9-15.

[179]刘建峰,王桂玉.基于表征视角的旅游目的地形象内涵及其建构过程解析:以丽江古城为例[J].旅游学刊,2009(3):48-54.

[180]肖亮,赵黎明.互联网传播的台湾旅游目的地形象:基于两岸相关网站的内容分析[J].旅游学刊, 2009(3): 75-81.

[181] 贾跃千,宝贡敏.基于国籍差异的杭州市入境旅游市场目的地感知

形象研究[J].经济地理,2009(3): 510-515.
[182]汪芳,黄晓辉,俞曦.旅游地地方感的游客认知研究[J].地理学报,2009(10):1267-1277.
[183]戴湘毅.历史街区的文化意象及其旅游发展研究[D].福州:福建师范大学, 2008.5.
[184] 庄志民.旅游意象塑造的操作指向论析:旅游文化设计探索[J].旅游科学2008,22(5):54-58.
[185] 张建忠,孙根年.基于文化意象视角的宗教遗产地旅游文化内涵挖掘:以五台山为例[J].人文地理,2012,127(5):148-152.
[186] 张成渝,谢凝高."真实性和完整性"原则与世界遗产保护[J].北京大学学报:哲学社会科学版,2003,40(2):62-68
[187] WANG N. Rethinking authenticity in tourism experience[J]. Annals of Tourism Research, 1999,26(2):349-370.
[188] 曹新向,郭志永.论旅游的体验化设计[J].郑州航空工业管理学院学报:社会科学版,2005,24(3):125-128.
[189]黄芳.传统民居旅游开发居民参与问题思考[J].旅游学刊,2002,17(5):54-57.
[190]保继刚,孙久霞.社区参与旅游发展的中西差异[J].地理学报,2006,61(4) : 401-413.
[191]TOSUN C.Limits to community participation in the tourism development process in developing countries[J].Tourism Management, 2000,21(6) : 613-633.
[192] 孙根年,薛刚.25年来秦俑馆旅游生命周期与结构变化研究[J].干旱区地理,2007,30(2):283-288.
[193]BUTLER R W. The concept of a tourist area cycle of evolution: Implications for management of resources[J].Canadian Geographer, 1980,24(1):5-12.
[194] 聂献忠,张捷,吕淑芬,等.九寨沟国内旅游者行为特征初步研究及其意义[J].自然资源学报.1998,13(3):249-254.
[195] 张建忠,孙根年.山西省国内旅旅游者源市场分析[J].山西师大学报:

社会科学版,2009,36（2）:19-22.
[196] 中国旅游年鉴(2000)[G].北京:中国旅游出版社,2000.
[197] 徐绍玲,司鬼,司双双.国内旅游者年龄特征与旅游动机相关性浅析[J].技术与市场,2009,16（7）:124-125.
[198] 尹乐,苏勤.帝陵旅游者的结构特征及利益追求[J].资源开发与市场,2005,21(4):374-376.
[199] 彭永祥,曹小曙,吴成基.地质公园的旅游者收益及其核心影响力:以河南云台山世界地质公园为例[J].地理研究,2012,31(9): 1722-1735.
[200] OLIVER R L.Measurement and evaluation of satisfaction Proeesses in retail settings[J].Journal of Retailing,1981,57:25-48.
[201] ANTON J.Customerrelationshipmanagement:Making hard deeisions with soft numbers [M].Prentice-Hall,UPPer Saddle River,NJ,1996.
[202] GALLARZA M G,Saura I G.Value dimensions,Perceived value,satisfaction and loyalty:Aninvestigation of university students travel behaviour[J].Tourism Management,2006,27:437-452.
[203] CHEN C.TSAI D C.How destination image and evaluative factors affect behavioral intentions?[J]. tourism Management,2007,28:1115-1122.
[204]彭琴.黄帝陵旅游区旅游资源深度开发研究[D].西安:长安大学,2007:15.
[205] 张宝泉.把黄帝陵打造成寻根祭祖的民族圣地[J]. 西安文理学院学报:社会科学版,2012,15(5):36-39.
[206]王彦锐.秦文化旅游价值分析与开发构想[J]. 西安财经学院学报,2010,23(5):94-97.
[207] 匡翼云. 旅游服务供应链质量因子控制的创新研究[J]. 吉林工商学院学报, 2011(5):14-16.
[208] 马耀峰,王冠孝,张佑印,等.古都国内游客旅游服务质量感知评价研究[J]. 干旱区资源与环境,2009(6):176-180.
[209] 郭晋杰.湛江国际旅游资源开发和旅游服务质量的研究[J].旅游学刊,2001(1):54-57.
[210] 许聪聪,苏晓光,刘新平.旅华外国游客对我国服务质量综合评价之

分析[J].济南大学学报:自然科学版,2008(10):370-372.
[211] 江 波,郑红花.基于旅游目的地八要素的服务质量评价模型构建研究[J]. 商业研究,2007(8):148-153.
[212] 李琼.民俗旅游服务质量改善中服务剧场理论的运用[J].江苏商论,2009(5):67-68.
[213]陈德良,祝海波.旅游服务质量信息的挖掘分析[J].商业研究, 2006(17):180-182.
[214]沈国鼎,陈德棉.如何提高旅游服务质量[J].江苏商论,2004(8):129-130.
[215]王镜,马耀峰.提高导游服务质量的新视角:兼论我国导游管理和研究20年[J].旅游学刊,2007,22(3):64-70.
[216]秦楠.浅析文化型导游及其对旅游业的影响[J].黑龙江对外经贸,2009,180(6):86-88.
[217] 苗学玲.旅游商品概念性定义与旅游纪念品的地方特色[J].旅游学刊,2004,19(1):27-31.
[218] 彭建,陈忠晓,赵鹏军,等.区域旅游商品及其开发研究[J]. 桂林旅游高等专科学校学报,2001,12(4):44-47.
[219] 梁学成,郝素.对国内旅游者的旅游商品需求差异性研究:以西安市旅游商品市场为例[J].旅游学刊,2005,20(4):51-55.
[220]王彦锐.秦文化旅游价值分析与开发构想[J]. 西安财经学院学报,2010,23（5）:94-97.
[221] 李晓玲.帝王陵墓类旅游产品开发研究:西夏陵旅游规划开发初探[D].西安:西安建筑科技大学,2007.
[222] 冯维波.试论旅游规划设计的理论基础[J]旅游科学,2000,1:31-34.
[223]廖莹,沈一.地域文化下的城市陵墓生态湿地公园可持续发展探析[J]. 安徽农业科学,2012,7:4135-4137.

附　录

附录1：文化遗产地旅游体验问卷调查表

亲爱的朋友：

您好！这份问卷为了解您对文化遗产地旅游的感受，改进文化遗产地的旅游状况。本次调查采用不记名方式填写，您所填写的内容仅供学术研究之用，完全不对外公开，占用您的时间，在此真诚地向您表示感谢！请您按照个人的看法和感受，在适当的方格或选项内打“✓”即可。

一、旅游者对文化遗产旅游的期望与体验程度

温馨提示：“体验前的期望程度”是指相应的要素在您心目中的重要程度，“体验后的满意程度”是指您在旅游过程中，文化遗产地相应因素的表现给您的实际感受。

	体验前的期望程度						体验后的满意程度				
	非常重要	重要	一般	不重要	非常不重要		非常重要	重要	一般	不重要	非常不重要
(一)环境方面											
1.优美的自然景色	□	□	□	□	□	…	□	□	□	□	□
2.特色建筑	□	□	□	□	□	…	□	□	□	□	□
3.风土人情	□	□	□	□	□	…	□	□	□	□	□
4.名胜古迹	□	□	□	□	□	…	□	□	□	□	□
5.井然有序的购物环境	□	□	□	□	□	…	□	□	□	□	□

6.特色的旅游街区……………□ □ □ □ □ … □ □ □ □ □

7.环境整洁卫生………………□ □ □ □ □ … □ □ □ □ □

(二)基础设施方面

1.交通便利……………………□ □ □ □ □ … □ □ □ □ □

2.安全有保障…………………□ □ □ □ □ … □ □ □ □ □

3.休闲娱乐场所有特色………□ □ □ □ □ … □ □ □ □ □

4.良好的导游配套服务………□ □ □ □ □ … □ □ □ □ □

5.完备的通信设施……………□ □ □ □ □ … □ □ □ □ □

6.合理的门票价格……………□ □ □ □ □ … □ □ □ □ □

7.特色有意义的纪念品………□ □ □ □ □ … □ □ □ □ □

8.指示牌的设置………………□ □ □ □ □ … □ □ □ □ □

9.地方特色餐饮品尝…………□ □ □ □ □ … □ □ □ □ □

(三)活动体验方面

1.体验活动的丰富程度………□ □ □ □ □ … □ □ □ □ □

2.体验活动的参与程度………□ □ □ □ □ … □ □ □ □ □

3.基于民间风俗的体验活动…□ □ □ □ □ … □ □ □ □ □

4.基于遗产地文化的体验活动…□ □ □ □ □ … □ □ □ □ □

5.放松的夜间体验活动………□ □ □ □ □ … □ □ □ □ □

6.提供个性化的服务…………□ □ □ □ □ … □ □ □ □ □

7.景区特色住宿或家庭旅馆…□ □ □ □ □ … □ □ □ □ □

8.当地居民的好客程度………□ □ □ □ □ … □ □ □ □ □

(四)收获方面

1.感受到当地特殊的民俗风情…□ □ □ □ □ … □ □ □ □ □

2.感觉回归古代生活的氛围……□ □ □ □ □ … □ □ □ □ □

3.放松心灵，获得宁静………□ □ □ □ □ … □ □ □ □ □

4.体力与精力得到恢复………□ □ □ □ □ … □ □ □ □ □

5.增进家庭情感、朋友情意等…□ □ □ □ □ … □ □ □ □ □

6.增长了见识，充实了知识……□ □ □ □ □ … □ □ □ □ □

7.获得了自我肯定、自我价值….□ □ □ □ □ … □ □ □ □ □

二、旅游后续行为调查

1.您认为该文化遗产地旅游业的发展程度如何?

A.非常好 B.好 C.一般 D.较差 E.差

2.您到该文化遗产地的总体感受是:

A.相当满意 B.满意 C.一般 D.不太满意 E.非常不满

3.您的该文化遗产地之旅与您的期望相比:

A.大大超出期望 B.比期望稍好 C.与期望相符 D.有点失望 E.相当失望

4.您来该文化遗产地的旅游目的是：

A.了解遗产文化 B.参观古建筑 C.科学考察 D.休闲度假 E.行程安排

5.您觉得该文化遗产地哪些地方做得不好(多选)

A.自然景色 B.人文气息 C.历史沉淀 D.景区环境 E.交通

F.饮食 G.住宿 H.购物 I.服务

6.您是否会再来该文化遗产地旅游?

A.是 B.否

7.您是否会推荐亲朋好友来该文化遗产地旅游?

A.是 B.否

8.您每次旅游后是否会把旅游时参加娱乐活动的感受讲给朋友听吗?

A.是 B.否

三、遗产旅游者基本情况问卷

您来自____________省(市、自治区)__________市(区、县)

1.性别: □男 □女

2.年龄: □30岁以下 □31～50岁 □51～60岁 □61岁以上

3.家庭人口：□单身 □二人世界 □三口之家 □三人以上

4.文化程度:

□初中及以下 □高中(含中专) □大专

□大学本科 □硕士及以上

5.平均月收入:

□≤1000 □1001～3000 □3001～5000 □5001～8000

□8001～10000 □10000以上

6.职业:

□离退休人员 □企管人员 □公务员 □专业技术人员 □个体职业者

□教师 □农民 □工人 □学生 □其他

最后再次谢谢您的参与和配合，祝愿您旅游愉快。

附录2：攻读博士学位期间科研成果

1.学术论文

[1] 张建忠，孙根年.山西大院型民居旅游地生命周期演变及其系统提升[J].地理研究，2012,31(11):2104-2114

[2] 张建忠，孙根年.基于文化意象视角的宗教遗产地旅游文化内涵挖掘:以五台山为例[J].人文地理，2012,27(5):148-152.

[3] 张建忠，孙根年.遗址公园:文化遗产体验旅游开发的新业态:以西安三大遗址公园为例[J].人文地理，2012,24(1):142-148(人大报刊复印资料旅游管理全文转载)，2012，5.

[4] 张建忠，孙根年.基于文化遗产视角的陵墓遗址旅游开发:以乾陵、西夏王陵和明十三陵为例[J].经济地理，2011,31(11):1937-1942.

[5] 张建忠，张毓.中国入境旅游发展的时间同步性与区域响应分析:以黄河—陇海—兰新线为例[J].生态经济，2010，12:180-184.(该文获得2011年度山西省社科联“百部篇”工程三等奖)

[6]张建忠.旅游文化的经济效应分析[J].中国城市经济，2011，06:321-323.

2.主持或参与项目

（1）主持3项省级纵向课题：

山西省社科联十一五重点规划课题：晋商教育伦理思想及其现实意义研究（已结题）

山西省教育厅高校哲学社会科学研究项目（200922036）：山西民俗文化的体验旅游开发和舞台化展示（已结题）

山西省科技厅软科学课题（2012041055-03）：基于文化意象视角的山西省三大世界遗产地体验旅游感知研究（在研）

（2）参与1项国家级和2项省级纵向课题：

教育部人文社科青年基金项目（10YC630347）：

山西省教育厅课题（第一参与人）：山西省城市旅游竞争力比较研究（已结题）

山西省社科联十二五重点规划课题（第一参与人）：山西省低碳旅游发展模式研究

致 谢

时光荏苒，三年的时间一晃而过。回首三年间，真是“欲语还休”，“人比黄花瘦”。

三年前，带着美丽的梦想，我兴致勃勃地来到了梦寐以求的古都西安——游学。说是“游学”，其实更多的是抱着壮士断臂的决心和毅力来“自度”，以期能够有一个全新的自己。

三年间，“日出而作，日落而息”，有“西出阳关无故人”的迷茫，有“从门到窗是七步，从窗到门是七步”的彷徨，有“我不入地狱，谁下地狱”的呐喊，有“无可奈何花落去”的无奈，更有“似曾相识燕归来”的欣喜。“众里寻他千百度，蓦然回首，‘那人’却在灯火阑珊处”，三年了，在梦里，在梦里，我追寻着你——我的博士梦。

三年的日日夜夜的努力没有白费，终于“瓜熟蒂落”了，论文写作终于告一段落，三年的博士生学习生涯也即将画上句号。在陕西师范大学的时光虽然短暂，但留下了此生最快乐、最美好的人生回忆。“我和国庆有个约会，约会在这美丽的初秋，约会在这瑰丽的古都，约会在我向往的圣地，窗外热闹的是他们，屋里静静的是我自己。‘两耳不闻窗外事’，一心只为‘体验’情，体验这读书的乐趣和‘孤独’”，“忆往昔，峥嵘岁月稠”，美丽的田园都市，深深地吸引了我，以至于“目不窥园”，独享斗室之乐；宽松的学习氛围、精彩的学术讲座、丰富的文献资源，还有那“睡在我上铺的兄弟”,都让我留恋这段美好的日子,我在师大逐步成长。论文的写作过程可以说是经历“阵痛”，

“痛并快乐着”是我最大的感受。“有志者事竟成，百二秦川终属楚，苦心人天不负，三千越甲可吞吴”，让我们始终笑对生活，生活是不幸的，生活也是幸福的，你对生活笑，它也会对你笑的。在读博这段“孤寂”的日子，收获了我人生中最富有的一笔财富。“书中自有黄金屋，书中自有颜如玉”，黄金有价，学问无价，收获的这笔财富将会伴随我的一生。在这期间得到了老师、同学以及亲友的支持和鼓励。在此一并表示衷心的感谢！

首先，要感谢我的导师孙根年教授，从论文的选题、理论模型构建、问卷设计及撰写全过程都得到孙老师的悉心指导。孙老师严谨的治学态度，深厚的学术造诣以及乐于奉献的精神是值得我一生学习的。“当我从您窗外悄悄走过”，您的影子依旧忙碌，老师的敬业精神让我铭记一生。孙老师他不仅是我学术上的指导老师，而且在生活上对我关爱有加，在我遇到困难的时候，老师总是鼓励我积极面对，不要轻言放弃。在此，对孙老师您，衷心说声谢谢，孙老师的关爱是终生难忘的。同时也要感谢师母对我的关心和鼓励。

感谢马耀峰教授对我学业上的关心和帮助，马老师精彩的授课让我学到了很多专业知识；感谢薛东前教授、延军平教授、张辉教授、赵振斌教授、严艳副教授等，感谢办公室陈鹏老师、郑海博老师、郝高建老师等；感谢西北环境发展研究中心的李令福教授、张萍教授以及西北大学的徐象平教授、徐卫民教授、韩养民教授，虽素昧平生，但他们给予了我更多知识的启迪；感谢同门师友麻学锋、赵多平以及马丽君、龙茂兴、姚宏、王洁洁等师兄师姐,他们在学习上给予我诸多帮助，在课余的思想交流也给我带来诸多乐趣。感谢我读博士期间的张俊英、高楠、吴冰、方世巧、毕丽芳等同届的同学，对我的论文写作提供了太多的帮助，“大恩不言谢”，衷心祝福他们一路好走。

感谢我的爱人温娟娟女士对我生活上的关心、照顾和鼓励，在我经历挫折时给予我信心，在我失落的时候鼓励我不要轻易放弃，在我论文写作的过程中，承担起“养家糊口”、育儿的家庭重担。尤其是，在我论文写作过程中，承担了许多基础性的数据分析等工作。此外，感谢我的儿子张文琨，他也经常鼓励我要坚持，他是我完成论文的动力之一。

最后还要感谢我的父母以及岳父岳母，他们在我生活上给予了很多的照顾，支持和鼓励我积极完成学业。

由于本人的能力有限，论文中难免存在很多不足之处，还请各位专家学者不吝赐教。

张建忠

2013年4月于陕西师范大学

策划编辑：段向民
责任编辑：谷铁波
责任印制：冯冬青
装帧设计：何　杰

图书在版编目(CIP)数据

中国帝陵文化价值挖掘及旅游利用模式 ：以关中三陵为例 / 张建忠著. -- 北京 ：中国旅游出版社，2016.10

ISBN 978－7－5032－5675－2

Ⅰ. ①中… Ⅱ. ①张… Ⅲ. ①帝王－陵墓－研究－陕西－古代②帝王－陵墓－文化遗产－旅游资源开发－研究－陕西 Ⅳ. ①K928.76 ②F592.741

中国版本图书馆CIP数据核字(2016)第220260号

书　　名：中国帝陵文化价值挖掘及旅游利用模式
　　　　　——以关中三陵为例

著　　者：张建忠
出版发行：中国旅游出版社
（北京建国门内大街甲9号　邮编100005）
http://www.cttp.net.cn　E-mail:cttp@cnta.gov.cn
发行部电话：010-85166503
经　　销：全国各地新华书店
印　　刷：北京盛华达印刷有限公司
版　　次：2016年10月第1版　2016年10月第1次印刷
开　　本：720毫米×970毫米　1/16
印　　张：15
字　　数：220千
定　　价：36.80元
I S B N　978－7－5032－5675－2